OPEN是一種人本的寬厚。

OPEN是一種自由的開闊。

OPEN是一種平等的容納。

OPEN 4/22

耳中的火炬

作　　者　伊利亞斯・卡內提
譯　　者　楊夢茹
責任編輯　江怡瑩
美術設計　江美芳
發 行 人　王學哲

出 版 者
印 刷 所　臺灣商務印書館股份有限公司
地址：臺北市 10036 重慶南路 1 段 37 號
電話：(02)23116118 ・ 23115538
傳眞：(02)23710274 ・ 23701091
讀者服務專線：0800056196
郵政劃撥：0000165 − 1 號
E-mail：cptw@ms12.hinet.net
網址：www.commercialpress.com.tw
出版事業登記證：局版北市業字第 993 號

初版一刷　2004 年 8 月

定價新臺幣 370 元
ISBN　957-05-1893-6（平裝）／15299000

OPEN 4/22

卡內提回憶錄三部曲之二 Die Fackel im Ohr

耳中的火炬

十年的成長歷程 1921-1931

1981年諾貝爾文學獎得主
伊利亞斯·卡內提 Elias Canetti ／著
楊夢茹／譯

臺灣商務印書館 發行

目次

第一部
通貨膨脹與昏倒
法蘭克福（一九二二—一九二四）

第二部
風暴與壓抑（一九二四—一九二五）

第三部
聆聽的學校
維也納（一九二六—一九二八）

第四部 名字的窘境 柏林（一九二八）

第五部 火的果實 維也納（一九二九—一九三一）

獻給薇颯・卡內提

1897～1963

第一部

通貨膨脹與昏倒

法蘭克福

1921 — 1924

夏洛特旅館

小時候經常更換居住的地方，我都無異議的接受了，作為一個小孩就應該吸收強烈、對比鮮明的各種印象，對於此我倒是沒啥遺憾。剛開始每一個新城市都顯得陌生，我被其中的特殊之處以及無法漠視的敵意給攫住了。

唯一讓我難以消受，創傷不容易平復的是離開蘇黎世這件事。十六歲的我覺得與人、地方、學校、土地以及詩歌，甚至與我頑強違抗母親所練就的嘴皮之間，都有強大的牽繫，未曾想過棄之而去。只有在蘇黎世的那五年和孩提時期我曾經想過，終我一生不希望住到別的地方去，期盼在那裡度過愉悅的歲月。

這個裂痕無以彌補，所有我嘗試要留下來的努力只招來了眾人的嘲笑，在一場決定我的命運的嚴峻談話結束之後，我站在那兒，看起來可笑但沮喪非常，像一個滿腦子裝滿了書但不願面對人生的膽小鬼，也像個驕縱、一肚皮不合時宜，兼之一無是處、狹隘自滿的寄生蟲，在我來得及證明自己的能力之前，已有垂垂老矣的退休人士的味道了。

在新的環境裡，無論什麼地方，在我來說皆混沌朦朧，對於殘忍的轉變我的反應通常有兩種：一個是鄉愁，這是人類與生俱來的病症，對於我居住過、有濃厚感情的那塊土地，油然而生歸屬感；第二是百般挑剔新環境。時間就在認識新環境中過去了，我試著不理強加在我身上的新事物。我沒有辦法倔強反抗，家人都對我很好，於是，一段夾雜著諷刺尖銳的考驗期就這麼展開了。不同於以往的東西，我都覺得突梯奇怪，何況很多東西總是一下子全都蹦了出來。

我們搬到法蘭克福，麻煩是免不了的，而且我們還不曉得要在那兒待多久，就先住進一家旅館裡。我們有兩個相當擁擠的房間，彼此的距離比以前近得多，雖然我們自成一個家庭，卻與其他客人一起在旅館的長桌上吃飯。在夏洛特旅館裡，我們認識了各式各樣的人，每天用餐時我都看到同樣的人，新面孔不太常出現。有些人在我住旅館的那兩年中也一直住在那兒，有的只待了一年或半載；五花八門，每個人都讓我印象深刻，我得很專心才聽得懂他們在聊什麼。我的兩個弟弟那時分別為十一、十二歲，是客人中最年幼的，而我剛滿十七歲。

不是所有的客人都時時露臉，拉姆（Rahm）小姐，一位苗條、年輕的時裝模特兒，有一頭金髮，是旅館裡時髦的美人，偶爾才來吃飯。為了保持身材，她吃得很少，大家喜歡拿她當話題。沒有哪一個人不希望一親芳澤，也因為人盡皆知她除了固定的男友之外，一間男士服裝公司的老闆，還有別的男人也來探望她，所以很多人都垂涎於她，衷心希望她有朝一日找到如意郎君，于歸某位幸運兒。女士們對她議論紛紛，男士們若干冒妻子大不韙，或者當他們獨處時，都幫她說話，尤其稱讚她優雅的身段，她修長又苗條，用眼睛就可以在她身上攀爬，找不到停駐的地方哩。

旅館的長桌首坐著庫珀弗（Kupfer）太太，棕髮，因滿懷憂愁而衰竭不堪，她是戰爭寡婦，經營這家旅館養活自己和兒子，她有潔癖，一絲不苟，擅長把那個時代生活的諸多困難用數字表達出來，頭腦總是清楚得很，最愛說的句子是「這我負擔不起」。她的兒子奧斯卡（Oskar），一個身材粗短的年輕小伙子，睫毛又濃又密，額頭很低，就坐在她的右邊。瑞琥（Rebhuhn）先生坐在庫珀弗太太的左側，是一位患有氣喘的老先生，曾任銀行員，非常友善，但一聊到戰爭何時結束的話題時，他就變得陰鬱、悶悶不樂。他是猶太人，但想法百分之百的德國，如果有人拿這個駁斥他，他會迅雷不及掩耳射出「暗箭」，一反平素溫和的形象。他情緒激動，以至於氣喘發作，和他一起住旅館的妹妹瑞琥小姐必須把他扶上樓去。大家都見識過這個場面，也曉得他飽受氣喘之苦，大體上都會避開這個話題，免得觸及他的痛處，所以他很少發病。

唯有在戰場上受過重傷，其程度與瑞琥先生的氣喘不相上下的舒特（Schutt）先生是個例外，他不拄著拐杖就無法行走，深受劇痛折磨，臉色非常蒼白——必須服用嗎啡來止痛——，口沒遮攔。他對戰爭恨之已極，遺憾自己身受重傷卻沒死去，再三說他早就看出來是皇帝害了大家，如果他在國會的話，一定投票反對戰爭貸款，自詡為獨立人士。瑞琥與舒特若坐得太近，中間只隔著老瑞琥小姐，大勢就不太妙了，一旦硝煙四起，她轉向左邊的鄰座，噘起她那甜美、老處女的嘴唇，把食指放在上面，投給舒特先生一個懇求的長長的目光，再用右手的食指謹慎地指向她的哥哥。向來易怒的舒特先生明白她的意思，立刻收斂脾氣，一個句子都還沒說完就嘎然止住，反正他講起話來輕聲細語，不仔細聽還真聽不懂。每當碰到這種情況，多虧注意聽他說話的瑞琥小姐解圍，瑞琥先生卻渾然不察，他從未主動點起戰火，是個最平和溫柔的人。但假使那一個人談起結束戰爭的事，言辭充滿煽動，他也會射出暗箭，盲目的征戰沙場。

如果，有人因此以為這張桌上都是這種氣氛的話，就大錯特錯了。戰事是我記憶中唯一會引起衝突的導火線，或許我忘了一年之後的情形是否依舊尖銳，有必要把兩位敵對人士拉開，瑞琥先生一如往常挽著他妹妹的手臂，舒特先生則辛苦的撐著拐杖，加上昆蒂西（Kündig）小姐的協助；昆蒂西小姐是位老師，住旅館好久了，變成了他的女友，後來與他結婚，為他布置屬於自己的家，以便好好照顧他。

旅館裡住著兩位老師，昆蒂西小姐是其中的一位。另一位布策（Bunzel）小姐的臉上滿是天花留下的疤痕，聲音要哭不哭的，好像在哭訴著自己的醜陋。這兩位老師都不年輕了，大概四十歲吧，算是旅館中受過良好教育的房客。她們是《法蘭克福日報》（*Frankfurter Zeitung*）的忠實讀者，知道事情的來龍去脈，也曉得其他人在討論什麼，而且大家都覺得她倆喜歡找旗鼓相當的人聊天。然而，若有人克制不了自己，按捺不住談起賓丁①，談起史賓格勒②或麥爾—葛雷佛③寫的《梵谷》那本小說，她們不會笨得去招惹他們。這些人知道自己對旅館的女主人有所虧欠，都會安靜下來，於是沒有人嘲弄布策小姐抽抽噎噎的聲音，活潑開朗得多的昆蒂西小姐，談起男人時就像上課一樣熱情洋溢，習慣等布策小姐來，因為她

---

① Rudolf George Binding，1867～1938，德國抒情詩人與短篇小說家。

② Oswald Spengler，1880～1936，德國哲學家、歷史家，著有《西方的沒落》。

③ Julius Meier-Graefe，1867～1935，德國藝評家。

沒法與只對拉姆小姐——那位時裝模特兒——感興趣的某一位男士說話。她天性如此，說不出任何理由，連考慮都不必，而這也是她私下告訴我母親，為什麼比女同事有吸引力的她沒有結婚的原因。一個從來不看書的男人對她而言根本不算男人，自由自在又不必操勞家事豈不更快活。對小孩她也沒有多大興趣，反正看得已經夠多了，她去看戲、聽音樂，談這些活動，喜歡堅守《法蘭克福日報》的觀點。真是怪呀，她說，怎麼評論家的意見都和她一致。

母親打從阿羅薩（Arosa）以來，就對德國式教育充滿了信心，與維也納的頹廢派相比，她比較欣賞德國教育，她喜歡昆蒂西小姐，信任她，明知她對舒特先生有意思也不出言批評。想和舒特討論藝術或文學並不容易，一談起賓丁，昆蒂西小姐認為那與憤懣沒什麼兩樣——兩人照著《法蘭克福日報》依樣畫葫蘆——，他眉頭皺都不皺一下，但假使史賓格勒的名字出現了，而這在當時是無法避免的，他就會說：「他可沒有上前線，沒有人知道原因」，然後瑞琥先生會很溫和的插入：「我想這不是哲學家的事。」

「也許歷史哲學家應該上前線」，昆蒂西小姐提出異議，猜得出她為自己尊敬史賓格勒心懷愧疚，必須聲援舒特先生一下。這倒不會在兩位男士之間製造衝突，因為不會有人認為舒特該上前線，而瑞琥根本就排斥這件事，所以空氣中有和解的氣氛，就像兩人在交換意見一樣。史賓格勒是否應該上前線的問題，就這樣不了了之，直到今天我還是沒搞清楚。顯而易見昆蒂西小姐挺同情舒特先生，很長一段時間裡，她巧妙的把她的同情藏在「我們的戰爭男孩」、「也可以應付過去」之類的玩笑語裡面。看不出來他是否知道人家說的是他，在她面前他總是很中立，彷彿她從來沒有和他說過話，每當他走進餐廳，至少點個頭和她打招呼，對於坐他右邊的瑞琥小姐，瞧都不瞧一下。有一次我們三個孩子上學遲到，吃飯時還不見人影，他問我母親：「您的砲灰那兒去了？」後來媽媽講給我們聽時頗為不悅。媽媽生氣的回答：「絶不！絶不！」他譏諷的說：「永遠不要再有戰爭！」

然而舒特先生認可母親堅定的反戰立場，雖然她不曾親身經歷過戰火，他挑釁的評語比較像是肯定她的想法。旅館裡的客人各式各樣，舒特卻不太留意他們，坐他左邊的一對姓班貝克（Bemberg）的年輕夫妻，先生是證券經紀人，深諳物質的重要，甚至稱讚拉姆小姐「精明幹練」，其實他指的是她應付眾多仰慕者的門道。「法蘭克福最漂亮的淑女」，他說，儘管如此，他是少數不針對拉姆有一個「對錢很靈敏的鼻子」說話的人，她佩服他，對他的讚美卻並非不無懷疑。「她不會暈頭轉向，她才知道後頭藏著什麼東西。」

他的妻子是時髦的綜合體，除了那頭短髮尚稱自然以外，倒有點兒像拉姆小姐，出身中產階級，但沒多少深度。看得出來只要喜歡，她便什麼都買下來，但適合她的並不多，去參觀藝術展覽，她只對畫裡女士的服裝有興趣，最欣賞魯卡斯・克朗拉赫④，詮釋他「了不得」的現代風格，她使用的驚嘆詞雖然貧瘠，但「詮釋」的意味清晰可聞。班貝克夫婦是在一場爵士舞會上邂逅的，一個鐘頭之前還是陌生人，卻已認定了彼此，他不無驕傲的承認，情愫正在萌芽，她那廂甚至比他多那麼一點兒，因為他已經是個前程看好、進出股票交易所的年輕人。他覺得她「漂亮」，邀她共舞，喚她作「派蒂」。她讓我想起「派蒂」，他說，「一

---

④ Lucas Cranach，1472~1553，德國文藝復興時期重要畫家。

個美國女人」。她很想知道那是不是他的初戀情人，「大概吧」，他想。她會意過來，覺得他的第一個女人是個美國人真是不同凡響，於是願意接收派蒂這個名字。在旅館客人面前他也這麼叫她，如果她沒有下樓用餐，他就說：「派蒂不餓，她得為身材著想。」

要不是舒特先生不那樣對他們視若無睹，好像世界上沒這兩個人似的，這一對安靜的夫妻我可能早就忘得一乾二淨了。每當他拄著拐杖走過來，這對夫妻簡直就像蒸發掉了一樣，他們的問候他聽若罔聞，視線越過他倆的臉；庫珀弗太太一看到舒特先生就會想起她戰死沙場的丈夫，舒特在場的時候，她可是連「先生」或「班貝克太太」都不敢說呢。這對伉儷不以舒特先生發起的抵制為忤，連吭都不吭一聲。對這位無論怎麼說都挺可憐的殘障人士，他們頗能發揮同情心，只要他不過分，就不把他的藐視放在心上。

桌子末端的對比沒有這麼強烈，有一位辛莫（Schimmel）先生，擔任過某個轄區的主管，身體非常硬朗，留著八字鬍，臉頰紅潤，因為曾經當過官，所以既不苦惱也沒啥不滿意。他臉上永遠帶著微笑，代表某種心靈狀態，在在表示確有心靈這玩意兒，而他的心靈持續保持穩定狀態，教人放心不少。天氣糟透了的時候也不例外，如果有什麼能令人感到驚奇的，想必是因為太滿意了，不需要另作補充就可以擁有這分滿意。辛莫先生不遠處坐著帕朗多夫斯基（Parandowski）小姐，售貨員，一個美麗又有自尊的人，希臘式的輪廓，不因昆蒂西小姐援引《法蘭克福日報》論點而動搖信心，班貝克先生讚美起拉姆小姐時，就像雨點落在她身上一樣無動於衷。「我不行的」，她搖搖頭說。她不多作解釋，但顯而易見她的確不行。帕朗多夫斯基小姐專心聽講，鮮少發表意見，不為所動的態度最適合她。辛莫先生的八字鬍

——他就坐在她的斜對面——很像特地為她刷洗乾淨似的，他倆其實天造地設，但他從來没和她說過一個字，既不一道來，也不曾一起離開過，兩人似乎有默契要形同陌路。帕朗多夫斯基小姐不期待他會站起來示意，也不顧忌在用餐時出現在他身旁，細嚼慢嚥。兩個人的共同點在於沉默，但辛莫先生老是面帶微笑，當她把頭抬高，一臉認真，彷彿陷入無止盡的沉思之中，他卻什麼都不想。

所有的人都認為其中有蹊蹺，真正深入瞭解的，唯有坐他們倆附近的昆蒂西小姐，探一探到底是什麼從中作梗。有一回昆蒂西小姐正開心的向辛莫先生打招呼：「騎兵隊來了」，布策小姐卻忘形的在帕朗多夫斯基小姐背後說她是「女像柱」。庫珀弗太太馬上出言責備，在她旅館餐桌上作個人評論她可擔當不起，昆蒂西小姐順勢直接問辛莫先生，願不願意被叫做「騎兵隊」。「榮幸之至」，他笑了笑，「我當過騎兵。」「一輩子都是。」在彼此萌生好感之前，不管昆蒂西小姐如何放肆，舒特先生都要譏諷一番。

半年之後旅館裡才出現了一位舉足輕重的人物：卡洛利（Caroli）先生，他深諳克己之道，飽讀詩書，嘲謔意味十足的評論像裹著糖漿的讀書心得，一一現出原形，昆蒂西小姐為之傾倒。他說的話她並非全都跟得上，極其謙卑的懇請他解釋一下，「拜託，拜託，這句子打哪兒來的，說嘛，要不然今天我又睡不著了。」「這句話嘛」，舒特先生代卡洛利回答，「出自卜胥曼⑤的書，所有他說的話都是。」此言差矣，舒特先生大為尷尬，因為卡洛利先

⑤ Georg Büchmann，1822～1884，德國語言學家，著有《德國名言庫》。

生不曾引用卜胥曼書中的名言，「我寧可吃毒藥也不會參考卜胥曼的書」，卡洛利先生說，「我壓根兒不會引用我沒看過的書。」旅館裡的客人一致認為此言不假，我是唯一懷疑的人，卡洛利先生不太搭理我們，就連教育程度與他不相上下、原本可以接納他的母親，他也不喜歡，因為母親的三個孩子占去了三個大人的座位，大夥不得不把活靈活現的論調嚥下去的緣故。這段時間我正在看希臘悲劇，他援引在達姆城看過的戲《伊底帕斯》⑥，我接著談他引用的文句，他卻沒聽到似的，當我無情的重複發言時，他一個箭步到我跟前，不客氣的問：「你們今天在學校學到的呀？」不尋常的時刻來臨了，我應該開口說話，他意欲警告我以及其他人閉嘴，所有用餐的人都覺得這不公平，但人人畏懼他的尖嘴利牙，沒人作聲，而我也羞愧得啞口無言。

　　卡洛利先生不但腦子裡裝了不少滾瓜爛熟的東西，還很技巧的大幅修改，等著識貨的人看出他的非凡之處。在他眼中，昆蒂西小姐算是最常看戲的一位，他善於談笑風生，歪曲滴水不漏的事實尤其在行。但他也只能任由敏感非常的瑞琥小姐說他有點兒邪門兒，居然還有臉說：「絕不是費爾巴哈⑦。」盡人皆知瑞琥小姐——除了她罹患氣喘的哥哥之外——是為了費爾巴哈而活，仰賴著愛菲吉尼⑧，當然是費爾巴哈畫的那一幅，說：「我但願是她。」

---

⑥ *Ödipus*，希臘神話中弒父與母親結婚的人物。
⑦ Anselm Feuerbach，1829～1880，德國畫家。
⑧ Iphigenie，希臘神話中的一位女神。

三十五歲的南方人卡洛利先生被迫聽女士們說他的額頭很像托洛斯基⑨，沒有人為他辯護，他自己也不。他寧可當拉騰瑙⑩，就在拉騰瑙被暗殺的前三天他這麼說，而這也是我唯一一次看到他失魂落魄，因為他含著眼淚凝視我這個學生說：「完了！」

熱心、忠於舊皇的瑞琥先生是唯一沒有被暗殺事件攪亂方寸的人，他對老拉騰瑙的評價遠超過年輕的拉騰瑙，因此不原諒刺殺他的人。接著他又說帝國時期的拉騰瑙曾經在戰場上建功，他一直引起為傲。舒特先生恨恨地說：「大家都想幹掉他們，所有的人！」班貝克先生平生第一次提到工人團體：「勞工們不會善罷干休的！」卡洛利先生說：「我們應該移民！」暗殺總夾帶別的事情，因而受不了的拉姆小姐說：「您會帶我走嗎？」關於這一點，她的卡洛利沒有忘記，他從那天起就神魂顛倒，公開的對她大獻殷勤，女士們滿懷怒氣瞧見他走進她的房間，留到十點鐘才離開。

貴客來訪

母親在旅館裡的午餐桌上扮演著受矚目、但不主導一切的角色，雖然她討厭維也納，但

---

⑨ Leo D. Trotzki，1879～1940，生於烏克蘭的猶太裔政治家，曾擔任慕尼黑流亡雜誌《火花》的編輯。

⑩ Walther Rathenau，1867～1940，德國猶太裔政治家，曾任外交部長，凡爾賽和約把德國壓得喘不過氣來之際被暗殺，反猶太氣氛於焉高張。

深受維也納的影響，別人提及史賓格勒寫的書名時，她一無所知，繪畫對她來說意義不大，用餐時把麥爾—葛雷佛寫的《梵谷》當成優雅的聊天題材時，她搭不上話，如果她不由自主想說些什麼，表現往往欠佳。她說向日葵沒有香味，葵花籽才是最好的東西，至少可以拿來嚼一嚼；餐桌上的高級知識分子、對許多《法蘭克福日報》報導的事物有真正興趣的昆蒂西小姐發起的沉默籠罩一切。那時節對梵谷的狂熱方興未艾，一會兒昆蒂西小姐說，自從她知道梵谷的生平，這才領悟道耶穌基督之於她的意義；班貝克先生針對她的說詞提出了強烈的抗議。舒特先生覺得她異想天開，辛莫先生微笑著，瑞琥小姐哀哀地說：「但是他對音樂根本一竅不通」，她說的是梵谷，當她發覺自己不知所云時，神態自若的接下去道：「您能想像他畫那幅『音樂會』⑪嗎？」

那時我對梵谷毫無概念，就在我們位於樓上的房間裡問媽媽誰是梵谷時，她幾乎無可奉告，我都為她感到難為情。她甚至說了不該說的話：「一個畫稻草堆和向日葵的瘋子，他只用黃色，不喜歡別的顏色，直到他發癲朝自己腦袋開了一槍為止。」這番話我很不滿意，覺得媽媽形容的梵谷發瘋，也適用於我。有一陣子了，她極力反對慷慨激昂，每兩個藝術家中她認為就有一個是「瘋子」，或者她只是指現代畫家，以前的畫家，那些她熟悉的，就不置喙。她不許哪個人侵犯她的莎士比亞，用餐時若班貝克先生或別的人膽敢抱怨莎翁的戲太無聊、古典戲劇的時代應該作個了結，發展現代的等等，她才會不惜一戰。

⑪ Das Konzerte 為費爾巴哈的作品之一。

媽媽終於恢復那個令人驚奇的自我，幾句凌厲的話就把苦於無人聲援、可憐兮兮的班貝克先生給撂倒了。一涉及莎士比亞，她就毫無妥協的餘地，絕不留情，因為她根本不在乎人家怎麼看她，如果她知道處於通貨膨脹時代的人們心裡只有錢，很難去想莎士比亞，因此結束舌戰時，就有人對她表示激賞：驚羨於她的熱勁兒與性格的昆蒂西小姐，不把莎士比亞這四個字掛在嘴邊、本身就是一齣悲劇的舒特先生，以及什麼都覺得了不起、依附著莎士比亞光采的帕朗多夫斯基小姐都是。更有甚者，辛莫先生的微笑似乎也意有所指，當他脫口而出「歐菲莉亞」（Ophelia），舉座為之嘩然，因為他擔心自己把這個名字說錯，就很慢的重複一遍。「我們《哈姆雷特》中的騎士」，昆蒂西小姐說，「真令人想不到」，舒特先生立刻打斷她：「因為有人告訴歐菲莉亞，他大概還沒看過《哈姆雷特》。」這下真相大白⑫，辛莫先生不曉得哈姆雷特是何方神聖，眾人爆笑了起來。他再也不敢如此大膽了，然而班貝克先生對莎士比亞的攻擊卻也敗下陣來，他的妻子說，她喜歡莎士比亞戲中女扮男裝的角色，好漂亮喔。

那個時候史汀納斯⑬的名字經常出現在報端，正是通貨膨脹的時節，我拒絕瞭解企業方面的事情；這背後另有原因，我預感在曼徹斯特的舅舅有意把我送進他的公司。兩年以前，他在蘇黎世的史樸格利（甜品店）的那次出擊，至今我心有餘悸⑭，這個效應在與母親激辯

---

⑫ 歐菲莉亞是哈姆雷特的情人。
⑬ Hugo Stinnes，1870～1924，德國實業家。
⑭ 請參閱卡內提回憶錄第一部《得救的舌頭》。

時又被強化了。所有我覺得具威脅性的東西，都要歸咎於他，想當然爾他想把我和史汀納斯攪和在一起。大夥一談到史汀納斯都怪裡怪氣，班貝克先生提起這個名字時，藏不住輕視，我從他身上嗅得出妒忌，舒特先生詛咒他：「大家都變窮了，只有他愈來愈富」，所有住旅館的女客齊表贊同（庫珀弗太太：「他買得起的」；拉姆小姐從未對他說過這麼長的句子：「我們對這樣的人所知不多啊」；瑞琥小姐說：「他肯定沒時間聽音樂」；布策小姐：「他真可憐，沒人瞭解他」；昆蒂西小姐：「我倒是想拜讀別人寫的懇請他幫忙的信」；帕朗多夫斯基小姐樂意為他賣力，「這樣就知道自己的分量啦」；班貝克太太喜歡為他的妻子著想：「嫁了這樣的男人，她要好好打扮吧。」）——一談到他就沒完沒了，母親是唯一沉默不語的人。瑞琥先生就這麼唯一的一次與舒特先生英雄所見略同，甚至用了一個很重的字：「寄生蟲」，說得確切一點：「國家的寄生蟲」，辛莫先生露出一個最淺的微笑，給帕朗多夫斯基小姐的評註增加一個出其不意的說法：「也許我們早就被賣掉了也不一定。」後來我問媽媽她何以不發表意見，她說身為外國人捲進德國的家務事很不恰當，當然啦她在想別的，一些她不願意說出口的事。

於是，有一天她手上拿著一封信，說：「孩子們，後天有客人來，洪恩巴赫（Hungerbach）先生來喝茶。」原來她在阿羅薩的森林療養院就認識了他，他到旅館來看我們，對此她覺得有點兒顏面無光，他過的日子和我們很不一樣呢，但她沒法取消約會，太晚了，他正在旅途上，她不知道能不能聯絡得上。像平常一樣，每當我聽到「旅行」這個字，腦子裡想的總是考察，很想知道他在地球的哪一端旅行。「他當然在出公差」，她說，「他是個實業家。」現在我明白過來了，為什麼她在餐桌上保持緘默。「在旅館裡我們最好不談這些，這樣他來的時候才不會被認出來。」

我當然對他懷有偏見，又不是我引起這個話題的，這是一個屬於我食人魔舅舅的圈子裡的男人，他想做什麼？我感覺到媽媽有一點兒異樣，而我應該保護她，我的想法有多認真，直到聽見她說：「他來的時候，你別出房間，兒子，我要你從頭聽到尾。那是位精明幹練的人，在阿羅薩時他答應過我，如果我們來德國，他多少照顧你們點兒。他忙得不可開交，但我想現在他要實踐諾言了。」

我對洪恩巴赫先生好奇不已，期待著要與他展開唇槍舌劍，就把他塑造成一個不可小覷的反對黨。我希望他對我印象深刻，如此才能堅決反對他。媽媽狠狠地斥責我「不成熟的偏見」（她這麼形容），說我不應該把他想成出身富裕、驕縱的傢伙。相反的，作為礦工的兒子他過過苦日子，靠著努力才一步一步往上爬，在阿羅薩時有一次他講自己的故事給她聽，她終於明白白手起家的辛苦。聽完後她對洪恩巴赫先生說：「恐怕我的男孩過得太安逸哩。」他問起了我，然後說永遠都不嫌晚，碰到這種情形該怎麼辦，他再清楚也不過：「扔下水，讓他亂踢一通，突然他就會游泳了。」

洪恩巴赫先生的個性頗有點兒出人意表，才敲著門，人就已經進了房間。他握住媽媽的手，但沒有看她，眼神轉向我，大聲吼著。他的句子很短而且不連貫，不想不解其意簡直辦不到，他不是在說話，而是喊話。打從他進門的那一剎那到離開——他待了整整一個鐘頭——沒歇過嘴。他沒有問任何問題，也不等人回答。他一次都沒問在阿羅薩與他找同一位醫師看病的媽媽過得好不好，也沒問我的名字。我什麼都沒漏聽，包括一年前與媽媽爭吵時讓我錯愕不已的一件事。愈早當學徒愈好，千萬不要上大學，把書扔掉，忘了這檔子事。書本裡的玩意兒都是假的，只有屬於生活的才貨真價實，經驗以及勤奮工作。工作，直到腰痠背痛，吃不了苦的人，軟弱的人，活該完蛋，不足為惜。這世界上的人反正夠多，無用之人最好通通蒸發掉，順便提一下，雖然如此我們還是得證明自己是有用的，就算一開始就錯了也一樣。總而言之，把那些與真實生活無關的蠢事忘得一乾二淨，生命就是戰鬥，無情的戰鬥，這沒什麼不好。我們別無他法，弱者早就絕種了，不留下一丁點兒痕跡，沒有不勞而獲的。男人應該由男人教養長大，女人太多愁善感，只想把她們的小王子打扮得光鮮亮麗，一塵不染。工作最骯髒了，工作的定義是：使人感到疲憊與污穢、但不願放棄的東西——把洪恩巴赫先生的吼叫轉換成可以理解的意思，對我而言是一種嚴重的扭曲，儘管某幾個特殊的句子和語詞我沒聽懂，但每一道指令的意思都很清楚，他看起來像是等著某人忽然出現，埋頭苦幹一番，別的都不算數。

茶不斷斟進杯子裡，主客坐在一張矮矮的圓桌旁，這位客人正要把茶杯送到嘴邊，但在他喝下一口之前，猛然想起一個新的方針，來勢如此洶洶，以至於他來不及喝完一口，粗魯的放回杯子，嘴巴為新的短句子張了開來，從中可以推斷：這些話千真萬確，年紀較長的人也很難反駁，女人或小孩只有沉默的分兒。洪恩巴赫先生樂享其效果。他一身藍色的行頭，襯著他的藍眼珠，無懈可擊，在他身上找不到任何污痕，也沒有灰塵。我有一堆話想要說，但是想來想去，「礦工」這個字不斷在我腦海裡盤旋，我問自己這位乾淨、有把握、堅定的人，難道年輕時真的像媽媽說的，當過礦工嗎？

我一次也開不了口——他幾時曾賞過我一秒鐘插個話——，也因為他撒手不管了，做最後的——這次聽起來像是對他自己下指令——補白：他的時間寶貴，就走了。他又握住了媽媽的手，但不再看我，他相信他大大的打擊了我，我因而應當懂得珍惜他的吻別。他不要媽媽陪他走下樓，他認得路，也不要她千謝萬謝，道謝之前她最好先驗收這次談話所產生的效果。「手術成功，病人死了」，就是這個意思。這是一則笑話，以便沖淡離去之人的嚴肅。然後這件事就結束了。

「他變了好多，在阿羅薩的時候他不是這個樣子的」，媽媽說。她很難堪，又羞又愧，她知道她新的教育計畫再也找不到比這人更糟的盟友了。洪恩巴赫先生還在喋喋不休時，我就油然起疑，懷疑使我痛苦、啞口無言，好長一段時間之後，我才能夠把疑點說出來。當此之時，媽媽拼命的敘述洪恩巴赫先生以前，一年以前，是什麼樣的人。我十分驚訝，因為她第一次強調他的信仰。從前他對她提過好幾次，信仰對他有多重要，他說這要感謝他的母親，他長大後從未動搖過，即使艱困時期也不例外。他一直都相信會柳暗花明，果真如此：因為他從未動搖信仰，才有今日的成就。

這跟他的信仰有何關係？我問。「他告訴我德國的情形有多糟」，她說，「而且在它好轉之前，只會變得更糟，除了自力更生別無他法，軟弱的人和媽媽的寶貝兒子在這個非常時期找不到容身之處。」

「他以前也說一樣的話嗎？」我問。

「你什麼意思？」

「我的意思是，他以前也這樣又吼又叫，看都不看妳一眼嗎？」

「不是，我自己也覺得奇怪，以前他真的很不一樣，他問起我的近況，問我有沒有你的消息。我總是提到你，這讓他印象深刻，他甚至仔細聆聽。有一次，我記得很清楚，他嘆起氣來——你想像一下，這樣一個人在嘆氣——然後說：他年輕時不同，他的母親沒時間從事精緻的活動，有十五或十六個小孩哪，我現在記不清了。我把你寫的劇本拿給他看，他拿在手上，看了題目，說：『優尼烏斯・布魯圖斯⑮——題目不賴，我們可以從羅馬人那兒學到一些東西。』」「他到底知不知道那是什麼意思？」「知道，你想想，他說：『這不就是那個把他兒子處死的那個人嘛。』」「這是他僅有的歷史常識，他喜歡這樁史事，挺合他意。但是，他看了我的劇本沒有？」「沒有，當然沒有，他沒時間欣賞文學，他看報只看經濟那一欄，說服我移民德國：『您在那邊可以便宜過日子，敬愛的女士，愈來愈便宜！』」

「所以我們從蘇黎世搬到德國來囉？」我說話時的憤慨讓我自己嚇了一跳，這比我懷疑的還要糟，想到她要我離開這世界上我最愛的地方，只是為了要在另一個地方便宜過活，我就感到無限沮喪。她很快就察覺說得太多了，轉到另一個話題：「不，不是這樣，絕對不是。有的時候我這麼考慮，但沒有決定。」「是什麼讓妳作出決定的？」她進退維谷，加上我們仍陷在這位可厭的訪客的印象當中，與我談話並且有問必答對她不無好處，她自己順便釐清

⑮ Junius Brutus，希臘神話中的人物、凱撒大帝的兒子均以此為名。

一些事情。

她顯得有些不安，彷彿四下搜尋沒有棄她而去、也沒有四分五裂的答案。「他老是想跟我說話」，她說，「我猜他喜歡我，尊重我，不像那邊的其他病人只會開玩笑，他一直都很正經，談他的母親。這個我欣賞，一般來說女人不愛這一套，你知道，如果有人拿她與他的母親作比較，就好像她變老了一樣。我喜歡，那是因為我覺得他待我挺認真的。」「但每個人都對妳印象不錯呀，因為妳美麗又聰明。」我真的這麼認為，要不然在這節骨眼上就不會這麼說了，別指望我態度友善，恰恰相反，我感到一股可怕的恨意，我終於感受到爸爸過世以來我最慘重的損失了：離開蘇黎世。

「他經常反覆告訴我，我不負責任，因為你是由我這個女人獨自拉拔大的，應該有個強壯的男人來影響你，但是現在也不可能改變了，我習慣回答，上哪兒找一個父親，難不成去偷一個來？就是為了要全心全意照顧你們，我才沒有再婚，現在我卻得聽人家說這樣對你們不好：我為你們所作的犧牲，變成了你們的不幸。我太震驚了。我現在相信，他就是希望嚇我，好讓我印象深刻，他文化素養不高，你知道，說來說去都是那一套。但是，他拿你來嚇唬我，同時伸出援手。『到德國去，敬愛的女士』，他說，『我太忙了，根本沒有時間，一分鐘也沒有，但我要關心您的兒子，假使您來法蘭克福的話，我會去拜訪您，好好和他談談話。他還不清楚這世界是怎麼回事呢，我會讓他睜開眼睛，我跟他談一次話，徹底的談，然後您就可以使他活躍起來！他看的書夠多了，不要再看書了！他永遠不會成為一個男人！您會要個娘們兒當兒子嗎？』」

挑戰

萊納・弗里德里西（Rainer Friedrich）是一個漫不經心的高個子，搞不清楚自己該怎麼走路，或者要走到那裡去，如果他左右兩腳各朝一個方向走的話，誰也不會覺得奇怪。他並不瘦弱，但四體不勤，是班上最差勁的運動員。他老是若有所思，而且是兵分二路的沉思，他對數學頗有天賦，應付裕如，我就沒這本事，一個問題尚未浮現，他已經解出來了，在我們還沒弄清楚問題在那裡之前，他的答案就出籠了。但他並不因此驕矜自誇，他解起題來安靜又自在，彷彿流利的把一種語言譯成另外一種，不費吹灰之力，數學之於他如同他的母語一樣。有兩樣東西讓我感到驚訝：輕鬆自如，不覺得自己很特別；那只是一種知識，一種能力，在任何情況下他都能應戰。我問他是否睡覺時也解得出方程式，他認真的想了一會兒，然後不假修飾的說：「我想是吧。」我油然升起無限敬意，對他一點兒妒意也沒有，怎麼能嫉妒這種獨一無二的本領，它如同一樁奇蹟，光是這點就令人目瞪口呆，與嫉妒沾不上邊兒。真正讓我羨慕的，是他的謙虛，他習慣說：「這很簡單」，每當有人讚嘆他神遊八表還能解題時，「你也辦得到的」。他的所做所為似乎與他的真實想法相呼應，我們都能像他一樣，好像我們只是不希望達到這個目標，屬於意志力不夠的那一類，關於意志力他說不出個所以然，大概基於宗教的理由吧。

第二個盤旋在他腦海中的東西，與數學八竿子也打不著，是他的信仰。他參加讀經班，是虔誠的基督徒，我們住得很近，放學後一起走回家時，他很努力的向我傳教，我在學校裡沒碰過這樣的事。他從不嘗試與我辯論，也不與我討論，他數學思考中嚴密的邏輯瞬間消失。那像一場友善的挑戰，以我的名字作為前導，他幾乎只發第一個字母「E」的音，習慣拖長音說「伊利亞斯」，「試試看，你也可以信教的，你只是要心懷這個願望，再簡單也不過，耶穌基督也為你而死。」他認為我太頑固，因為我一向不作聲，他猜想是「耶穌基督」這個字讓我產生反感。其實我小時候與「耶穌基督」頗有點兒淵源，我們的家庭女老師常常和我們一起唱美妙的英文讚美詩呢⑯。讓我反感、陷入沉默並且驚愕不已的，並不是這個名字，而是也許我不知其然，但它一直在那兒的：祂「也為我而死」。我與「死」這個字從未達成和解，如果有因為我而死去，強烈的罪惡感想必會折磨著我，好像我是一場謀殺的受益人。如果有什麼使我遠離耶穌基督，應該就是對犧牲的想像，受難者，為所有的人，也包括我，獻祭了他的生命。

在曼徹斯特秘密唱起讚美詩的前幾個月，我才在杜克（Duke）先生的宗教課上聽到關於亞伯拉罕犧牲掉他的兒子以撒的事情。從此我再也忘不了，若不是聽來如此可笑的話，我倒想說：直到今天也不會。我對命令的質疑被喚醒了過來，而且它不曾再度入睡。光是這點就使我無法成為虔敬的猶太人。耶穌釘死在十字架上，雖然祂甘心如此，但卻帶給我不少錯亂，

⑯ 那位女老師便是布雷小姐，請參閱卡內提回憶錄第一部《得救的舌頭》。

因為這表示有一定的目的，才會有死亡這回事。以為自己所言都是好東西，聲音充滿溫暖的弗里德里西說，耶穌基督也為我而死，他有所不知，他苦心傳教卻讓這一句話全給毀了。他會錯意了我的沉默，視之為不夠堅定，因為他在每天回家的路上重複這句話，想聽不懂都不行。他的堅持令人驚訝，但不會讓人生氣，因為我總能從中體會到他的好：他希望我感覺到，我沒有被他所擁有的這個最美的事物排除在外，我可以和他同樣歸屬那個美好的事物。另外，他的溫厚也很難讓人抵拒：他從不因我保持沉默而惱怒，我倆天南地北的聊，不可能出現冷場；他頂多皺起眉頭，好像他只是奇怪怎麼解不開這唯一的難題，道別時還跟我說：「考慮看看，伊利亞斯」——就連這個聽起來都像是在懇求，而非一再強調——，然後他就晃回家了。

我知道走回家的路程每次都在他試圖傳教中結束，我也已經習慣了，後來我才慢慢獲悉他家中與基督教大異其趣的氣氛。他有個弟弟，上的也是沃勒學校（Wöhlerschule），比我們低兩班，他的名字我已經忘了，大概是因為他太精明，而且毫不掩飾對我的敵意之故。他個頭並不高，但體操挺在行，對於自己雙腿的能耐很清楚。他自信、果決，就像萊納一樣不確定、漫不經心。兄弟倆的眼睛一模一樣，做哥哥的眼神似乎在發問、有所期待，也十分友善，弟弟的眼光透露出冷靜、好辯，有挑戰的味道。我對他的認識很淺顯，沒和他交談過，不時從萊納那兒聽到他對我的評論。

他的評論讓我覺得不舒坦，甚至覺得屈辱，「我弟弟說你應該姓康（Kahn），而不是卡內提，他想知道為什麼你們要改？」總是他弟弟在懷疑，萊納希望我給個說法，好反駁他弟弟，我想，他很愛他的弟弟，也喜歡我，就樂得傳話兼扮演和平大使，所以悄悄的講起他弟弟的壞話。我呢，應該一一反駁，他又把我的話偷偷轉給他弟弟聽，如果他以為這樣就可以和解的話，那真是搞錯了。在回家的路上我從萊納那兒先聽到的，都是他弟弟新的蔑視與指責，全都莫名其妙，儘管我都回答得出來，但卻不當真。他的蔑視與指責永遠只有一個方向，那就是我像所有猶太人一樣，不願承認自己的身分。這顯然子虛烏有，當幾分鐘之後萊納責無旁貸對我傳教時，我的沉默就變得更為明顯。

也許他的弟弟不受教吧，非得逼我詳細作答，而我只有忍耐的分兒。萊納把他弟弟說的話全都敘述給我聽，不直接的，輕聲細語，不表明立場。他不會說：「這我也相信」，或「那個我不相信」，但繼續履行任務，好像不曾遇到路障。若我聽出他弟弟無止盡的蔑視中有挑釁的味道，我應該會怒火中燒，根本不回應，但一切都在寧靜中進行：「我弟弟說」，或「我弟弟在問」，然後不可思議的事就發生了，沒興趣講話的我被迫開口，因為發問的人不該讓別人受窘，太荒唐了。「伊利亞斯，我弟弟問：你們為什麼在逾越節時要用基督徒的血？」假若我答道：「從來沒有，從來沒有，我小時候過過逾越節的，應該會注意到這一點才對。我們家有很多信基督教的女孩，都是我的玩伴。」——第二天他弟弟的新訊息又來了：「現在大概沒有了，現在盡人皆知，但以前，為什麼以前猶太人過逾越節時要宰殺基督徒男嬰？」每一宗舊有的指控一一陳列出來：「為什麼猶太人在井裡下毒？」如果我回答：「他們不曾這樣做過」，就會變成：「那是瘟疫流行的時候。」「但他們也跟其他人一樣死於瘟疫呀。」「因為他們在井水裡下毒，你們太恨基督徒了，仇恨害得猶太人步向毀滅。」「猶太人為什麼這麼膽小？」「打仗時為什麼猶太人都不上前線？」

一個問題接一個問題，我的修養超強，盡可能回答，態度認真，不生氣，彷彿為了要弄清楚這學術上的真相，事先還查過字典，我打算用我的回答把那些荒誕的指責拋到九霄雲外，此外，有一次為了要安撫萊納，我跟他說：「告訴你弟弟，我很感激他問我這些問題，才有可能一次就把所有的蠢問題都解決掉了。」就連萊納這個虔誠、純潔和正派的人都感到驚奇。「不容易喔」，他說，「他老是有新的問題。」真正純潔的人是我才對，因為這幾個月以來我居然沒看出來他弟弟到底怎麼回事。有一天萊納說：「我弟弟問你，為什麼每次你都回答他的問題，而不是在學校裡下課時候向他挑戰，你要不怕他，大可跟他打上一架！」

我壓根兒沒想過怕不怕他的問題，只是同情他，因為他的問題笨透了。他卻藉他從頭到尾從未放棄過傳教的哥哥的管道，希望對我下戰帖。現下我的同情變成了輕視，不因他有心挑戰而尊敬他，他比我小兩歲，我不可能和一個低我兩班的男孩打架的。於是我停止了與他之間的「溝通」，當萊納重新說起：「我弟弟要我告訴你……」，我忙不迭打斷：「滾你弟弟的蛋，我不會跟小鬼頭打架的。」我們依舊是朋友，他也繼續向我傳教。

畫像

最先與我為友的漢斯・鮑姆（Hans Baum），爸爸是西門子—舒克特（Siemens-Schu

ckert）工廠的工程師，他很呆板，他的父親把他教養得嚴守紀律，小心翼翼，永遠不失手，總是很認真、有責任感，是個極好的工人，速度雖不快，但很努力。他看了不少好書，出席音樂會，我們有聊不完的話，永遠不嫌膩的題目是羅曼・羅蘭⑰，尤其是他寫的《貝多芬傳》和《約翰・克利斯朵夫》。基於一種責任感，鮑姆希望將來當醫師，我很欣賞他這點，他的政治觀點不偏不倚，本能的拒絕極端的事物，他如此自制，好像身上穿著一絲不亂的制服。年幼時他就從各種角度觀察事物，「要公平」，如他所言，也許比這個還要多一些，因為他厭惡輕率馬虎。

我去他家做客時，愕然發覺他父親是個熱情洋溢、有成堆偏見、脾氣暴躁的庸碌之輩，他話說個不停，親切、粗線條、愛開玩笑，對法蘭克福有無與倫比的好感。我去過他家好幾次，每次他都朗讀他最欣賞的詩人弗里德里西・史鐸爾策⑱的作品，「他是最偉大的詩人」，他說，「誰要不喜歡他，誰就該槍斃。」漢斯・鮑姆的媽媽幾年前過世了，家務由他開朗、年輕但豐腴的姊姊料理。

年輕的鮑姆凡事要求精確，這讓我憂心忡忡。假使他說謊的話，想必會咬斷自己的舌頭，他認為膽小是一種罪惡，或者罪無可赦。如果那位老師請他發言——這不常發生，他是好學生之一——，他則從容且有條不紊，答案完整遼闊；若沒有問到他，他風度絕佳掩護同學，

⑰ Romain Rolland，1866～1944，法國文學家，一九一五年諾貝爾文學獎得主。

⑱ Friedrich Stoltze，1816～1891，德國以法蘭克福方言寫詩之著名詩人。

但絕不撒謊。一旦被點到，他筆直的站起來，姿勢挺拔為全班之冠，不疾不徐的把上衣的釦子扣好。公開的場合穿著沒扣好釦子的制服，對他而言簡直不可思議，這就是為什麼我一看到他就聯想到制服的原因。千萬別想和他唱反調，他正經八百，一點兒都不笨，個性很穩定，不難推測出他的反應，他不會做出驚人之舉，而他的無甚驚奇之處最教人瞠目。他很看重自己的名譽，當我告訴他弗里德里西的弟弟跟我要的花招時，他憤憤不平——他是猶太人——一臉認真的問我現在是否還找得到那傢伙。他不懂何以那段時間我能耐煩所有的問題，甚至仔細作答，至於後來那傢伙對我的鄙視更讓他摸不著頭緒。這件事令他坐立不安，他想我一定有什麼地方不對勁，居然身陷其中如此之久，因我不准他以我的名義私下採取行動，他於是調查並得知弗里德里西已過世的父親做生意遇到麻煩，他的競爭對手，一個猶太人，給他小鞋子穿。箇中詳情我並不明白，我們獲悉的消息不夠完整，無法全盤縱覽。不久他父親就過世了，現在輪到我來想像，這一家子盲目的仇恨是怎麼產生的。

菲力斯・威特海（Felix Wertheim）是個熱情有趣的小子，不在乎自己是否有所得或學到了多少東西，上課時他總是忙著研究老師。沒有那位老師的特異之處逃得過他的法眼，得來全不費工夫，其中幾位老師還頗得他青睞呢。最可憐的是克拉瑪（Krämer），暴躁的拉丁文老師，他模仿他幾可亂真，會讓人以為那位老師就在跟前。一回他在表演的當兒，克拉瑪出乎意料的提早進教室，赫然發現有個分身。匆忙中威特海煞不住車，教訓起克拉瑪來，好像他才是那個假的、無恥地霸占了他的身分的人；表演持續了一、兩分鐘，兩人面對面站著，不敢置信的看著彼此，對罵，就跟克拉瑪的德行一模一樣，口出穢言。同學們以為天下大亂，但天下太平——克拉瑪，暴躁的克拉瑪，笑了起來，費勁兒的要抑制那笑聲。威特海回到自己的座位，他坐在第一排，克拉瑪忍俊不住，他卻笑不出來了。再也沒有人提起這件事，沒有人受罰，有人逼真的模仿他的一舉一動，克拉瑪得意極了，無法採取任何不利於他的分身的行動來。

威特海的爸爸擁有一家大型的服裝店，富有，而且不打算隱瞞自己有錢的事實。我們受邀到他家過除夕，寬敞的客廳裡掛滿了利柏曼⑲的作品，每個房間也都掛了五或六幅利柏曼的畫，我猜所有的畫都掛出來了，最精彩的收藏是一幅男主人的畫像。我們受到很好的款待，餐點豐盛極了，男主人大方的展示並談論他的畫像，用大家都聽得到的音量說起他和利柏曼之間的友誼。我對鮑姆說，聲音不算小，「他只不過端坐著讓他畫罷了，那裡稱得上是他的朋友。」

這個人和利柏曼稱兄道弟，光是想到一位名畫家得畫下那張平凡的臉，就夠讓我困惑的。畫的本身比畫中人還要煩擾著我，我告訴自己，要是收藏中獨缺這幅畫的話，該有多好；想不看都不行，畫上一清二楚。它並未因為我無禮的話從這世界消失，除了鮑姆誰也沒聽到。

幾星期過後，我們展開了一場激辯，我向鮑姆提出這個問題：是不是有人請畫家畫像，他就非畫不可？若這個被畫的人有違他的藝術時，可以說不嗎？鮑姆認為畫家必須知道，他可以在作畫時把自己對畫中人的意見也畫進去，當然有權力畫出醜陋或駭人的畫像，這就是

⑲ Max Liebermann，1847～1935，柏林印象派畫家。

他的藝術，拒絕表示軟弱，好像他對自己的能耐沒有把握。這番話說得適中也有道理，相形之下，我的不懂得克制令人汗顏。

「他怎麼畫唷」，我說，「如果有一副嘴臉讓他不寒而慄？若他存心報復，把那張臉畫得歪七扭八，就不成一幅畫了。果真如此，那個人其實不需要坐下來，沒有他也照樣畫得出來。如果他拿了被他揶揄的人付的錢，等於為五斗米折腰，如果是那些捱餓、籍籍無名的可憐畫家倒也罷了，但若發生在一位有名氣、受歡迎的畫家身上，簡直不可原諒。」

鮑姆不是不欣賞無情的撻伐，他在意的是自己的道德，別人如何他比較無所謂。我們又不期待每位畫家都是米開朗基羅，也有貧困、自尊心不強的人呀。我覺得畫家一定要自視甚高，缺少這個的大可從事普通的行業。但鮑姆引領我去思考更重要的東西。

我想像中的畫中人究竟是什麼呢？要像一般人呢，還是理想中的人？要畫理想中人根本毋需對象！畫家不過把坐在他面前每一個人畫下來嘛。然後，我們才恍然大悟，原來人有千萬種。

這番話有醍醐灌頂的作用，我棄甲投降，但畫家與施主之間的關係仍然使我不豫，始終懷疑所有的畫像都在拍馬屁，不必嚴肅看待。或許這是我那時決定要當諷刺作家的原因之一，以扭曲、嘲弄為主的喬治•葛羅茲⑳和杜米埃㉑變得重要極了，全然博得我的好感，毫無招架能力，彷彿他們就是真理。

---

⑳ George Grosz，1893～1959，德國畫家，風格辛辣、幽默，有濃厚的藝術趣味。

㉑ Honoré Daumier，1808～1879，法國諷刺漫畫大師。

一個傻瓜的告解

我進入新班級之後的半年，來了一位新同學，名叫約翰·德萊福斯（Jean Dreyfus），他很高，年齡稍長於我，體格好，手腳靈活，挺帥氣的一個男孩。在家裡他講法語，說起德語時隱約有法語腔，他從日內瓦搬過來，在巴黎住過，周遊列國的經驗在同學之中顯得很特殊，又有點兒世故的優越感，但他並不沾沾自喜，與鮑姆相反，他完全不把學校傳授的知識看在眼裡，用令人絕倒的譏諷態度對待那些他不喜歡的老師。我的感覺是，他懂的東西似乎比老師還要廣博。他彬彬有禮，很隨興，我永遠猜不到他想要講的下一句話；一點兒都不粗魯或孩子氣，總有辦法克制自己，不費唇舌，卻能讓別人感受到他居上風。他很結實，身與心的發展頗為均衡，我眼中的他幾近完美，但又弄不清到底什麼才會使他轉趨認真。其他同學的想法與我略同，包括這個秘密，為此我經常苦思，猜想那應該與他的出身有關，但他的出身令人迷惘，所以我一直沒理出個頭緒。

我想德萊福斯永遠不知道他哪一點吸引我，如果知道的話，一定會愚弄我的。第一次和他聊過之後，我就決定要當他的朋友，因為他很有禮貌又有教養，培養友誼需要一些時間。他父親的家族擁有德國一間資產龐大的私人銀行，想來十分富裕，他有錢的爸爸讓我覺得自己的家侷促寒傖，心神不寧，忍不住懷疑、討厭我的家。但是他告訴我，他的父親根本無意循著家庭傳統當銀行家，詩人才是他的第一志願，說起來簡單：詩人，不是靠廉價小說成名，而是一位現代、只有小眾才能領會其真意的抒情詩人。他用法文寫詩吧，我想。我沒讀過他的詩，市面上有幾本關於他的書，但我從不曾拿來看，今天回想起來，當時我大概是膽怯吧，對我來說，那是有點兒晦澀、難解的人發出的光芒，太難了，我的年齡想看懂這些書實在言之過早。亞伯特・德萊福斯同時也對現代畫有興趣，他撰寫藝評、收集畫，與許多特立獨行的畫家新秀交往，並且娶了一位女畫家為妻，也就是我同學的母親。

一開始我簡直不敢相信這是真的，約翰隨口提了一下，聽起來好像很平淡，比較像是——倘使你聽得出他文雅的語句中的真正含意——他家的麻煩事。直到我到他家做客，走進一間掛滿印象派畫像的房子時，我才明白那是他母親的作品。這些畫生意盎然，技巧出色，就憑我對畫畫粗淺的常識，不假思索的說：「這才是一位真正的畫家啊！你都沒告訴我！」他詫異的說：「難道你不相信？我當然告訴過你！」這得看所謂「說」是怎麼個說法了，他並非鄭重的宣告，只是順便提了一下，加上我對藝術這一行一向很著迷，所以當他告訴我的時候，我以為他想分散我的注意力，反而像客氣的為他母親畫的畫道歉。我以為將看到的是雅塔會館裡的米娜小姐之類庸俗畫家的作品㉒，現下大吃一驚。

我沒想到要問約翰，他的媽媽是不是位有名的畫家，我看到的那些畫飽滿、有生命力，盈溢在整棟房子裡，是屋內的主流。下次再到他家時，我認識了這位畫家，她有點兒緊張、

㉒雅塔會館是作者在蘇黎世時的居所，米娜小姐是這家會館的主人，也是位畫家。（請參閱卡內提回憶錄第一部《得救的舌頭》。）

心不在焉，雖然一直笑，但看來不太快活。我感覺得出她與兒子之間的親密，她在場時約翰顯得沉不住氣，有心事，換了一個人似的，打聽著他媽媽的處境。她答一句，他不滿意，繼續問，想要知道全盤實情，不帶任何嘲弄或憐憫——我以為他屬於後者——不驕矜；若我經常看到他和他媽媽相處的情形的話，我對他將完全改觀。

但我不曾再見過她，約翰我倒是天天都看到，於是我懇請他提供我那個時候最需要的東西：一個完好、真實對藝術及獻身於藝術的生命的想像。一個偏離了家庭傳統，改行當詩人，因此娶了一位真正的女畫家為妻的父親；一個說一口流利的法語，上的卻是德國學校，無論在何處——當然是跟著父親！——自己也用法文寫詩，雖然數學才是他有興趣的科目的兒子。他還有一位在法蘭克福大學當教授的叔叔，叔叔的女兒名叫瑪麗亞，美若天仙，我僅見過一面卻難忘懷。

真的什麼都不缺：知識，我滿懷敬意，醫學，——我時不時發現自己有讀醫的想法；最後是讓約翰神魂顛倒的那位神秘優雅的表妹，約翰自認瞭解女人，雖然他對他表妹品頭論足時，尺度向來十分嚴苛。

和約翰談女孩子很好玩，其實是他說我聽，這情形要持續好一段時間，直到我從他的敘述獲得了足夠的常識，才說得出自己的故事。我的故事都是杜撰的，事實上我和在蘇黎世時一樣青澀懵懂，我跟他學，佯作是有經驗的老手。他不曾注意到，我端出來的故事太單純，而且我傾向於講情節不複雜、最好只有一條主軸、不斷變遷的故事。太扣人心弦了，他後來問我，對我故事中的女孩尤其興趣濃厚，事實上我為了表示對瑪麗亞的敬重，才安排了這女孩的角色。她——美豔絶倫——個性矛盾：有一天，他以為已經習慣了她的脾氣，隔天卻發覺原來他根本不在乎她。一切尚未成定局，兩天後她獻上初吻獎勵他的不屈不撓，從此發生了一長串的委曲宛轉、欲拒還迎以及最溫柔的告白。我們不斷揣摩女人的心理，他坦承尚未遇過像我的瑪麗亞一樣陰晴不定的人，雖然他閱人無數。他表明想認識瑪麗亞，我沒有斷然拒絕，多虧她莫測高深的性格，我才能在不使他起疑的情況下，能拖就拖。

我們談著談著，從不喊停——她不可或缺，懸在我們心頭好幾個月——，我突然對素來無所謂的事物產生了興趣。我不知道：相愛的人除了接吻還能做什麼，又不敢提出來討論。旅館裡，拉姆小姐就住在我們隔壁，一夜又一夜迎迓她的訪客。媽媽防範於未然，把鋼琴搬到套間的門那兒，但我不必側耳傾聽就聽得一清二楚。我與人的關係大概天生如此，儘管對隔壁的人驚愕非常，卻不多加理會。歐登布爾克（Ödenburg）先生的懇求先登場，拉姆小姐粗魯的回應：不，懇求加碼變為哀求，哭著求著一起上陣，未曾稍歇，一再被冷漠的「不！」打斷，最後聽起來拉姆小姐真的生氣了。「出去！出去！」她發號施令，歐登布爾克先生哭得肝腸寸斷。有時候她果真把他趕出去，就在他哭的當兒，我懷疑他在樓梯上碰到別人時，該不會還哭個不停吧，但我無意出去瞧個究竟。有的時候他獲准留下，痛哭轉換為啜泣，到了十點正，他非離開拉姆小姐的房間不可，因為旅館規定十點以後男士不可逗留。

如果哭聲太大，吵到了我們看書，媽媽就會搖頭，但我們從不談論。我知道她不會喜歡這種鄰居的，但以我們小孩沒啥概念的耳朵聽來，這對男女的關係她似乎還算滿意。我沒有把所聽到的聲張出去，不曾想過這與約翰的征服有關，也許其中有些什麼是我那時還未領悟到的，一個對我的瑪麗亞的行為有些微影響的東西。

約翰的敘述以及我編的故事沒有不雅的情節，很一般，所有的內容都經過美化，驚豔而非激情。驚豔時充滿機趣，深刻且不易忘懷，於是贏得芳心；征服是不可少的，我們都希望留給人好印象，受到真誠的對待。如果這條我們虛構的美麗河流可以被說出來而不被打斷，如果有機會展示卻不必受限於自己的未臻嫻熟，兼之符合劇中人的期待與殷切的話，那就表示別人很認真的對待我們，這才像個男人。隨著這場考驗而來的，更甚於冒險，很刺激，約翰有一長串類似的考驗可以講述。我則恰好相反，從頭到尾都是編的，所以我相信他說的每一個字，就像他相信我一樣。我從來沒有懷疑過他說的故事，只因為我自己的都是杜撰出來的。我們的報導都算獨家，或許他美化了其中的細節，對我所臆造的卻一直追問詳情，我倆的敘述很吻合，協調一致，對他當時生活的影響不亞於我的。

和漢斯・鮑姆談話時，我的態度截然不同。他和約翰稱不上朋友，約翰覺得鮑姆乏味，他一向看不起好學生，鮑姆認為應盡的義務，看在約翰眼裡簡直可笑極了，因為那些東西一成不變，僵硬又死板。他們彼此保持距離，我慶幸不已，萬一他們互相比對我說的感情重點，過不了多久我的權威就要垮了。

我想，我告訴鮑姆的，和我與德萊福斯鬼扯的一樣，也許我想向他學習，只在談話時與他競爭，同時避免和他如出一轍。有一回我告訴鮑姆我理想中的對象時，他大吃一驚，我們的對話變得很嚴肅：「根本沒有愛情」，我解釋，「愛情是詩人的一項發明，那一次你在書裡看到了，信以為真，那是因為你還年輕。你以為大人都騙你，一廂情願的憧憬愛情，直到你親身經歷為止。愛情無人能自己想像，事實上根本沒有愛情這回事。」他猶豫著不知該說些什麼，我覺得他一點兒都不同意我的說法，但他一向認真又內向，就沒有反駁。一反駁勢必要洩露他自己的私密經歷，而他缺少這個能耐。

我極端的反抗表現在對一本書的態度上，那是一本從蘇黎世時期開始就放在媽媽那兒的書，現在我違抗母命公然拿來閱讀：史汀柏格的《一個傻瓜的告解》㉓。媽媽很看重這本書，史汀柏格其他的著作她隨意堆置，但她一直把這本書留在身邊，可見她有多在意。有一次我形容歐登布爾克先生老派的紳士作風為「領帶推銷員」，我懷疑，拉姆小姐怎麼能夠夜復一夜忍受他的來訪（當此之時，我的手上，是意外也是故意，把玩起放在桌上的《一個傻瓜的告解》，打開書，翻了一下，闔上，再打開），她認為我是因為鄰居每天晚上演的好戲才想看這本書的，於是她說：「不要看！這本書只會毀掉你，你將永遠無法彌補損失。再等一陣，等到你自己有了一些經驗，它就害不成你了。」

這麼多年來毋需理由，她不准我看某些書，而我盲目的相信她。但是，自從洪恩巴赫來過之後，她的權威動搖了，我見識過了這個人，與她所描述的有天壤之別，現在我要自己體驗史汀柏格。我沒答應她，但她以為我不至於不聽她的話。當我下次弄到《一個傻瓜的告解》時，背著她飛快的讀將起來，速度有若以前看狄更生的書，其實我不希望這麼倉促。

我對告解毫無概念，覺得那與撒謊無異，其中的冷靜自制令我反感，試著隱諱當下發生

㉓ August Strindberg，1849~1912，瑞典作家。*Beichte eines Toren* 是史汀柏格自傳體的小說。

的事，我認為是一種退化與約束。我欠缺活力，但不缺杜撰故事的活力。真正的活力：恨，我不識其面目，我原初的經驗中察覺不到醋意。困擾我的是把別的男人的情人作為開端的那分拘謹：我覺得這種故事說不通。我不喜歡和人拐彎抹角，自豪於我十七歲的生命，我直視前方，輕視隱瞞。所有的事物都相互對立，唯有相對的才算數。斜睇和挖苦我都不當一回事，也許我讀這本書時態度不夠嚴肅，所以起不了作用，好像我没讀過似的。然後我翻到了那個給我當頭棒喝的地方，那是書中唯一有臨場感的描寫，就在每一個枝節裡，我再也没有重讀此書，或許就因為這幾個場景吧。

這本書的英雄，那位教徒，就是史汀柏格自己，第一次在家中接待的客人是他的軍官朋友的妻子。他褪去了她的衣服，將她放在地板上，藉著手飾上的光，他看到她的乳頭一閃一閃。親密行為的描寫對我來說全然陌生，這件事發生在一個房間裡，哪一個房間無所謂，我們的也行。可能這是我何以嚴厲譴責她的原因之一：她不可思議。作者想用他認定的愛情來說服我，但我不讓他有可趁之機，稱他是騙子。不僅因為我不希望知道這種事，面目可憎，女人在把另一個男人當成朋友，而且居然相信丈夫與另一個男人在背後耍的花樣，——我也覺得荒唐，這是一個糟透了、不足採信、無恥的故事。一個女人幹嘛要任由別人把她放在地板上？他為什麼脫下她的衣服？而她又為什麼讓他脫她的衣服？她躺在地板上，他注視著她。這情況我真弄不懂，不曾接觸過，但它使我對斗膽寫下這些逼真露骨情節的作者怒不可遏。

我對自己下了戰帖，就算所有的人都意志不堅，被說服，以為真有這種事，我將不相信，永遠都不會相信。隔壁歐登布爾克先生的啜泣與此毫無關連，拉姆小姐挺直著腰桿在她的房間走來走去，有一次我在陽台上觀星時，用聽歌劇的望遠鏡看過她的裸體，這是意外，我這麼想，我把望遠鏡對準了她燈光明亮的房間。她光著身子站在那兒，頭高高抬起，苗條、閃爍著紅光，我太吃驚了，一看再看。她走了幾步，鼻直著，彷彿她穿上了衣服。在陽台上聽不到飲泣聲，但是，當我不知所措走向那間房之際，砰的一聲關上了。於是我明白過來，它周而復始的進行，我在陽台上的這段時間也不例外。拉姆小姐在她房間昂首闊步的當兒，歐登布爾克先生抽抽噎噎，這無助於他的表現，她的舉止好像根本沒看到這個人，似乎一個人在房內，連我也對他視若無睹，他不在那兒似的。

昏倒

每天夜裡我走上陽台看星星，找我認識的星星的方位，找到了的話就很開心。不是所有的星星都一樣清朗，不是每一個星子都像我頭頂上天琴座中的織女星，被耀眼的藍光襯托著，或者像獵户座肩膀上的那顆星襯著紅光。我感受到宇宙的遼闊，這在白天是感受不到的，夜晚的星空會喚起這種感覺，我算不清把我與這個或那個星球遥遥相隔的光年時，就補充一下知識。

這時節有許多事情折磨著我，對於那些看得到卻無從取得的東西，我為我們身處困境感到歉咎。如果我有辦法反駁媽媽不公平的指責我們「過得太安逸」，一次就足夠了，我的不安會減輕一些的。但我如果起個頭，她總是無動於衷，存心不理不睬，立刻抄起一本文學史或音樂史，隨便哪一本，埋頭苦讀。要她再度開口也不難，她不想聽的事情我若是稍微提一下的話，她又有話要說了。我的雄心壯志在於迫使她表態，於是我開口說那天碰到的不太愉快的事情，直接問東問西：她沉默，臉上微露輕視或反對的表情，如果很糟糕的話，她會說：「通貨膨脹又不是我的錯」，或「這是戰爭引起的。」

我覺得，她根本不在乎陌生人的遭遇，尤其不關心貧窮的問題，然而對於在戰爭中變成殘廢或喪命的人，她可是無限同情。也許戰爭耗盡了她的同情心，有的時候我想，她身上有個她過度揮霍的東西，那個東西已蕩然無存。這個揣測尚堪忍受，愈來愈折磨我的是我懷疑她在阿羅薩時受到那些仰慕者的影響，因為那些人「活下來了」，而她比她的男人還有成就，當她反覆講這些以前不曾說過的話時，我頂撞她（「他們為什麼活下來？他們生病了住在療養院裡，他們這麼說，就表示他們是遊手好閒的病人。」），她變得暴怒，責備我不憐憫生病的人。聽起來好像她所有的悲天憫人只投射在她療養院裡少數的病人身上。

但是，在這個更狹小的世界裡男人比女人多得多，男人努力要贏得她這位年輕女士的好感，或許正因為他們生著病，愈要展現他們的男子氣概，刻意要她相信他們並不愛這些戰爭初期，她還嗤之以鼻或深深畏懼的男性特質。她在這些男人當中扮演的角色是，她喜歡傾聽，希望盡可能知道他們的事情，她總是樂意傾聽他們的告白，渾然不知她獲得的情報在她心裡蔓生或搗蛋。她的談話對象並非天真無邪，經過這些年她也習慣了，現在則有一大票，而她全都當真。

她不可能與人建立輕浮或淺薄的關係，這正是她迷人的地方，她的認真，使得她在療養院那段時間把兒子當成一切，而所剩餘的高貴人性被截然抽離了，這有利於建立狹隘與偏憐的關係，雖然她不認為這種關係比較好，因為那些人都是病人。也許她又犯了有錢人家天之驕女的毛病。她在那段驚心動魄的時期很不快樂，同時覺得內咎，她的罪愆飄忽不定又不具體成形，於是她以超人的耐力培養兒子們的性靈作為贖罪，這在戰爭期間，當她把全身的力氣用來痛恨戰爭時，達到了頂點——在我察覺到它之前，驚心動魄的時期或許已經結束了，那些往來於阿羅薩與蘇黎世之間的信件是一場捉迷藏，我們從中捕捉過去的一切，好像那些已經不存在似的。

在夏洛特旅館裡，我根本沒辦法把所有的事都弄清楚，雖然我在洪恩巴赫先生造訪過後多少明白了一些事情，可以解釋清楚了。所有的事以鬥爭、慢速攻擊的形式在進行著，透過這場鬥爭，我試著再度接近我認為這世界上「真實」的東西。旅館樓下餐桌上的談話常常是展開鬥爭的絕佳動機，追逐某樣東西時，我學會了隱藏自己，有時又以虛情假意為開場：問一些我在樓下沒聽懂的問題，討論樓下那些人反常的行為。對於餐桌上的暴發户班貝克夫婦的批評，我們十分投契，母親對暴發户的厭惡，一輩子都不會動搖。若我曉得這種厭惡是來自她那猶大裔西班牙人對「良好家庭」的想法，那麼此刻無與倫比的融洽就有點兒打折扣了。

最妙的是我問媽媽問題，受到近乎大人的狡猾的慫恿，我問她——根據以往的經驗——她知道的事情。這樣我就有一張不錯的入場券，然後我漸漸潛近我不懂的事。但我也常失卻耐性，隨便發問，因為我真的有興趣，譬如談到梵谷精神崩潰，她就無法回答，並企圖掩飾她曾經無知的詆毀「這位瘋狂的畫家」的事。我昏了頭，猛地跑向她，我們大吵了起來，兩人都覺得顏面無光。對她來說，因為她顯然站不住腳，而我呢，是因為我無情的責怪她，以至於她把以前我們聊天時她猛烈批評過的作家，再度搬出來胡謅一番。經過這些爭執之後，我沮喪極了，想騎單車離家出走——這是我在法蘭克福那幾年中的一個安慰。另一個安慰則更不可或缺，如果她一語不發，吵不起來，什麼事也沒發生的話，我就去看星星。

她斷然否認要為她的遭遇負起責任，運用若干蓄意、選擇性、隨時隨地的盲目為自己辯護，當時我頗覺受到壓抑，那感覺如此清晰，我沒辦法克制自己，必須去告訴她，因此滋生出一個常設性的譴責。她怕我從學校回家，因為她知道我又有自己眼見或從別人那聽來的新玩意兒要爆開來了。我在敘述第一個句子時已感覺到她即將沉默下去，激動的口不擇言，用她難以忍受的語氣譴責她。一開始不是這樣的，我怪罪她是某些事情的始作俑者，我為她的沒有道理與沒有人性怒火中燒。但她不想聽這些，她有一項獨門絕活兒，凡事只聽一半，於是我的報導轉變為責備，我想告訴她的事似乎變成了我自己的事，我就強迫她一定要聽，而且一定要答話。她試著說：「我知道，我知道」，或者「我可以想像。」但我不讓她矇混過關，我繼續進攻，講些親自體驗過的事，責備她。好像我被賦予力量要解決一種痛苦，向她遞上請願書似的。「聽著！妳一定要向我解釋！為什麼會發生這種事，而且沒有人注意到？」

街上的一位婦人昏倒在地，過去幫她的人說：「她餓極了」，她蒼白得嚇人，非常憔悴，其他人繼續向前走，漠不關心。「你沒走開吧？」媽媽挖苦我，意有所指。的確如此，我回到家，看到她和兩個弟弟坐在圓桌那兒，我們在那兒吃點心。斟好茶的杯子放在我面前，我的碟子裡放了一塊奶油麵包，我還沒吃將起來，但我像往常一樣坐在桌旁，直到我吃麵包時才把這事說了出來。

我在這天所見到的一幕，並不尋常，平生第一次看到有人在我眼前因為飢餓與衰弱而昏倒，我深感震撼，不發一語走進房間，再不發一語坐到桌旁我的位置上。我的目光觸及奶油麵包，尤其是桌子中央的蜂蜜罐，我的舌頭消融了，然後我開始說話。她迅即識出整件事的可笑之處，但如她平常那樣，反應激烈。如果她多等一下，也就是說等我把麵包放在手上，咬一口，甚至等我在麵包上塗上蜂蜜，我將會在她的譏諷以及我可笑的事件中享用點心，我勢必十分震驚。但她依舊不夠嚴肅，或許是我吃點心時都是坐著的緣故。她太依賴這項儀式，用它當做武器，盡可能快快打倒我，因為吃點心時還要想到飢餓與昏倒實在太掃興了，此外無它，僅是掃興而已，所以，她低估了她的冷酷無情以及我嚴肅的心情。我重重推開杯子，茶水溢出來，潑到桌巾上，我說：「我也不要待在這裡！」然後衝了出去。

我跳著走下樓，跳上單車，漫無目標又沮喪得要命，在我們那一區的街道上騎來騎去，騎得又快又無厘頭，不知道自己要什麼，我不能想要什麼，只感到對點心時刻一股深不可測的恨意，蜂蜜罐一直在我眼前晃來晃去，我氣得咒罵：「把它丟出窗外有多好！丟到街上！不是院子！」除非它在街上當著所有人的面前摔碎，才有意義，這樣大家才會曉得我們吃蜂蜜的同時，有人正在挨餓。但我沒這麼做，我把蜂蜜罐放回樓上房間的桌上，茶杯也沒有打翻，桌巾上只有一點兒茶漬，就這些。我很悲傷，但什麼行動也沒採取，我心中的力量太少——一隻溫馴的羔羊，沒人聽得到牠咩咩叫，只發生了一件事，那就是媽媽為用點心受到干擾而慍怒。

真的什麼事都沒有，我還是回家了。她憐憫的問我，昏倒之後再度恢復生機，一切尚未有定數，難道就糟糕透頂；她用這個來處罰我。大概我被眼前發生的事，那位婦人昏倒了過去，給嚇壞了。我擔心她舊調重彈，說起在森林療養院裡死去的那些人，她習慣說，那些人就死在她眼前，但這一次她沒這麼說，她說我應該習慣這一切，我不是有時候說將來想當醫師嘛。一個看到病人死亡就崩潰了的醫師，怎麼得了？也許看到這個昏倒事件對我有好處呢，從此我要習慣這一類的事情。

於是，這個令我憤怒的昏倒事件一躍而成為我的前程：要當醫師。她不再申斥我粗暴的態度，反而把話題轉到我的將來，如果我不夠堅強自制的話，勢將失敗。

從這以後我就揹負著一個道德上的斑點：我不適合當醫師。我的柔軟心腸反對我去適應這個職務。對於她提到我的前途時的措辭，雖然我從未承認過，但我難以忘懷。我考慮過，但無法決定，我不確定是否想當醫師。

基爾加彌息與亞里斯多芬尼茲

在法蘭克福的歲月中，我不僅認識了住在夏洛特旅館的人，每天都有人搬進搬出，一直如此，這些人都不容小覷。餐桌上每個人的座位是固定的，坐在你前面的人也是熟面孔，於是這些人逐漸有了專屬的角色。有些人永遠一個德行，從不發表意見，我們也不指望他會開口說話，有些人卻以真性情見人，一旦換一個面目，你會很驚訝。這是一場表演，這樣或那樣，每次我走進餐廳都滿懷期待與好奇。

學校裡的老師只有一位我不怎麼喜歡，暴躁的拉丁文老師隨便一點兒小事也能使他大發雷霆，狠狠的罵我們是「發臭的公牛」，這不是他唯一罵人的話。他上課時借助於「瞎聊」的方法，我們必須跟著鬼扯，可笑之至，我在蘇黎世學到的拉丁文沒有因為討厭他忘得一乾二淨，可真是怪事。他發脾氣時的痛苦模樣和大嗓門，我在別的學校尚未領教過。戰爭害慘了他，他一定受了不少罪；有時候別人這樣說他，要不然誰受得了他。有些老師也烙著戰爭的傷痕，但不若他這般引人側目，其中有一個很有愛心的男老師，對學生好得不得了；還有一位優秀的數學老師，有點兒神經兮兮，但他的異常是針對自己，不是拿來對付學生，講課時以一種特定的駭人風格把他的活力燃燒殆盡。

我們可以試著從觀察這些老師去感受戰爭帶給人不同的影響，先要對他們的經歷略知一二，但他們從來不跟我們說這些事情。除了他們的臉孔與身材，我只認得他們在教室裡的表現；其他的就要靠道聽塗說了。

我想談一位安靜且聰明，我還欠他一份情的人。葛爾柏（Gerber）是我們的德文老師，與別的老師比起來，他比較拖泥帶水。從他給我們寫的作文題目中，我們好像交上了朋友，剛開始我覺得這些作文無聊透頂，不管是寫瑪麗亞・史圖亞特㉔或類似的題材，太簡單了，

㉔ Maria Stuart，1542～1587，蘇格蘭人，一五五九年冊封為法國皇后，夫死返回蘇格蘭，後來被處死。

但他很滿意。然後，題目變得有趣多了，我在紙上鋪陳我真正的看法，我與學校唱反調，他未必會同意我的觀點，但是他讓我發揮，在文末用紅筆寫上一長串評語，導引我深入思考，他有容人的雅量，而且從來不隱瞞他欣賞我的論點的事實。有時他持相反的意見，我也不認為他在對抗我，即使我無法接受卻仍然很高興，因為他總算說了出來。他並不擅長鼓舞學生，亦非很瞭解我們，他的手腳都不大，動作文雅，但並不緩慢，做任何事情看起來都有點兒簡約，連聲音也不似別的老師一開口就咄咄逼人的那種男腔。

葛爾柏為我打開了他負責管理的教師圖書館的門，我愛借幾本就借幾本。我對文學以及古典作品著迷不已，讀了——德文譯本——一本接一本：史學家、劇作家、抒情詩人、演說家，唯獨哲學家——柏拉圖和亞里斯多德——我跳過了。我大量閱讀，不僅看偉大作家寫的書，只要題材有趣的都看，譬如迪奧多爾和史特拉波㉕。我看個不停，葛爾柏很驚訝，兩年來我都向他借這一類的書，我開始接觸史特拉波的書時，他輕輕的搖了搖頭，問我有沒有想過換口味，或許試試中世紀的作品，但我興趣缺缺。

有一次我們在教師圖書館裡遇見了，葛爾柏小心翼翼，用近乎溫柔的神色問我，我將來想做什麼。我感覺得到他預期的答案，但我卻不怎麼確定的說，當醫師。他很失望，想了一會兒，以中間人的姿態說：「那麼您要做卡爾—盧狄西・史萊西㉖第二嘍」，他很肯定這位

㉕ Diodor，約西元前90～21年，西西里人，希臘史學家。Strabo，約西元前63～38年，希臘史學、地理暨哲學家。

㉖ Carl Ludwig Schleich，1859～1922，德國醫師暨作家，獨創以水混合古柯鹼，運用於外科手術時的局部麻醉方法。

醫師的貢獻，但如果我直截了當表示想當作家的話，想必他會比較開心。從那以後他就常不經意的，無論我們聊什麼，都要提一下這位常常寫作的醫師。

在他的課堂上，我們各自讀同一本書中的不同段落，我不認為這樣很好玩。但他在做實驗，要讓對文學沒多少興趣的同學擔任書中的角色，藉此培養看書的樂趣。他很少選那些通篇乏味的書，我們讀過《強盜》、《艾格蒙》㉗、《李爾王》，還有機會去劇院看這些作品被搬上舞台。

在夏洛特旅館裡，劇院上演的戲是熱門話題，談得很深入，房客中的行家幾乎都接收了《法蘭克福日報》上劇評家的意見，討論那些劇評家寫了什麼，即使看法不同，他們都是在對那些講究且清楚的觀點表示敬意，因此，這些談話就有了一定的水準，或許比聊別的事來得認真。你感受得到他們關心戲劇，而且以此為樂，如果出了什麼差池，他們雖感震驚，但不會幸災樂禍或口出惡言。大家都知道戲劇的分量，不支持它的人也怯於碰觸這個話題。受過重傷、行動不便的舒特先生幾乎不去看戲，但從他說過的幾句話不難揣測，昆蒂西小姐鉅細靡遺的把每一場戲都說給他聽。他發表意見時，如此有自信，好像他真的坐在觀眾席。無可奉告的人保持沉默，深感痛苦，在這樣的場合出洋相，豈不夠嗆。

他們聊的其他話題，大部分顯得莫名所以——全都搖擺不定，一旦意見不一致，又無法一眼望見的話——，你，尤其以你年輕的身分，就會有一種想法，若有個絕對無可指摘的東

㉗ *Die Räuber*，席勒的劇作。*Egmont*，歌德寫的一齣悲劇。

西，肯定就是戲劇。

我常去劇院看戲，其中一場演出我特別心醉神迷，所以我積極投入，又去看了好幾回。一位我十分心儀的女演員上場了，她的模樣至今猶歷歷在目：葛兒達・米勒（Gerda Müller）飾演佩瑟絲蕾亞㉘。我有一股狂熱，毋庸置疑，我愛上了克萊斯勒的《佩瑟絲蕾亞》。對我來說，這像一齣我那時期讀過的希臘悲劇《小路標》㉙，狂野的統帥亞馬遜和「梅娜登」（Die Mänaden）中的人物一樣，狂奔不已，要趁著國王一息尚存時將他撕個粉碎的角色，這裡換成了驅使瘋狗捕獵艾希（Achill），自己也像瘋狗一樣，把牙齒狠狠嵌進國王的肉裡的佩瑟絲蕾亞。從那以後我再也沒勇氣看這齣戲在舞台上搬演，每當我讀這個劇本，她的聲音彷若可聞，依舊響亮有力。這位說服我接受愛的真相的女演員，我對她始終不渝。

我看不出來旅館裡我們隔壁的房間有發生這等悲慘情事的可能，《一個傻瓜的告解》一向就被我視為謊言。

經常登台的演員中有一位叫做卡爾・艾伯特（Carl Ebert），一開始固定演出，後來則客串。幾年之後，他因為別的事情出了名，早期的他名為卡爾・莫爾（Karl Moor），扮演艾格蒙。我很習慣看他擔綱不同的角色，我不會只因他的緣故去看戲，不容許自己為這個弱點感到慚愧，法蘭克福的歲月多虧了這個弱點，我才擁有最重要的經歷。一個星期天的早場，他

㉘ Penthesilea，德國作家克萊斯勒（Heinrich von Kleist）劇作中的人物。

㉙ *Die Bakchen*，古希臘悲劇大師尤里皮底斯（Euripides）最後一部作品，約寫於西元前四〇六年。

應該要朗讀一本我聽都没聽過、比《聖經》還要古老的書，是一首巴比倫史詩。我知道巴比倫人遭遇了一場洪水，換言之，這則傳說是在那裡被《聖經》蒐羅了進去。這是我僅知的，我不該一個人去聽的，但朗讀的是卡爾・艾伯特，基於對這位親切的演員的迷戀，我被基爾加彌息㉚召喚了過去，没有人像他一樣，用他最深層的思想、信仰與期待確立了我的生活。

基爾加彌息為他的朋友安奇杜（Enkidu）之死發出的悲嘆打動了我的心：

我日夜為他哭泣，
我不願承認，人們已將他安葬——
我的朋友在那邊是否因我之哀鳴而起身——
七天和七夜，
直到蟲子侵入他的臉。
他離開後，我找不到生命力，
強盜一般在草原上穿梭。

現在，他展開行動對抗死亡，漫遊在黑暗的天際，渡過死亡水域去找倖免於洪水、上帝賦予不死能力的祖先烏特納皮希汀（Utnapischtim）。他希望祖先告訴他如何獲得永生。事實

㉚ Gilgamesch，西元前 2100~600 流傳於巴比倫以及小亞細亞之間的英雄冒險神話，基爾加彌息為劇中主角。

上，基爾加彌息失敗並且也死了，但這堅定了一個人採取行動的迫切性。

這則神話對我的影響，我必須借用一種方法才明白過來：我在從那以後的半世紀中，思量許多問題，不斷交相運用在自己身上，但不曾真正懷疑過它。我所採納的，都留存在我心裡，沒什麼好抱怨的。至於我是否相信這個故事，我沒有碰到這個問題，我應該基於我的本質來決定是否相信它嗎？這與鸚鵡學舌不一樣，到了今天所有的人都死了，要決定的是，我們願不願意忍受死亡，或者反抗它。經由反抗死亡，我學會了堅持擁有光榮、財富、不幸，以及絕望的經驗。我活在這場永無休止的暴動之中。時光流逝，我失去朋友的痛苦若與基爾加彌息失去安奇杜等量齊觀的話，我還是略勝這位勇者一籌：我周遭的每一個人都將一死，死神不會只奪去我朋友的生命。

這首史詩凝聚在幾個人物身上，發生在一個混亂的時代，那段紛紛嚷嚷的時間裡，我與它相遇。幾件連續發生的大事是我對法蘭克福回憶的基調，謠言四起，旅館內的餐桌上，竊竊傳著似假還真的謠言。我記得大夥還沒看到報紙（沒有收音機），就在談論拉騰瑙被刺殺的事。法國人是這些謠言中的主角，他們占領了法蘭克福，又撤了出去，突然有人說他們要回來，鎮壓與賠款成了日常用語。我們學校的地下室被發現密藏著武器，掀起了天大的風波，調查的過程中，有人說一位年輕且受歡迎、但我不怎麼熟的老師，應該為這批武器負責。

我最初看過的幾場示威遊行讓我印像深刻，經常舉行示威活動，都是為了反戰。主張改革與結束戰爭的人士，不痛恨戰爭、但對一年後所簽訂的凡爾賽和約深惡痛絕的人，兩派人鮮明對立。這次分道揚鑣極其重要，那個時候就隱約見其效應。有一場示威是抗議拉騰瑙被刺，於是我跟著隊伍走到購物中心采爾（Zeil），第一次有了群眾運動的經驗。這個體驗的結果是幾年之後我在一場討論會上發言，我希望談論這件事。

在法蘭克福的最後幾年，對我們小小的家庭來說，再一次面臨解散的宿命。媽媽覺得自己有病，或許我們之間日復一日的緊張關係讓她受不了吧，她到南方去，以前她也經常這麼做。我們離開了夏洛特旅館，三兄弟住到別人家，那家的女主人蘇瑟（Suse）很會照顧人，她以我們自己的母親也做不到的熱心和良善收容了我們。這一家子的成員有父親、母親、兩個和我們差不多年齡的小孩、祖母以及一位女僕。我慢慢的都認識了他們，以及另外兩位他們接待的外國客人，那個時候我對人的理解，唯有寫成一本書才能說得清。

這正是通貨膨脹最嚴重的時節，每天都暴跌，到了匪夷所思的程度，人人都受到極大的波及，觀其變化真是嚇人：經常發生，而且次數驚人，唯一先決條件就是錢以超快的速度貶值。不僅是一種影響人們生活的失序狀態，還有點兒像每天上演一次爆破事件，爆破之後殘餘的物質留待下一次爆破用。我不只看到巨大的後果，我看著赤裸裸的它，每個家庭的每位成員，年紀最小的，最親密的，每一個人碰到的大事都有同樣的原因，那就是金錢狂亂運動。

為了要在我那嗜錢如命的家庭提倡公平的美德，我要他們輕視錢財。我認為老是想要贏取與精神文明沒有關係的東西，未免太無聊也太缺乏變化了，耽溺其中的人，將逐漸枯竭，失去獨創力。突然之間我從另一個角度來看它——一個帶著巨大鞭子的怪物，抽打著每樣東西，連躲在秘密鼠穴的人也不放過。

也許這就是事情的必然性，一開始不介入但忍受，記憶中我揮之不去的，是媽媽逃離法蘭克福的畫面。她再度搬到維也納，身體稍好就把我兩個弟弟從寄住家庭接過去，在維也納為他們找好了學校，我又待了半年，因為我即將高中畢業，等到上大學時才遷往維也納。

留在法蘭克福的那半年，寄住在同樣一個家庭裡，我覺得自由極了，我常參加聚會，聆聽討論會，夜晚走在街道上時，討論會的內容變得溫和，我仔細的反芻每一個意見、每一個考慮，信念相互撞擊著。討論會上洋溢著一股熱力，彷彿發出霹啪聲、閃耀著火花，我從未發過言，只是聽，專心的聽，那程度我至今想起仍覺凜然，因為我毫無招架能力。處於這種超高壓與極端之中，我無法有自己的想法，很多令我反感，但我沒有予以反駁，有些我心有戚戚焉，卻又說不出理由。我沒有分辨交疊碰撞的語言的概念。那段時間裡我聽過他說話的人，沒有那一個讓我起而效尤，連模仿都不想。就我所瞭解，那是意見的異同，一口巫婆熬煮迷魂湯的鍋子，鍋內冒著氣、熱滾滾，所有在裡頭泅泳的配料味道各有特色，聞得出來的。

我在人群中體驗過的不安以這半年為最，區別群體中的每一個個人並不特別重要，這我要再過幾年以後才領悟，當時卻少有察覺。即使不贊同，我對每一條信念仍然滿懷敬意，對自己考驗過的效果深具信心的辯論家，我視之為江湖術士。在街上舉行的討論會，當群眾四分五裂，沒有上台發表意見的人試著說服彼此時，他們的騷動不安深深攫住了我的心，我每一個人都相信。

如果說，這段時間中我以亞里斯多芬尼茲㉛為師，也許不很恰當，又顯得油嘴滑舌。那

㉛ Aristophanes，約西元前 448～380，希臘舊喜劇的代表作家。

時我正在讀亞里斯多芬尼茲的書，他每一齣喜劇都有飽滿的力道與一貫性，真是教人驚訝，同時又都以一個突發奇想作為主軸，由這個突發奇想衍生而出的《莉希翠塔》（*Lysistrata*），是我讀的第一部他的作品，故事中的女人在雅典與斯巴達戰事頻仍時期，發動罷工，抵拒她們的丈夫，拒絕與他們燕好。他的書中有很多當下產生的靈感，因為他寫的喜劇大多失傳了，所以我沒有學到太多。我一定瞎了，才沒注意到自己四下尋訪其實與他有些相似。這部劇作也由一個唯一的先決條件為主導，即金錢狂亂運動。絕非平地一聲雷，事實上就是如此，所以它並不滑稽，只是嚇人而已，但如果人們把它視為一部作品，觀其整體的話，它是有點兒像亞里斯多芬尼茲的喜劇。我們不妨說，亞里斯多芬尼茲看事情的冷酷態度提供了我們獨一無二的法門，我們要把那些幾千個碎片牢牢的黏起來。

從那時候起，我厭惡純粹個人的劇評，而且不打算改變這種傾向，至於雅典塑造出來的新舊喜劇，雖然我不明白原因何在，但我站在舊的那邊。除非作品與全體大眾有關，否則我不認為有搬上舞台的價值，喜劇的特色很多，即使精彩，但我仍然為自己居然有心情看而感到靦腆，好像我應該躲起來，非不得已譬如要吃要喝或什麼等，才能出來。喜劇為我而生，一如它的始祖亞里斯多芬尼茲，是源於普遍的興趣，以嚴密的邏輯來觀照世界。為此，要冷靜的理解以及支配喜劇，不算太瘋狂的福至心靈都可以與新的想法銜接、分離、稍加變化、比對，並賦予新的結構，這樣內容才不會重複、輕率，最終的目的是要撼動觀眾，使之感同身受並且筋疲力竭。

把我帶向終點的，是後來的一次反省，我以戲劇為志向，在那時就已決定了。雖然我回憶起法蘭克福最後那一年時，亂哄哄的事件飽脹到要爆開的程度，但同時在同一世界裡卻又充滿閱讀了亞里斯多芬尼茲的喜劇時所感受到的震撼，所以，我不相信自己會失敗。我望不見居兩者之間的東西，一個轉到另一個，轉入緊鄰的鄰居那兒，它們都是我的回憶，應該很重要，算是那個時期我最看重的東西，對我都有一定的影響。

我同時也看一些與基爾加彌息有關或與之抗衡的書，敘述那些離群索居的人的命運，看主人翁如何形單影隻：他唯有一死，唯一能做的就是容忍死亡降臨自己身上。

第二部

風暴與壓抑

1924～1925

與弟弟一起過活

一九二四年四月初我和格奧爾格搬到帕拉特街二十二號，租了蘇欣（Sussin）太太的一個房間。房間位於她屋子後廂，陰暗非常，窗户對著庭院，我們在那兒住了幾個月，一段不算長的時間。這是我第一次和弟弟一起過活，後來這成了慣例。

我們的關係很密切，我升到了老師的地位，為他解惑，尤其是有關道德方面的各種問題。無論如何都要敬而遠之的，應該知道些什麼，瞭解什麼，——那四個月中，幾乎每個晚上，當我們在窗户旁的方桌看書或寫功課時，都談得很起勁。我倆坐在角落那兒，一抬頭就看得到對方的臉，而且很清楚，他那時已長得比我高，雖然他小我六歲，坐著的時候我們看起來身高差不多。我決定要在維也納讀化學（不太確定會一直讀下去），再過一個月就開學了，在法蘭克福時我的化學頗弱的，得利用時間自修一些化學常識，希望在剩下的四個星期之中趕一下進度。我正在讀一本礦物化學教科書，這本書著重於理論，與實務無關，但還是很有趣，所以我看得很快。

格奧爾格任何時間都可以打斷我看書，提出問題，我一點兒也不覺得受到干擾。他上的是位於史都本巴斯泰路上的一所六年制的中學，十三歲的他屬於班上較年幼的學生。他很好學，學起來也輕鬆，但是學校相當重視的美術就不太靈光了。他求知欲很強，我像他這麼大時也一樣，什麼都可以讓他發問，而且是有意義的問題。幾乎沒有什麼是他不懂的，一下子就掌握所閱讀的書的內容；他希望逐條剖析教科書裡的細節，獲得通盤的概念。大部分他問的問題我都可以迎刃而解，毋需思索或查資料，我很高興能教他，在此之前我只是自己留著用而已，除了他，我没跟任何人說過這些事情。他曉得他來找我，我總是很開心，回答問題也不設限，短短幾小時之內可以談的還真不少，我於是精神奕奕的重拾不怎麼熟稔的化學，原本一想到未來四年中，或者更久，我恐怕要以化學為主修，就覺得很難過。他問起羅馬的作家，歷史——我談的以希臘居多，數學方面的難題，植物與動物學，加上地理、各個國家及其人民我更喜歡。他也知道我愛談這些，有時候我得提醒自己喊停，我言無不盡，傾囊相授，有多高興哇。我没省下對人的批評。如果聊到具有異國情調的國家與疾病奮戰的事，我的談興更濃了，我尚未從放棄讀醫的痛苦中平復過來，天真的把我昔日的志向傾注在他身上。

我欣賞他多多益善的求知欲，每當我坐下來看書，就已經感受到他來問問題的那種快樂。他若一個問題也沒有，我受的苦想必比他還要多，幸好他不是個喜歡駕馭一切或斤斤計較的人，否則他將輕而易舉掌控我。如果有一天晚上他在方桌上什麼也没問的話，我將飽受煎熬，非常不開心。然而，他的問題毫無企圖心，我的回答亦若是。他希望求知，我則希望把我所知道的全部告訴他；他再從獲悉的知識中延伸出新的問題。他從未令我發窘，這倒是稀奇，他饑渴般的求知欲在我的限度裡旋轉。是否因為我們是兄弟而性情相近，還是因為我回答時的活力把他從別的事情引開，他只提有解的問題，從不會讓我下不了台，要揭穿我的無知太容易了。我們兩個都很坦白，不會有所保留，那段時間裡我們彼此依賴，没有別的人與我們親近，唯一的要求就夠我倆用的了：他不能讓我，我也不能令他失望。無論如何，靠近窗戶的方桌上的共同「晚課」絕不可以取消。

夏天來了，晚上的時間變長了，面對庭院的窗戶我們就讓它開著。比我們低兩層，是名叫芬克（Fink）的裁縫的工作間，他的窗戶也打開著，縫紉機的隆隆聲從樓下傳到我們這兒。他工作到深夜，一天到晚都忙著幹活兒，在方桌上吃晚飯時，聽到他在收拾東西，我們坐下來看書時也聽得到聲音，除非我們談得太投入，渾然忘我，才會忘記他的存在。但當我們因為這一天很早就開始了而疲累的躺在床上，直到我們睡著，隆隆的縫紉機仍然清晰可聞。

晚餐有麵包和酸奶，一段時期只有麵包，因為我們共同的生活中發生了一場小型災難，是我的錯。手頭雖緊，必須量入為出，維持生活的最低需求，這樣晚飯才有可能豐盛一點。我按月收到每個月的生活費，祖父支付一部分，剩下的媽媽出。我把全部的錢帶在身上，決心要好好保管，這個我有經驗，在法蘭克福時我跟弟弟一起過了半年，媽媽不在家，那正是通貨膨脹接近尾聲的艱苦時期，熬過這一關很不容易，比較起來在維也納過日子就像小孩扮家家酒一樣。

本來是扮家家酒的，但我沒有把維也納郊外的公共遊樂場列入考量。這座公共遊樂場離我們住的地方很近，不到十五分鐘的距離，我小的時候覺得它意義非凡①，似乎把距離又拉近了一些。我並未要弟弟與誘人的遊樂場保持距離，反而帶他去那兒。一個星期六的下午我

①請參閱卡內提回憶錄第一部《得救的舌頭》，作者在維也納的日子。

帶他來到這個花花世界，好些個遊樂設施現已不復存在，而我重新找到的那些卻只令我失望。格奧爾格五歲就離開了維也納，對遊樂場沒什麼印象，所以他相信我美化修飾過的敘述。這讓我覺得有幾分尷尬，因為我是他無所不知，講伊斯克勒斯②的普羅米修斯、法國大革命、萬有引力定律以及進化論給他聽，剛好最近又正在講在義大利梅西納（Messina）岩洞裡與洞口所發生的地震的哥哥。

當我們終於找到岩洞，站在那個魔鬼悠哉地用叉子叉起一樁樁罪孽的洞口時，我的臉色一定很難看，他怪模怪樣的瞧著我，說：「你以前真的怕這玩意兒？」「我可不怕，我已經八歲了，但是，那時你們還真小啊。」我察覺他對我的尊敬正逐漸消失，他並不願如此，雖然前不久他才開始對我佩服得五體投地，他很重視我倆晚上的談話，現在，他一點兒都沒興趣觀看在梅西納發生的那場地震，這其實是吸引我們來這兒的主要原因呢。我如釋重負的離開那裡，連我也不想再看地震的場面，趕緊把他帶走，就讓往昔的美好保存在回憶裡吧。

但事情尚未完全落幕，我必須平息他的失望，給他點兒什麼，於是我一頭栽進賭博遊戲中，事實上我根本不想這麼做。賭博遊戲的花樣很多，套圈圈抓住了我們，因為我們看到有些人真的贏了。我讓格奧爾格試試手氣，結果一個也沒套中，我自己下場，連連失手，繼續試，好像中了邪一般。過不久我耽溺其中不可自拔，他拽我的袖子也沒用，我不肯放棄。他眼睜睜看著我們的生活費消失無蹤，心中盤算著後果，但一語不發，也沒說他想再玩一次。

② Aeschylus，西元前525～456，戲劇家，有悲劇之父之稱。

我想，他明白我受不了自己爛透了的投擲技術，希望一直玩到有所改善為止。他呆呆的看著，時不時動一下，我覺得他像岩洞裡的機器人。我投了又投，愈來愈糟，兩種羞愧交相混合，匯流在一起。我以為不過玩了一下子而已，但一定過了許久，因為，我們五月份的生活費突然就沒了。

如果這只與我一個人有關的話，我就不會那麼難受了，但還有他，我要負責照顧他，我一直都努力扮演著長兄如父的角色。白天在化學實驗室裡，這工作我剛接手不久，閃過我腦海的是晚上要跟他談的話題，他一定會喜歡的，永遠都忘不了。那時我相信，我對他的手足之情變成了統馭的感覺，我要為自己說的每一句話負起責任，一步錯，就可能把他帶往錯誤的方向，他的人生將會滿盤輸——現在我把五月份的錢都輸光了，絕不能讓別人知道，至少我們借住的蘇欣這一家，我擔心她要把房間收回去。

幸好沒有熟人看到我犯下的原罪，格奧爾格心知肚明，很乖的閉緊嘴巴。我們很哥們兒的互相安慰，我們習慣在祖父介紹的卡爾劇院旁邊的班薇尼斯特餐館吃午飯，但現在能省就省，酸奶和麵包足夠矣，晚上一塊麵包就打發了。我是怎麼弄到這些錢的，我沒跟他說，我自己也搞不清楚。

想來這樁咎由自取的不幸事件讓我們更加親近，比晚上的問與答還要親。足足一個月，我們過著苦日子，若沒有蘇欣太太每天早上送來的早餐，不知道要怎麼捱過哩，我們飢腸轆轆翹首盼望牛奶咖啡和兩個小麵包。我們起床的時間變早了，梳洗過後坐在方桌那兒，等著她托著盤子踏進房間。我們避免過於迫不急待，那將會洩露我們的貪嘴，僵直的坐在那兒，彷彿一起陷入某種回憶之中。她非常重視早晨的問候，問我們睡得好不好，幸運的是她也會告訴我們她睡得如何。

每天早晨她總是慎重其事的提起她蹲在貝爾格勒的牢裡的哥哥，「一個理想主義者！」這是她出其不意的開場白，沒有一次提到他時不以「理想主義者」為開端。她並不贊同他的政治主張，但她以他為榮，因為他與亨利・巴比塞③以及羅曼・羅蘭交上了朋友。他身體孱弱，很早就得了肺結核，坐牢對他來說等於吃毒藥，既好且豐富的飲食才是他急需的。當她送早餐過來，冒著熱氣的咖啡讓她想到他的貧乏，很自然的就以他為題囉。「他早就是這個樣子了，還在上學的時候，像他一樣大」——她指了指格奧爾格——「就是個理想主義者，他在學校裡演講，因此被處罰，雖然老師支持他，但不能不罰他。」她不同意他固執已見，但她從不出言責備。她和單身、住在她家的妹妹大概知道自己的兄弟在想什麼，忠於君主的賽爾維亞人與善良的奧地利人都不欣賞這種想法，他們培養出一個一勞永逸的辦法，永遠都不碰政治，讓男人去管。

摩榭・皮亞德（Mosche Pijade）——她哥哥的名字——自視為革命分子與作家，正因為他是這樣的一個人，她才要說起他法國朋友的名字。坐牢，尤其是生病以及挨餓很讓蘇欣太太掛心，她端到我們房間的早餐，本來也可以給他享用的，至少每天早上想念他一下吧。我

③ Henri Barbusse，1873～1935，法國作家，身體不好，但在第一次世界大戰爆發的第一天即自願從軍，上前線親身體驗法國士兵的生活，後將此段經歷寫成《砲火》一書。

們餓得快燒起來了，她卻還待在那兒，她講她哥哥挨餓的故事讓我們變得堅強，她並未直接說他受著飢餓之苦，因為他有他的理想。他藉此成了我們的支柱，每天早晨我們等著他，一如等著蘇欣太太送來的牛奶咖啡和香甜的小麵包。這也是格奧爾格第一次聽到肺結核，後來這個病症成了他生活中主要的內容。

我們一起離開，馬上就在庭院的左邊看到芬克先生，那位已經坐在縫紉機前的裁縫。這是我們清早醒來聽到的第一個聲響，晚上臨睡前聽到的最後一個聲音也是他。現在我們走過他工作間的窗戶，和這個寡言、顴骨透露著痛苦的男人打招呼，我每次看到他，他的嘴裡都含著針，我老覺得一根長針就要穿過他的腮幫子，因此無法說話。如果他說了些什麼，我只感到詫異，那些啣在他嘴唇上的針驀地失蹤了。

他的縫紉機就在工作間的窗邊，他不會離開它，——一個從不外出的年輕男子。等到我和他有點兒熟的時候，已經是夏天了，窗戶開著，庭院裡都聽得到縫紉機的隆隆聲，伴著一位婦人的輕笑，一位把工作間填得滿滿的黑髮、豐滿的佳人。有人要找芬克裁縫做衣服，敲著芬克那一家子住的小房間的門時，走進去之前，不免有些猶豫，因為他不太相信聽到了婦人的笑聲。顧客知道那工作間裡接待他們的喜悅，是他們自己所缺乏的，她豐滿的身體就是那股喜悅，散發出各種味道。味道與笑聲彼此滲透，還有時而對三歲女兒卡蜜拉的呼喚。這孩子最愛在門坎後面玩，顧客也因此猶豫著不知要不要打開門，隨著笑聲所聽到的第一個句子是：「卡蜜拉，讓開，讓這位先生進來。」她總說「這位先生」，其實我還不滿十九歲，當我已經在裡面，有女士要進來時，她也這麼說。一旦她看到是位女士，她就暫時止住了笑，但不改變收費標準，我並不驚訝，因為芬克先生是做男士服裝的。他驟然抬起眼來，嘴裡含著針，一根長得嚇人的針刺穿了他的腮幫子，他怎麼講話哩，所以那笑聲取而代之。

卡爾・克勞斯與薇珮

想當然爾，關於這兩個人的傳言一起灌進我的耳朵：同一個來源，這個來源提供各種消息，對我來說都很新鮮，我剛到維也納，一切靠自己，馬上就要上大學了，幾乎很難展開新生活。我住在阿斯里爾（Asriel）家，離普拉特星飯店很近的海涅街上，星期六下午我都上那兒去，所獲得的消息夠我一年用：全新的姓名，因為我聽都沒聽說過，還覺得這些名號很可疑呢。

我最常從阿斯里爾那兒聽的名字是卡爾・克勞斯④。這是個嚴峻又了不起的人，就住在維也納，休想要他憐憫任何人。他演講時大肆抨擊那些不好的以及腐敗的事情，他發行一本雜誌，由他一人執筆，他厭惡所有的郵件，不採用任何人的稿子，從不回信，《火炬》中的每個字、每個音節，都出自他的手筆。很像是他在法庭上控告自己，然後自行審判，沒有辯護人，多餘，他很公平的，沒犯錯的人不會被舉發。他從不出錯，根本不可能弄錯，他說的

---

④ Karl Kraus，1874～1936，奧地利出版家、作家，以反對維也納社會的虛矯著稱。

話，句句屬實，文學上尚未有過他這種精準。每個逗點他都親自校對，誰要想在《火炬》裡找出一個印刷錯誤，可得找上好幾個星期依舊毫無斬獲，最聰明的辦法是找都別找。他痛恨戰爭，世界發生大戰時，他成功的通過檢查，出了好幾次反戰的《火炬》。當別人閉上嘴巴之際，他揭發弊端，與貪污奮戰，卻從未光顧過牢獄，可真是奇蹟。他寫過一本長達八百頁的劇本《人性末日》，敘述的都是戰爭中發生的事情，當他朗讀這個劇本，聽者無不目瞪口呆，大廳內鴉雀無聲，沒有人敢大口喘氣，他一個人飾演所有的角色，奸商與將軍、無賴與可憐蟲，所有戰爭下的犧牲者，每個角色都維妙維肖，好像這些人物就站在你面前。聽過他朗讀的人，將不再想走進劇院，和他比起來，劇院實在乏味，而他自己就是一整齣戲劇，而且精彩極了，他是這個世界的奇蹟，無與倫比的人物、天才，有一個再平常也不過的名字卡爾・克勞斯。

我相信他說的話，遠超過叫這個名字的人所擁有的能力。阿斯里爾不斷地灌輸我關於此人的報導的同時——母子倆都陶醉在其中——，當我略有質疑，他們就會嘲笑我，一觸及那個名字，總是說名字不代表什麼，重要的是這個人，否則我們，她或我，早就因為我們那響亮的名字遠遠勝過卡爾・克勞斯。我能夠想像這有多可笑，多麼愚蠢嗎？

一本紅色的冊子放在我的手上，我很高興的看到那是一本《火炬》，我以為沒有機會拜讀呢。我在那些句子當中跌跌撞撞，不得其門而入，如果那一次看懂了，卻像一則笑話，而我不喜歡鬧笑話。關於地方上或印刷之誤的報導，我認為一點兒都不重要，「這些都胡說八道，你們怎麼看得下，對我來說報紙有趣多了，至少還看得懂，這玩意兒卻只想折騰人，不知在賣什麼關子！」阿斯里爾把我給氣壞了，我想起法蘭克福那位同學的父親，每次我去他家做客，他都會朗誦方言作家弗里德里西・史鐸爾策的詩，一首詩結束時他習慣說「誰要不喜歡他，誰就該槍斃。這是至今最偉大的詩人。」我談起這位法蘭克福方言詩人，不帶任何嘲諷，我要整一整他，存心要他難堪，以至於母子倆忽然講起一位每次都去聽卡爾・克勞斯演講的可人兒，對他崇拜得不得了，每次都坐在第一排，好讓他注意到她有多崇拜他。阿斯里爾的這一則報導這次失靈了：「優雅的淑女！好像穿著皮草！搽香水的美學家！在這些人面前演講，他一點兒都不會不好意思！」

「那不是這一類的淑女！那是受過高等教育的女士！為什麼他就不能在這些人面前朗讀？她們聽得懂任何影射，他一個句子還沒完，她們已經曉得他要說什麼了。一整套英國和法國文學都裝在她們的腦子裡，不只是德國的！莎士比亞她們倒背如流，歌德更不用說了。你根本無從想像她們多有學問！」

「你們怎麼知道的？你們跟她們說過話嗎？你們會和這些人說話？香水該不會把你們給薰死了吧？我跟這種人連一分鐘的話都不要說，就是辦不到，再漂亮也沒有用，我將轉身過去，頂多說：『您別把莎士比亞含在嘴裡，他在墳裡都會因作嘔而翻身，還有，讓歌德安息，浮世德不是寫給猴子看的。』」

但是，阿斯里爾母子卻以為他們贏了，因為他倆同時叫了起來：「薇颯（Veza）！您知道她是誰？您聽過薇颯的事情嗎？」

現在，讓我驚喜的是一個名字，我一聽就喜歡，雖然我沒有太留心。這名字讓我想起我的星星，天琴座中的織女星，換了一個輔音聽起來更美了。我沒好氣的說：「這是什麼名字呀？沒有人叫這個名字的，的確是個不尋常的名字，只是它不存在。」

「誰說的，就有人叫這個名字。我們認得她，她與她的母親住在費迪南街，離這裡十分鐘。美若天仙，有一張西班牙的臉孔，她很高雅又敏感，在她身旁的人不敢口出穢語。她看過的書比你我加起來的還要多，會背最長篇大論的英詩和半套莎士比亞，還有莫里哀、福樓拜、托爾斯泰。」「那麼，這位模範生多大年紀呢？」「二十七歲。」「那些書她都已經看過了？」「對，還多著哩，她看書很理性，知道為什麼有些書她喜歡，都說得出理由來。你騙不了她的。」「她坐在第一排聽卡爾・克勞斯演講？」「沒錯，每一場演講。」

一九二四年四月十七日，卡爾・克勞斯舉行第三百場演講，音樂廳早就被訂下來了，有人告訴我，要容納所有的信徒，音樂廳都嫌小。然而阿斯里爾及時弄到了票，堅持我一定要去，我們幹嘛為《火炬》吵架呢？我自己聽一次大師演講才正經，這樣我就會有自己的判斷了。漢斯扮了一個高傲的鬼臉，心裡想著，不管是誰，甭提一個來自法蘭克福的應屆高中畢業生，做夢都想不到會看到卡爾・克勞斯本人呢。不僅他扮鬼臉，甚至他嬌小又伶俐的媽媽，當她再一次信誓旦旦，我馬上就要看到卡爾・克勞斯，而她有多眼紅時，也忍不住笑了起來。

她給了我一些設想周到的建議：不要被聽眾如癡如醉的喝采給嚇壞了，他們不是一般聚在那兒聽輕歌劇的維也納人，不是歌詠新釀的酒的人，也不是霍夫曼斯塔爾⑤筆下頹廢的美

---

⑤ Hugo von Hofmannsthal，1874～1929，奧地利劇作家、抒情詩人。

學家集團，這些是維也納如假包換的知識分子，住在這個走下坡的城市裡最優秀也最健康一群人。聽眾對最細微的暗示一點就通，我將會大吃一驚，一個句子尚未結束，整個大廳已為之瘋狂。演講人把他的聽眾訓練得很好，隨心所欲，別忘了這可都是受過良好教育的人哪，幾乎都以學術研究為業，至少在大學教書。她還沒看過呆子坐在那兒，你不妨費勁兒的找，白費工夫而已。演講出現高潮時，審讀聽眾臉上的表情是她的一大娛樂，其實她並不希望錯過這次演講，但寧可讓所有的事都在音樂廳裡進行，不能，一點兒都不能錯過。偌大的音樂廳裡——他的聲音雖然宏亮——仍然不免漏聽什麼，而她急切的要聽到每一個字，一個字也不想讓它溜掉，因此這次她並不想把票讓給我，出席這第三百場演講會，主要是向他致敬，想去聽的人太多了，所以她下不了決心。

我知道阿斯里爾家過得並不寬裕——雖然他們絕口不提，但他們認為精神食糧更為重要，堅持邀請我參加，唯有如此，阿斯里爾太太才願意放棄這個各方矚目的盛會。

那天晚上另有一個重要目的，他們瞞著我，但讓我猜到了，當漢斯與我在大廳後方找到我們的座位時，我悄悄的觀察四周的聽眾。漢斯也和我一樣暗中觀察，我們互相掩護，找的是同一個人。我忘了那位名字奇特的小姐總是坐在第一排，雖然我從未看過她的照片什麼的，卻希望她突然出現在我們這一排。沒看到這位小姐實在不可思議，別人口中的她是這樣的：她會背的最長的一首英文詩是愛倫坡寫的〈烏鴉〉（The Raven），她看起來也像一隻變成西班牙人的烏鴉。為了要凸顯我的坐立不安，漢斯自己也急躁起來，他的眼光筆直的向前望去，審視大廳前方的入口，忽然站了起來，但不再趾高氣昂，反而顯得靦腆，他說：「就是她，剛剛進來。」「哪裡？」我說，但沒問他說的是誰。「第一排，最左邊，我就知道在第一排。」

隔著一段距離，看得不很清楚，烏黑的秀髮倒是看見了，我滿意了。我嚥下打好腹稿的諷刺，留著待會兒再派上用場。不多久，卡爾・克勞斯駕到，掌聲如雷，我沒聽過如此熱烈的掌聲，音樂會上不曾體驗過。我的眼睛還不太習慣他，不太專心，他稍微遲疑了一下，站著，五官有點兒不正。當他站定開始演講時，那種帶有不尋常振動，像烏鴉放慢速度的嗓音便襲捲了我，這個印象瞬間又消失了，因為聲音迅疾改變，並且不斷的變化，我們都很驚訝它居然有辦法變化萬千。這個聲音出現之前的那股寂靜，讓人想起音樂會，但聽眾的期待完全不同，打從一開始以及活動之中，這沉寂有若狂風暴雨。第一個重點，其實那只是一個暗示，但全場先笑了起來，我嚇了一大跳，那是激賞、開懷、滿足又可怕的笑聲，什麼都還沒說，笑聲卻已四起，就算說出了什麼來，我也弄不懂，因為那與當地有關連，不僅涉及維也納，而是卡爾・克勞斯與他的聽眾之間的一種親密，何況是聽眾翹首的親密感。那笑聲不是個別的，而是大夥兒一致，我看到左前方一張被大笑扭曲的臉，然而我不明白什麼讓他發笑，我後面也有一樣的笑聲，每一個地方都有人哈哈大笑，這時我才注意到漢斯就坐在我旁邊，而他也以同樣的方式捧腹大笑。每次都有一大堆人如饑似渴的笑聲，不久我會意過來，這些人是來用餐的，並非在為卡爾・克勞斯慶祝。

我不知道經過這個晚上，我有沒有資格說見識過他了，後來我聽過的幾百場演講都比這一場好得多，也許當時我不明白，聽眾需要我，所以我感到害怕。我看不清他本人，一張顯得年輕的臉，一張靈活非常、無處可安定下來的臉，懇切又陌生，彷彿一張動物的臉，但是一個新奇、不一樣的動物，沒有人認得的動物。這沸騰的氣氛因那個聲音而起，我頗為驚惶失措，大廳寬闊，但那聲音中蘊藏了震動，整個大廳都接收得到。椅子和人在這場震動中都向下塌陷，要是椅子彎了起來的話，我不會覺得奇怪。座無虛席的大廳完全受到這個聲音的宰制，即便它一時無聲也餘音裊裊，只有傳說中狂野的軍隊差堪比擬。我們想像一隊狂野的軍人安頓在一個大廳裡，被帶領他們到此的人禁閉了起來，強迫他們靜坐，本能卻一再使他們忍不住騷動起來。這個畫面還不夠逼真，但我想不出別的了，只好不再想像真實的卡爾・克勞斯是什麼樣子。

中場休息時我離開了大廳，漢斯介紹那位小姐與我認識，她是整場騷動的污點證人，我也難辭其咎。她十分安靜沉著，似乎坐在第一排比較容易忍耐。她看起來很稀有，一個珍寶，維也納絕無僅有的一個人，看到她你會聯想到波斯珍玩。她高高挑起的眉毛，又長又黑的睫毛，以優雅復緩慢的方式牽動，這讓我感到尷尬，我不看她的眼睛，只看睫毛，她的小嘴真讓我驚奇。

她沒問我喜不喜歡這場演講，她說，她不希望讓我難堪。「您第一次來」，聽起來她好像是女主人，這間大廳等於她的房子，她坐在第一排的目的就是要為聽眾傳遞什麼。她認識這些人，她知道誰每次都到，並且老實不客氣的注意到我這張新面孔。我有個感覺，是她邀請了我，所以我謝謝她的盛情招待，表示我很重視她。我的夥伴不解風情，說：「他非凡的一天」，頂了我肩膀一下。「還不一定呢」，她說，「到目前為止是一團亂。」我不認為她在說笑，不過她的每句話都有絃外之音，她這麼說我很高興，因為她說的碰巧與我的心境不謀而合。這分理解同時令我迷惑，如同她眨動中的睫毛一樣，好像有什麼重要的事情使她沉默了下來。於是我言簡意賅，說些配合此刻無關緊要的話：「的確一團亂。」這大概聽起來有些粗魯，但她似乎不察，因為她問我：「您是瑞士人嗎？」

再也沒什麼比這個更讓我高興的了，法蘭克福的那三年使我對瑞士的熱情加溫到沸騰的程度，我知道她的母親是猶大裔西班牙人，叫做卡德儂（Calderon），與她第三任丈夫，一位上了年紀名喚阿特拉斯（Altaras）的男人，生活在一起，她應該是從我的名字認出來我也是猶太人吧。為什麼她問起我最樂意聽到的問題呢？我沒跟任何人說過那次分離的舊創，小心翼翼的保護自己，不要在阿斯里爾家人面前洩露我的弱點，這個弱點把我目空一切的嘲諷變成了固執，或者是因為卡爾・克勞斯，他們十分自豪於自己的維也納風格。這麼一來，這位漂亮的烏鴉小姐就不會從誰那兒獲悉我的不幸，直接發出的第一個問題就擊中了我的心坎，我深深感動，程度遠超過這場演講，關於演講——她說得很對——目前對我而言是一團亂。我說：「可惜不是」，我的意思是可惜我不是瑞士人，這句話把我交到了她的手中，「可惜」這個詞兒透露了別人不知曉的關於我的訊息。她狀似了解，所有的嘲笑從她的五官褪了下去，說：「我希望自己是英國人。」漢斯不改本性，哇啦哇啦說了一長串廢話，我只能揣摩，他的意思是不必當英國人照樣也可以熟讀莎士比亞，今天的英國人與莎翁無甚關連等等。但她沒怎麼聽，我也一樣，雖然我後來才知道，她通通聽進去了。

「您應該聽一次卡爾・克勞斯的莎士比亞講座，您去過英國嗎？」「去過，小時候，我在那兒上了兩年學，我的第一所學校。」「我常去那兒看親戚，您一定要告訴我您在英國度過的童年，過些時候請到我家坐坐！」

所有的矯揉造作，她向這場演講致敬時的裝腔作勢全都消失了，她談起她欣賞且重視的東西，反駁我認為重要，但她覺得太匆忙、簡單，一點兒都不會心疼的東西。當我們回到大廳，短短的時間內，漢斯飛快的問了我覺得她如何兩次或三次，我佯作沒聽懂，然後我看出來，他現在才知道她叫什麼名字，為了讓他好受一點兒，我說：「那個薇颯？」但卡爾・克勞斯又現身了，風暴於焉開始，她的名字在風暴中遁形。

佛教

我不敢相信演講過後會再看到她，即使我見到了她也不表示什麼，因為此時漢斯的話匣子已經打開了，他把瑣碎的話傾倒在我身上，乏善可陳，百分之百地夸夸其談：自鳴得意、憤怒、輕視。就好像所有漢斯說的話都穿過我，轉向我身旁的另一個人，但那個人事實上並不存在。「當然」及「理所當然」常掛在他嘴邊，藉此加重他說話的語氣，卻句句因而被削弱，他注意到自己的語言毫無分量，就試著說些泛泛之論，但他的論調與他這個人一樣疲軟無力，沒有人相信他，誠屬不幸也。倒不是說我們視他為騙子，他杜撰虛構的本事並不大，但一個字足以說明的，他得用上五十個字，沖淡之後他想表達的也就所剩無幾了；一個問題經他反覆再三又急慌慌的提出來，被問到的人簡直找不到答話的縫隙。他說「為什麼？」、「我不喜歡那個」、「誰知道」，然後把這些當成驚嘆號，穿插到他沒完沒了的解釋之中，也許他只想強調一下吧。

他從小就瘦，現在則顯得單薄，身上沒多少肉，沒有結實的肌肉。游泳的時候他最有自信，所以他愛談游泳，「費隆內」⑥的團員都很包容他，他們去庫歇勞（Kuchelau）游泳時，他好像自外於這個社團。他不屬於任何團體，總是在邊緣徘徊。他的媽媽才是吸引那些小伙子的人物，為了要在辯論大賽中獨占鰲頭，她祭出所謂的待客之道，吩咐兒子退居幕後，這樣才好玩。但他專心聽，通通——我差點兒要說——貪婪的記在心上，真正的鬥士才離開，他就與逗留時間較長的一位家庭密友重複這個比賽，因為他認為已求得母親的同意。各式各樣的爭論、各類型的題目都練習光了，以至於自動自發的生活與刺激也走了味兒。

那時候漢斯並不知道自己與人相處有些問題，這麼多年輕人到他家來，進行一場又一場的競技——阿斯里爾太太的眼神鼓勵著他們——，她從不錯過什麼，也不覺得時間難熬，鬥士們只要有興趣，愛留多久就留多久，但絕不會克制自己，來了又走，隨興之所至。她所認知的自由，亦即她的衷心願望，阿斯里爾太太歸功於自己不曾離開那間屋子。仰賴著精神上的仿傚活下去的漢斯，感謝的是他的媽媽，由此衍生出持續不斷的仿傚，眾人心目中「激勵」的思潮也因而永遠不曾枯竭。他也沒察覺到大家並不愛邀請他，有點兒特別的地方一定有阿

---

⑥ Felonen 是一個社團名稱，又稱費羅（Felo），由書中卡爾・克勞斯培訓，從事社會運動。

斯里爾太太的身影，想當然爾她把她那聰明伶俐的兒子——她自以為是——帶去。

四月十七日果真成為我生命中重要的一天，因為同一天、同一個地點我認識了我生命中兩個重要的人物，都對我有關鍵且長久的影響。從此展開了將近一年裝模作樣的時間，我很想要再看到那位烏鴉小姐，但我不希望引起別人注意。她說過歡迎我去拜訪，阿斯里爾一家子，母子兩人，不斷提起這個邀約，問我是否無意履約。我沒有正面作答，甚至顯得有點兒索然無味，他們就猜是因為我害羞的緣故，為了幫我打氣，他們願意作陪，他們常去她家，最近也打算要去一次，乾脆就帶我去吧。就是這個讓我打退堂鼓，光是想到漢斯喋喋不休，雖然我對他的聒絮習以為常，不把它當回事，那兒，偏偏在她那兒，我將渾身不自在；還有想到事後愛麗絲・阿斯里爾細細的盤問，我怎麼發現這個或那個，也讓我不舒坦。我不可能在他們的面前與她談起英國的種種，有阿斯里爾母子在場，要我談瑞士的種種，同樣辦不到。但是，一想到這些，我又心動了起來。

愛麗絲不希望錯過這件有趣的事，每個星期六我去阿斯里爾家時，她隨時會出現，友善但固執的問：「我們什麼時候去找薇颯？」聽到他們叫她的名字，我不太開心，這名字太美了，不應該從任何人的嘴唇說出來。我假裝討厭她，避免說她的名字，把她想成普普通通的標誌，作為我自力救濟的方法。

愛麗絲介紹我認識了弗雷多・瓦爾丁爾（Fredl Waldinger），往後幾年中，他是我重要、不可多得的談話對象。我倆的看法幾乎南轅北轍，但從未嚴重到吵起來的程度，我那些激烈、狂風暴雨般的經歷，他既不驚駭，也不扭曲事實，只是鎮靜、輕快的一一反駁。和我第一次與他碰面時一樣，他剛從巴勒斯坦回來，他在那兒的集體農莊住了有半年之久，他喜歡唱猶太歌謠，會唱很多首，聲音美極了，唱起來十分悅耳。我們不需要特別要求他唱歌，談話時他會很自然的唱起歌來，唱歌之於他，有若引經據典。

我在這個圈子裡認識的其他男孩，自以為懂文學經典：卡爾・克勞斯之外，他們也愛談魏寧格⑦或叔本華，悲觀或者敵視女性的話最討他們歡心，雖然他們沒有敵視女性或人類，每個人都有處得來的女朋友，他們與女友以及朋友自成一個團體，參加「費隆內」，又稱費羅，在庫歇勞舉行的游泳活動，那兒的氣氛可說強勁有力、健康又人性化。辛辣、有趣、含有輕蔑意味的話語，這群年輕人視為心靈的花朵，不維妙維肖的說出來，會遭人唾棄，他們互表敬意的方式之一，是他們討論這種事時的認真，而這也是這個圈子的大師卡爾・克勞斯要求他們做到的。弗雷多・瓦爾丁爾與他們保持著鬆散的關係，喜歡和他們一起去游泳，但不是卡爾・克勞斯死忠的信徒，有些事他認為沒那麼嚴重，有些又比卡爾・克勞斯的看法來得嚴肅。

他的哥哥恩斯特・瓦爾丁爾⑧，發表過一些詩，他在戰場上受了重傷因而返鄉，和弗洛伊德的姪女結婚，而且與約瑟夫・魏黑博⑨成了朋友，這段友誼建立在藝術的信念上。他們

---

⑦ Otto Weininger，1880～1903，奧地利哲學家。

⑧ Ernst Waldinger，1886～1970，奧地利作家。

兩個人都喜歡古典作品，恪遵嚴謹的格律，〈寶石切割工人〉（Der Gemmenschneider）是恩斯特・瓦爾丁爾寫的一首詩，格律就十分嚴謹，他以這首詩作為一本詩集的書名。弗雷多・瓦爾丁爾認為自己心中的一部分自由是哥哥啟發的，因此心存感激，很尊敬他的哥哥。尊敬之外並沒有別的，他不太以外在的東西為榮，金錢與名譽對他了無意義，但絕不會看不起一位出過書、即將揚名立萬的詩人。我認識弗雷多時，魏黑博的詩集《海灣的小船》（*Boot in der Bucht*）剛剛出版，他帶著那本書，朗誦了一些，其中一或兩首詩他倒背如流。他重視詩，這讓我很高興，我的家人對詩嗤之以鼻，充其量稱詩為「打油詩」。但弗雷多援引的，我前面已經說過了，是歌謠，猶太歌謠。

唱歌時，他的手高高舉起，手掌像碗一樣向上打開，似乎在供應別人一樣他深感抱歉的東西。他看起來很順服又顯得很肯定，使人聯想到雲遊四方的僧侶，但這位僧侶並不向人乞討，反而送東西給別人。他從不大聲唱歌，不識逾矩為何物，樸實的風采把聽眾吸引了過來，如果他知道自己唱得真不錯，就與每一位歌者一樣喜形於色，然而所有的自鳴得意都不如思考來得重要，這他可以舉出實證：他喜愛鄉村生活，喜歡貼近土地，熱愛雙手從事的清楚、忠誠又有水準的活計。他喜歡聊自己與阿拉伯人的交情，不認為他們與猶太人有什麼異同，唯恐沾惹到因教育不同所造成的妄自尊大。他身材結實又健康，要撂倒同齡的人簡直易如反掌，但我從未見過比他更愛好和平的人，寧靜和睦到不與人爭的程度，第一名或敬陪末座對

⑨ Josef Weinheber，1892～1945，奧地利抒情詩人。

他來說都一樣，不會陷入等級的囹圄之中，好像從來不知道有等級這玩意兒似的。

佛教隨著他進入我的生活之中，卡爾・奧依艮・諾依曼⑩翻譯的《僧尼之歌》讓他著迷不已，他因此開始接觸佛學，許多歌曲他都朗朗上口，以一種節奏單調的旋律唱著，歌曲因為奇特而顯得魅力無窮。兩個年輕男子比賽似的展開唇槍舌劍，那是一個學術討論的情境，每當遇到討論的議題費時良久，玩笑以及說服力隨之輪番上陣；每當我們所處的情境與科學無甚關係，主要涉及說話流利、靈敏和變化多端方面的問題時，弗雷多就會唱起歌來，他總能保持心平氣和，毋須拉高嗓門，也用不著懷有敵意，更不會失去理智，唱歌之於他，猶如一口取之不盡、稍嫌單調的井。

他對佛學的掌握遠遠超過哼哼唱唱，雖然吟唱對他而言有若探囊取物，他對佛教教義也知之甚詳，卡爾・奧依艮・諾依曼翻譯的帕利語教規他都瞭若指掌，第二、三卷的經書和教義，斷簡殘篇，指引真理的書——所有這類已出版的書籍他都頗有心得，像唱歌一樣吟誦起來，運用到談話裡，化解了我倆之間緊張的氣氛。

我心中仍然充滿了在法蘭克福所經歷過的許多公眾事物，晚上去參加聚會，聆聽別人演講，以及那些延伸至街上的討論，在在令我十分激動。形形色色的人，市民、工人、年輕人、老年人彼此交談，情緒激昂，誰也不讓步，每個人都自信滿滿，好像除了以反方的立場說服另一位與他們一樣頑強的人之外，他們想不起來自己還可以做什麼。這些事都發生在晚上，

---

⑩ Carl Eugen Neumann，1865～1915，第一位翻譯佛經的德國人。

而我並不習慣晚上還在街上行走，因此這些爭論留下的印象就變得停不下腳步，有一直發展下去的態勢，想睡著似乎不大可能，因為大家都沉湎在那個信念當中。

住在法蘭克福那幾年之中，我所擁有的最特別、發生在白天的經歷，要屬群眾了。搬到法蘭克福後的一年，我就在購物中心采爾觀看過一場勞工遊行，那是一場抗議拉騰瑙被暗殺的遊行活動，我站在人行道上，我身旁一定還站著一些和我一樣看熱鬧的人，但我不記得他們了。「老鷹工廠」⑪牌子後行進的巨大、醒目的人們，他們併肩而行，挑釁的眼光射向四周，他們的呼喊與我心有戚戚焉，好像那關係到我個人似的。不斷有新面孔加入，他們彼此有些許相似之處，這與他們的外表沒有多大關連，比較是舉手投足之間流露出來的某個東西。我一直感受到他們傳達出來的一股強烈的信念，愈來愈強烈。我真希望成為他們的一員，我不是工人，但覺得他們的呼喊與我有關，彷彿我就是工人。我不知道站在我旁邊的人是不是走在隊伍中，我看不到他們，但我也沒看到誰從人行道直接加入遊行，寫著遊行隊伍屬於那一個團體的牌子大概總會攔下其中一個人吧。

對於我有意識要體驗的第一次示威活動的回憶，鮮明強烈，那是一種天然的吸引力，我忘也忘不了，我希望身為其中一員，毋須多思量或斟酌，亦無讓我臨陣脫逃的任何懷疑。日後，當我順從的置身群眾之中時，我的感覺是神似物理的萬有引力。但是，這當然不能用來解釋這件奇異的事。無論之前的孤絕或之後的置身群眾之中，你都不會呆滯、沒有表情，如

---

⑪ 老鷹工廠（Adler Werke）是當時規模極大且有名的企業，以生產縫紉機與腳踏車為主。

果群眾中的某一個人的意識徹頭徹尾改變的話，那將一樣深刻而且令人猜不透。我想知道那到底是什麼，一道我解不開的謎題，少壯歲月中它一直尾隨著我，即使最後我瞧出一些端倪，它依舊諱莫如深。

在維也納我遇見與我同年齡的人，聽他們說話，我很好奇，當他們談起自己的重要經歷，卻不打算聽我說話時，我要怎麼樣才能把那些事說出來。這些人當中最有耐心的，要數弗雷多・瓦爾丁爾，他總耐得住性子，因為他具有免疫力：我所敘述的群眾經驗，那時我是這麼說的，倒使得他開朗了起來，但不夾雜一絲一毫的嘲弄。他很清楚那對我而言是一種欣喜若狂的狀態，一種向上提昇的經驗，一個可以成就更多、超越自己界限的人，找到了與自己過的日子差不多的人，然後和這些人一起勾勒出更高的境界。他懷疑是否有更高的境界存在，尤其質疑欣喜若狂高亢的價值何在，他藉助於佛教見識到了生命的一無是處，混亂糾葛揮之不去。他的目的是逐漸得到救贖，涅槃，我以為這與死亡無異，雖然他援引許多有趣的論證，說明涅槃就是死亡——他從佛家體悟到的生命中消極的重點，卻是無可爭辯。

這些談話堅定了我們的立場，我們相互影響，雙方都變得縝密和謹慎。他愈來愈適合研究佛經，並不局限於讀卡爾・奧依茛・諾依曼的翻譯，雖然那些譯文深獲他青睞。他潛心研究印度哲學，參閱英文原始資料，在薇颯的協助下譯成德文。我嘗試著進一步瞭解我說的群眾，無論如何我都應該把這樁我如此記掛的事件，謎中之謎，好好研究一番。要不是他，我大概不會這麼早就接觸印度宗教，而我對於生命輪迴中不斷被複製的死亡極其反感，我們聊天時實在很尷尬，因為我反對他那豐富又完善的學說——人類創造的重要且有深度的學說之一——，他用假名講述的個別經驗時，免不了有些貧乏。當他說起自己的事的時候，要旁徵博引許多解說、闡明、起因——我就辦不到，我只想一口氣表達我汲汲追求的唯一一個事件的唯一解釋。我頑強的堅持令人費解，他一定覺得受到了限制，或許他甚至認為我很荒謬。我的確頑強，如果一定要我說出我的不屈，想來應該是我被那些經歷擊潰了，我無從解釋。沒有人成功的幫我澄清，我自己也做不到。

最後的多瑙河之旅。訊息

一九二四年七月，我已經在維也納大學讀了一學期，夏天時我去保加利亞作客，我父親的姊妹邀請我去蘇菲亞（Sofia）住，我沒打算去我度過童年的魯斯特舒克（Rustschuk），那兒已經沒有會邀請我去他家的親友了。這些年中，我們家的人都搬到蘇菲亞去了，蘇菲亞因為是首都而顯得地位崇高，慢慢的變成一個大都會。這個假期我將不會返回我出生的城市，只是盡可能造訪眾多的親戚，這次的行程是向南邊走，行於多瑙河的旅程。

當時爸爸的長兄布可（Buco）住在維也納，要到保加利亞去辦點兒事，我們就一道走。旅途上一切都與我小時候的回憶大相逕庭，那段還不錯的日子裡，我們待在船艙，媽媽每天都用一把很硬的梳子幫我們抓頭蝨；船上髒極了，很容易長頭蝨。這一次不會有頭蝨了，我和大伯共用一間艙房，他是個很風趣的人，那個我幼時聽慣了嘲諷戲謔的人。不久，我們大部分的時間都待在甲板上，他需要聽眾聽他說故事。遇到了幾位熟人，開始說起故事來，很快的聚攏了一大堆人，圍在他身邊，毋須作出奇怪的表情，只消眨眨眼，笑話就脫口而出。加演的戲碼他很多，但我經常聽就覺得沒意思了。他受不了正經八百的長篇大論，但在艙房裡，他認為有必要給我這個剛上大學的姪兒一些人生的建議。這比他的笑話還要無聊，我愈是相信那些笑聲與掌聲都是針對他，他的建議就愈讓人生氣。

他根本不曉得我心裡在想什麼，他的建議其實可以說給任何一位姪兒聽。化學的用處我聽都聽膩了，每一位比我年長的親戚都說一樣的話，大家都希望我為開拓這片他們很陌生的疆土，讀完商學院之後，他們就沒有繼續求學，現在他們逐漸明白，除了充分掌握的買賣技巧之外，某些特殊的學問也不可或缺，但他們卻毫無概念。於是，我理所當然要成為家族中的化學專家，憑藉我的專業知識拓展他們的事業。這是我們在艙房臨睡前不變的話題，有若晚禱，即使它很短，像我小時候他捉弄我，但都令我失望的祈福一樣。我很認真，每次他唸完美麗的話語：「我為你祈福」後，我滿心期待置於他張開的手掌之下，十分渴望——祈福，我早就不需要了，在祖父遭遇不幸，父親猝逝後，已經變了樣了，現在他心裡想的是：我應該為家人帶來幸福，用我新穎、摩登的「歐洲」知識，增進他們的福祉。但他不久就換了題目，因為在我們真正睡著之前，還可以說上兩三個笑話，第二天一大早，他的聽眾就把他召喚到甲板上了。

船上客滿，數不清的乘客或坐或躺在甲板上，從一堆人中擠出去，聽他們在聊些什麼，是一大樂趣。其中有放暑假回家的保加利亞大學生，也有職場上的人：有幾位醫師，剛在「歐洲」增長了他們的專業知識，其中有一位的鬍子又密又黑，似曾相識，太妙了，他是把我接生到這世上的醫師，來自魯斯特舒克的梅納荷莫夫（Menachemoff）醫師，我們的家庭醫師，我們經常提到他，大家都喜歡他，最後一次看到他時，我還不滿六歲。那時我對什麼都不夠認真，這那屬於「野蠻」的巴爾幹時代，現在，我們一下子就談了起來——他知道多少，對什麼有興趣，都教我感到驚訝。他努力汲取新知識，並不限於他的領域，他回答起來充滿了批判性，什麼都侃侃而談，不會隨意出言譴責，只因我才十九歲，「錢」不曾出現在我們的談話中。

有時候他會想到我，總以為我父親猝逝，又無人能解釋死因，我理當學醫才對，想必這是一個到死還縈繞在我腦海的一個謎。如果這個謎永遠也解不開，應該會成為一股巨大的力量，一個極特殊的泉源，我若不投身醫學，反而致力於某個新的、重要的領域的話，豈不怪哉。爸爸從英國趕回來，把我從恐怖的燙傷救回一命時，他都參與了⑫。我欠爸爸兩份情，那件事過後一年半，在曼徹斯特我沒能把他從死神那兒奪回來，還把把責任推到他身上，所以我現在有義務要救別人的生命做為補償。他說起來很簡單，既不激昂也不誇張，但他嘴中「生命」這個詞聽起來好像不僅彌足珍貴，而是一個稀有的東西，尤其在這個擠滿了人的甲板上，更顯得特別。

面對他，我感到羞愧，我為自己研讀無意義的化學辯護，口是心非，這一點特別使我慚愧。但我什麼也沒說，時機不對的緣故，我告訴他我希望知道所有的知識，他打斷了我，指

⑫請參閱卡內提回憶錄第一部《得救的舌頭》，作者在魯斯特舒克的日子。

了指天上的星星——入夜了——問我：「你知道這些星座的名稱嗎？」然後我們交相指出一顆顆星星的位置，直到他要我幫他找天琴座中的織女星，他也幫我找到了天鵝座中最亮的那顆星，他的問題就暫時擱在一旁了。夜空上我們不認得的星座全都找了一遍，一個都不漏，鉅細靡遺，我沒有與別人唱過這種二重唱，他說：「你知道有多少人為此而死嗎？」他的意思是，在我們數說星座名稱的短短時間內。我不作聲，他也沒說出個數字來。「你不認識那些人，他們的死與你無關，但對某位認識他們的醫師就不太一樣了。」

我遇見他的時候——已是黃昏時分——，他坐在一群人當中，不遠處有一些大學生熱烈的高歌保加利亞的歌曲。我一路上的夥伴在維也納時就和我說過，梅納荷莫夫醫師也會搭這艘船，過了這麼久——十三年——再看到我，他一定很高興，現在，我就站在這位黑鬍子先生的面前，——我多厭惡黑鬍子呀！——也許是受到昔日剩餘的激動情緒的驅使，我才走近大鬍子的身邊。我就知道是他，留著鬍子的醫師，我情緒複雜地注視著他，他的句子才說了一半——他正與人談話——說：「是你，我就知道，是你。但我認不出你了，怎麼認得出來喲，上次看到你的時候，你還不到六歲呢。」

他過著以前過的日子，遠甚於我，我早就把魯斯特舒克拋到九霄雲外，住在那兒時，我還不會看書寫字呢。那兒的人若在「歐洲」突然碰到了我，我對他們是不會有任何期待的。他不一樣，自從他在那兒行醫後，便注意他所有病人的發展，尤其是那些小時候就離開魯斯特舒克的病人，他的期待特別多。我們遷往英國，祖父詛咒我們的話，他略有所聞，整座城市都在議論紛紛，但他執著於他的專業知識，不相信詛咒會應驗之類的話。不久之後我父親過世，他始終弄不清楚，錯過了找到答案的時機，我如果獻身於尋找這個答案，或者是類似的謎底，在他看來再自然也不過。

「你還記得那有多痛嗎？」他回想起我受過的燙傷之苦，「皮都脫了，只有頭沒被燙到。那是多瑙河的水，或許你並不知道。現在我們可以在多瑙河裡游泳哩。」「不是同一條河」，我說，「一直都是另外一條河。我不記得有多痛了，但記得爸爸回來的情景。」

「真是奇蹟」，梅納荷莫夫醫師說，「他趕回來你就熬過去了，小時候有這種遭遇的人應該當醫師，當個偉大的醫師。別的行業提都甭提。你母親在你父親死後，立刻帶著你們這幾個小孩搬到維也納去，就是為了這個，她知道你會在那兒找到你需要的好老師。缺了維也納的醫學院如何是好！她是個聰明女人，你的媽媽。我聽說她受了很多委屈，你以後要照顧她，她家將會出現良醫，就是她的兒子。你瞧，很快你就畢業了，要專攻某一科，但也不必太鑽了。」

接下來，他好整以暇地給我學業上的建議。一觸及這個話題，我不斷——怯懦的——插話，都沒引起他注意。我們聊得很廣泛，他有問必答，說的話都經過深思熟慮。他謙虛又有智慧，期望很高又憂心忡忡，慢慢的我看出來，有些事情他不甚明瞭，永遠都不想明瞭。他無法相信我並不想成為醫師，讀完一學期之後，很多事懸而未決。我試都不曾嘗試要向他解釋實情，深感慚愧，我放棄了，避開這個尷尬的話題。我猶豫不決是有原因的，當他問起我的弟弟，我照例只說最小的那個，神氣得不得了，好像是我把他養大的，我誇耀他的才華，醫師想知道小弟將來想學什麼，這讓我卸下重擔，因為我可以說「醫學」，他已經決定了。

「兩位兄弟——兩位醫師！」他說著笑了起來。「第三個為什麼不也讀醫呢？」這只是個笑話，我不必多解釋何以他不適合。

無論如何，他很清楚我的使命，坐船那段期間，我們又在甲板上遇見了好幾次。他把我介紹給別的醫師們認識，簡單的說：「未來維也納醫學院的傑出人物。」聽起來不像在吹噓，似乎很自然。我愈來愈做不到，惡狠狠、明明白白的告訴他實情，因為他談了許多爸爸的事，為了希望我痊癒，爸爸特地趕回來時，他都親眼目睹等等，我不忍心讓他失望。

這趟船程真是太美了，我看到了好多人，也和他們攀談。有幾位德國地理學家來勘察艾森門（Eisernen Tor）的地層，討論此事時用的術語我聽都聽不懂。一位美國的歷史學者嘗試向他的家人解說圖拉真⑬發動的戰役，他要去拜占庭，那是他研究的地方，只有他的妻子在聽他講故事，兩個女兒，標緻的姑娘，寧願和大學生聊天。我們用英語交談，她倆埋怨父親只活在歷史之中，她們卻還年輕，要活在當下；她們說得如此堅決，你會相信她們的話。甲板上的農人，籃子裡裝了水果和青菜。一位挑伕背上扛著一架鋼琴走過舷板，再把它放下來，他的個子小但身材粗壯，一身都是肌肉，但我到今天都還沒弄懂，他是怎麼辦到的。

布可和我在隆─帕藍卡（Lom Palanka）下船，我們要在這裡過一夜，第二天早上搭火車取道巴爾幹半島抵達蘇菲亞。要回魯斯特舒克的梅納荷莫夫醫師留在船上，當我滿心不安的與他道別時，他說：「別忘了我對你的期望。」又補充說：「別讓別人把你搞得糊里糊塗，

⑬ Marcus Ulpius Trajan，52～117，於九八至一一七年統治羅馬帝國，勵精圖治。

聽好，誰都不行！」這是他到目前為止說的最重的一句話，聽起來彷彿是一道禁令，我深深吸了一口氣。

在隆─帕藍卡度過的那個飽受臭蟲侵襲的夜晚，我沒有一刻能入睡，一直在想他說的最後一句話的含意。他應該知道我在騙他，假裝不知道罷了。我為我欺瞞他感到羞愧，因為我沒有清楚、不容他反駁的告訴他事情的真相。他也在偽裝，裝作不知道發生了什麼事。那天夜裡我去找布可，他也因房裡有臭蟲睡不著覺，我問他：「你和梅納荷莫夫醫師說了什麼？你有沒有告訴他我在大學讀那一系？」「有啊，化學，要不然我要說什麼？」他果真知道，只是試著把我引回正確的道路上，他是唯一一個做我父親可能會做的事情的人：給我選擇的自由，他是介乎我和爸爸之間的證人，他通過考驗了，唯一的一位。在那艘載我回那個國度的船上，他來了，傳達我這個訊息，世界上沒有人要求他這麼做，他的手法很高明，佯作不知道發生了什麼事情，執意要用道地的字句向我傳達純潔的訊息，訊息傳來時，他沒有顧慮到我的處境。

演說家

在蘇菲亞的前三個星期，我住在爸爸最小的妹妹瑞雪（Rachel）家。爸爸的手足中屬她最親切，一位美麗又正直的婦人，相當高大，心地善良而且開朗。她的臉上有兩種表情，充滿笑意與信心，活潑又温暖，而且她不自私，有信仰，有信念。她有一位年紀稍長、小心謹慎的丈夫，因為正派而受人尊重，有三個兒子，最小的八歲，和我一樣繼承祖父的名字。他們家很熱鬧，到處都聽得到聲音和笑聲，彼此呼叫的聲音穿過所有的房間，無處可躲，誰要想安靜一會兒，跑到街上去，他會發覺那兒就是他的家。這個家的丈夫暨父親如何得到安靜——是個謎，他幾乎從不説話，只會出言批評，他的評語不可或缺，稍加誘惑他就會脱口而出。他説是或不是，短得不能再短的句子，安安靜靜，得很費勁兒才聽見他説話。他如果想説什麼，四周馬上安靜下來，不必命令大家閉嘴，一時間，極短暫，他顯得陰森森的，真的變得一片沉寂，一個輕得讓人聽不見的聲音出現了，敘述些什麼，幾個不明確的字，評語，決定。同時恢復吵鬧，很難説究竟那一方的聲音較大，男孩們的大吼大叫，或者媽媽響亮的要求、警告與問題。

這喧鬧對我而言很新鮮，男孩子以體力活動為主，與書本毫無關係，只有運動。他們都孔武有力又活躍，安靜不下來的，沒完沒了的打來打去。他們性情殊異的爸爸，顯然喜歡兒子們的過度活動，鼓勵著他們，我總是期待聽到他説：「好了，算了吧！」——「夠了！」一陣亂的當兒，我望著他，他當然注意到了，一切在掌控中，他也曉得我的期待，但他不發一語，任他們繼續鬧下去，除非三兄弟同時離開屋子，才會有片刻的安寧。

鼓勵他們揮灑生命力的背後，其實蘊藏著説服的方法。他們家即將搬遷，計畫著在未來幾個星期中，與別的家庭一起離開這座城市以及國家。巴勒斯坦，那時候的稱呼，是他們應許的目標，他們算是第一批拓荒者，很清楚自己在做什麼。蘇菲亞的西班牙裔猶太人團體，不僅在蘇菲亞，這個國家的每一個地方，都信奉猶太復國主義。保加利亞並不壞，他們沒有遭受迫害，沒有猶太隔離住宅區，也不曾慘無天日，但他們之中有演說家，點燃起他們心中的火花，不斷鼓吹他們回到應許之地。這些演講的效應只有一點值得注意，以反對猶太人自大的分裂主義為題：猶太人一律平等，分離都應遭人唾棄，絕不可重蹈猶太人在上一段歷史的覆轍，他們自以為成就斐然便高人一等。恰恰相反，他們的文明陷入沉睡之中，到了他們醒過來的時候了，把他們無用的木馬與高傲丟掉吧。

這位激昂的演說家，創造奇蹟的人，就是我的表哥班哈德・阿爾蒂提（Bernhard Arditi），約瑟夫・阿爾蒂提的長子，他酷愛法律的父親控告家族中的每一個人偷竊，在審訊過程中大吃大喝，他也告他們偷走了美得像從提香⑭的畫中走出來的貝麗娜⑮，她一天到晚腦子裡只想著禮物，據此使得每位男人滿心歡喜。班哈德是律師，但他不把事務所放在心上，他奉法典為圭臬的父親想必把他的胃口都倒盡了，他很早就信奉猶太復國主義，發現自己有演說的天才，正好派上用場。我去蘇菲亞的時候，大家都在談論他，幾千人聚在一起，只為了要聽他演講，寬廣的猶太教堂根本裝不下他的聽眾。人們恭賀我有這樣一位表哥，為我無法聽到他演說惋惜不已，因為在我停留的幾個星期之中，不會舉行任何聚會。大家都被他感動，喜歡他，我認識的許多人當中幾無一人例外，彷彿他們被一陣巨浪扔到海裡撕碎，成為

⑭ Vecellio Tiziano, 1488/90～1576，義大利威尼斯人，十六世紀偉大的畫家。
⑮ Bellina，為約瑟夫・阿爾蒂提的妻子。有關貝麗娜，請參考卡內提回憶錄第一部《得救的舌頭》。

大海中的一分子一樣。我沒遇見任何一個反對他的人，他與他們說西班牙語，抨擊他們的妄自尊大，是西班牙語使他們自命不凡。那是老式的西班牙語，他使用這個語言，我萬分驚訝的發現，一個我以為只有小孩和家庭主婦才說的方言，居然可以拿來談所有的事情，讓人們熱情洋溢，認真考慮拋下一切，放棄一個他們住了幾個世代，被全心接納且尊重，毫無疑問過著好日子的國家，然後移往一塊陌生，幾千年前預言要給他們，但現在孤立無援的土地。

我在蘇菲亞的多事之秋到來，屋子裡沒有我可睡的床，在這麻煩的時節可說一點兒都不奇怪，三個兒子中的一個得睡到外頭去，我才有個鋪位。他們以何等的慷慨來接待我呀。人們整理東西，打包裝箱，到處都鬧哄哄的，顯然是這裡的常態，遷居真是件極不尋常的大事。我聽到他們提起別的人家，每家的情況都差不多。其中有幾户要一起搬走，這是第一波大規模的行動，他們很少談別的事。

每當我上街，想看一看蘇菲亞或者安靜一會兒，經常碰到班哈德，那位表兄，那個演說時發起這波行動，少說也不無鼓吹之功的人。他矮而胖，濃眉，大概比我大上十歲，一直從事青年運動，從來不談私事（他父親則完全相反），他說的德語道地又正確，好像他本來就說德語，尤其是他說的話聽來擲地作金石聲，卻又熾熱又流暢，有若永不冷卻的岩漿。那些我只因想試探一下所提出來的異議，都被他用壓倒性的笑話給抹掉了，同時他展開一抹高尚但一點兒也不傷人的微笑，似乎在為他的政治辯論致歉。

我欣賞他不在乎物質的態度，他無意當公務員，那只令他感到厭煩，所以他不做有利可圖的差事。如果與他一起走過蘇菲亞寬敞乾淨的街道，不禁要問他究竟靠什麼過活？顯然他需要屬於他風格的食物：他靠著填滿他心思的東西活下去。他說的話對別人產生效果，他不必為了每天要得到什麼好處而糾正自己的看法或歪曲事實，人們相信他，因為他一無所求，他相信自己，因為他不浪費自己的思想。

我向他傾吐我根本無意成為化學家，我上大學只是個幌子，好為別的事做準備。

「為什麼騙人」，他說，「你的母親不是很聰明嗎？」

「她受到一般人的影響，她在阿羅薩生病的時候認識了一些『活下來了』的人，他們都這麼說，還小有成就。現在她希望我也『活下去』，按照那些人的方式，但不是我的方式。」

「注意！」他說，忽然嚴肅無比的看著我，好像他現在第一次把我視為人，「注意！不然你就輸了，我知道這種人，我自己的爸爸就希望我照單全收他的模式，繼續經營下去。」

這就是他所說的全部的話了，這件事太隱私，不可能占據他太多心思。清楚的是，他站在我這一邊，唯有當我說我想以德文，而非用別的語文寫作時，他怏怏的搖著頭說道：「做什麼？學希伯來文！那是我們的語言，你想，還有更美的語言嗎？」

我很喜歡與他見面，因為他成功的擺脫了金錢，他賺的非常少，但沒有誰像他這樣受人尊敬，尤其是做生意的那干奴隸，我家就占了一大部分，沒有人責備他。他深諳用希望滿足他們的方法，他們渴求希望更甚於財富以及普普通通的幸福。我覺得他贏得我的心，但並非如他在群眾集會上演講的架勢，而是男人與男人之間的那種，他似乎以為我對於他的領域和他一樣有用。我問他自身的狀態，當他演說時，是否每次都知道自己是何許人也，難道他不擔心自己會迷失在如癡如醉的群眾之中？

「絶不！絶不！」他很果決的說，「他們愈是熱切，我就愈能感受到自己，手掌中的人們如同一塊柔軟的麵糰，可以隨心所欲捏揉。你可以唆使人們放火，燒掉自己的房子，這種權力是沒有界限的。試試看！你只要心嚮往之！你不會濫用這種權力！你會像我一樣把它運用到好事上，我們的事。」

「我有過群眾的經驗」，我說，「在法蘭克福。我自己就像一塊麵糰，忘不掉的，我想知道那是什麼東西，我想要瞭解它。」

「沒什麼好瞭解的，到處都一樣，你或許是群眾中發芽的小東西，不然就是深諳此道、指點他們方向的那個人。你沒有其他的選擇。」

他覺得問自己群眾究竟為何物，一點兒用都沒有，他把群眾當成已經存在，可以召喚，以便達到某些效果的東西。但是，那個具有這個能力人，有權力如此做嗎？

「不，不是每個人！」他十分肯定的說，「只有那個把它運用到真實的事情上的人才有權力。」

「他怎麼知道那件事是真實的呢？」

「他感覺得到」，他說，「這兒！」他用力的敲了好幾下胸膛，「感覺不到的人，也就做不到！」

「這就要看他是否相信他做的事情嘍，至於他的敵人，相信的大概是對立的那一面吧！」

我說這些話的時候很遲疑，試探性質居多，我並不希望批評他或讓他難堪。再說我也缺乏這個能力，他太有把握了，我其實只想找出我依稀感覺得到，那個自從我在法蘭克福體驗過，便一直盤踞在我腦海，而我無法清楚得知的東西。我的心被群眾攫走了，那是一種飄飄然，你迷失了自己，忘了自己，覺得自己無比遼闊，同時又很滿足，你一向感受到的，不是為自己去感受，那是你所知的東西中最無私的那一個，因為有人自私得無以復加，不斷嘮叨，最後威脅你，所以你需要轟隆作響的無私經驗，如同末日審判吹起的喇叭，才不至於低估或報廢這個經驗。同時你將感覺到，你有權支配的不是你自己，因為你並不自由，無以名狀的恐怖事件發生了，半是踉蹌半是麻痺，這些通通加在一起會怎麼樣呢？到底是什麼？

但這絕對不是班哈德，這位演說家，只因他具有高超的效能，就能回答我那無法以言語形容的問題。雖然我同意他的說法，我還是提出異議，僅僅作為支持的人對我是不夠的，能夠成為他的親信的人何其多，任何風吹草動都有人參加。基本上——但我不這麼告訴自己——，我在我身上看到他的影子，一個懂得刺激人們變成群眾的人。

我回到瑞雪的家，那兒的氣氛熱鬧滾滾，他正在沸騰的氣氛中對大家演說，一如他幾年來對別人演說一樣。三個星期之中，我見證了這高張的氣氛。火車站裡，即將開動之際，我見識到它的最高境界，幾百個人聚在那兒為他們的親人送行。遷移外地的人以及他們的家人占領了火車，花朵與祝福傾倒在火車上，他們唱歌、祈福、哭泣，好像火車站專為道別而建，只有它夠大，裝得下這豐富的激動情緒。小孩從窗户被送進車廂裡，老人，尤其是婦女，都已縮小了一半，站在月台上，因淚流滿面而認不出自己的小孩，和別人的兒女揮起手來。全部皆為孫子輩，孫子遠去，老人留下來，列車要開動時——未必全然正確——，看起來如此。巨大的期望充滿了火車站大廳，也許這些孫兒是為了這些期望以及這一刻才就位的。

演說家也來了，留在那兒。「我還有事」，他說，「我還走不成，我要鼓勵那些擔心害怕的人。」他在火車站很克制自己，沒有向前推擠，彷彿他恨不得偷偷的留在那兒，沒人認得他，但願躲在一頂隱形帽之下。到處都有人與他打招呼，跑過來找他，他似乎很困惑。然後有人堅持他應該說幾句話；才說了一句話，他就變成另一個人，激昂且自信，他在自己的話語中綻放，他找到了這些人採取這個行動所需要的祝福，並賜給了他們。

現在瑞雪的屋子空無一人，我被遺棄了，轉到了索菲那兒，她是爸爸的長姊。經過了前幾個星期的混亂，現在一切都顯得原味盡失、一片朦朧，好像大家不信任他們所做的、一天高似一天的事情。想必他們把這個想法告訴了外移者，但他們不談此事，為節慶省下激動的情緒，做一些他們平常就做的事。重複是這兒的基調，童年時的例行公事，現在對我毫無意義，就是為了要擺脫這些我們才到英國去，令人驚愕的是在曼徹斯特發生的事情，通往童年的路就被封起來了。我聽到索菲閒話家常，她擅長減肥和灌腸，一位熱心但從不說故事的婦人，我也聽她冷靜的丈夫說話，話不多但意思到了，而她同樣冷靜的大兒子，話多但詞不達意，她的女兒勞麗卡（Laurica）最教我失望，她是我兒時的玩伴，五歲時的我很想一斧頭砍下去的那個人。⑯

比例有點兒不對，記憶中的她比我高，現在她卻比我矮，嬌小、搔首弄姿，老想著婚姻與丈夫。她的驚世駭俗那兒去了，令人嫉妒的寫字簿成就了什麼？她通通不知道，閱讀她久

⑯ 請參閱卡內提回憶錄第一部《得救的舌頭》，作者在魯斯特舒克的日子。

疏練習，忘了那把我用來威脅她的斧頭，甚至那大吼大叫她也不記得了。她沒有把我扔進熱水裡，是我自己掉下去的，我沒有臥床數星期之久，「你只有一點點兒燙傷」，我想，她只不過忘了與她有關的事，想到祖父對我們的詛咒，她輕輕的笑了起來，像歌劇中的丫鬟。「詛咒——爸爸咒兒子，這可不是想像出來的，這是童話，我不喜歡童話」，然後我大肆說出我在維也納看到的祖父與母親之間不計其數的爭吵，全部與那詛咒有關係，祖父惱火的離開家，沒和我們說再見，媽媽崩潰了，哭上好幾個鐘頭。她很唐突的駁回：「這是你胡亂謅出來的。」

我可以說我想要什麼，一切都惘然，不曾發生過可怕的事，沒這回事，於是我把它——不怎麼樂意——說了出來，我在多瑙河的船上遇見了梅納荷莫夫醫師。我們談了好多，他記得每一件事，歷歷在目，好像昨天才發生過。現在他住在魯斯特舒克，也是她家人的醫師，她跟他比我還要熟，因為在她搬到蘇菲亞來之前，一直都住在那兒。但這個她也有答案：「鄉下地方，人都很保守，也什麼事都做得出來，沒別的好想。他們相信一堆莫名其妙的東西，你是自己跳進水裡的，但傷得並不重，你爸爸沒有從曼徹斯特回來，距離太遠了，那時候旅行所費不貲。你的爸爸不在魯斯特舒克，祖父什麼時候有機會詛咒他呢？你那位梅納荷莫夫醫師啥也不知，這種事只有自家人才曉得。」

「你媽媽哩？」一天前她說起媽媽把我從水中拉出來，脱掉我的衣服，脱掉一層皮膚的事情來。「媽媽現在也全忘了」，勞麗卡說，「她漸漸衰老，但這話不能對她說。」

她自以為是又狹隘，讓我很苦惱，除了她獨一無二的果斷之外，其他都沒啥好說的：終於找到一個男人然後嫁給他。二十三歲的她擔心別人當她是老處女，苦苦逼我說實話：我得告訴她，她是否還能討男人歡心。我十九歲了，應該會瞭解這種感受。我想吻她嗎？她今天的髮型比較挑逗，別人會比昨天還想要吻她？我是否覺得她太瘦？她很苗條，但還不到骨瘦如柴的程度。我會跳舞嗎？這是討男人喜歡的最佳時機，一位女友就是跳舞時訂下了婚約，但之後那男人說，這不算數，他只是跳舞時這麼想而已。我是否相信同樣的事也會發生在她身上？

我啥也不相信，她的問題我沒有一個能回答，她劈頭蓋臉罵將起來，我倔在那兒。這些感覺我一個也沒有，我說，雖然我十九歲了。我壓根兒不知道會不會喜歡上一個女人。要怎麼樣才知道呢？她們都挺笨，要跟她們說些什麼才好。女人都和她差不多，什麼都不記得。一個什麼都不記得的人，你怎麼可能喜歡她呢？她的髮型不是每天都一樣，一向就瘦，女人難道不能骨瘦如柴？跳舞，這我不會，在法蘭克福我試過一次，老是踩到女孩的腳。一個在跳舞時訂婚的男人是個白癡，每個訂婚的人皆為白癡。

我把她搞得沮喪不已，但也讓她恢復了理智。為了要我說出一個答案，她開始回憶，沒想起來多少往事，但那把高舉的斧頭倒是在她面前晃，而且她總是夢想著女友的婚約幻滅了。

狹小

九月初我們搬進了歐嘉・林（Olga Ring）的房子裡：一位有羅馬人輪廓的美麗女士，神氣活現又熱心，不貪小便宜。她的丈夫很早就過世了，兩人的鶼鰈情深在朋友圈子成了一則傳奇，所幸歐嘉太太還不至於把它變質為死亡崇拜，主要是因為她並不虧欠她的丈夫什麼。她不怕想念他，不偽造他的形象，自己也未嘗稍改，不少人對她有意思，她從不改其志，一直到很老了依舊美麗如昔。

這些年中她有很長一段時間住在貝爾格勒，她已婚的女兒那兒，維也納的這棟房子保持著原狀，說得確切一點兒：一個最不引人注意、簡陋的小房間裡，住著她的兒子強尼（Johnnie），一位酒館鋼琴師，他自己以及他的母親都不認為他沒出息，其他的家人可不這麼想。他也長得好看，與母親一模一樣又不盡相同，因為他挺胖的，你會想他為什麼不乾脆穿上女裝算了，他時常被誤認為是女的。他是個狡猾的馬屁精，給他什麼，照單全收，手臂老是伸開，手掌向上，他認為所有的東西，說清楚點兒，因為他鋼琴彈得好才到他面前來，他是酒館裡客人的寵兒，流行的暢銷曲目或老歌他都彈，是夜晚活蹦亂跳的聲響之一，白天他在僅容得下一張床的小房間裡睡覺，屋子裡帶家具、適於人居的房間都租出去了。

有一段時間他管家，為他的母親收房租，扣掉一些以後再匯到貝爾格勒，這是他的任務，但實際上他吞下了所有的租金，媽媽一個子兒也沒拿到。她得到的是一些未付的帳單，因為她不知道該怎麼付——美滿的婚姻只剩下這棟房子了——，要好好規畫才對。她的外甥女薇颯攬下了每個月收房租的事，付清每一張帳單，如果強尼需要錢的話，她會把剩下的錢給他。他一天到晚都需要錢，所以歐嘉太太分不到半文錢，她並不抱怨，因為她崇拜自己的兒子。「我的兒子，那個音樂家」，她習慣這麼說他，她說的每一句話都以他為榮，不認識他的人會有點兒喜歡他，雖然在酒館裡他叫做強尼，卻被視為舒伯特再世。

能搬進這棟屋子，我們覺得很滿意，雖然家具是現成的，總是我們自己住的房子，舒伊赫策街的景色近在眼前，雖然這不是蘇黎世，我的天堂，然而它是維也納，媽媽的維也納。離開蘇黎世已經五年了，那棟「雅塔會館」一直留在我心裡，而阿羅薩的森林療養院則在媽媽心裡生了根，繼之而起的是法蘭克福的那家旅館以及通貨膨脹。經歷過這些之後，我們都還平安無事的生活在一起，繼續過下去，真令人感到驚異。我們全都以此為話題，每個人的方式各不相同，身體健康、學業以及和平的新時代來臨了。

有件與強尼．林有關的事頗為棘手，我們的客廳和餐廳與他的小房間毗鄰，當全家人終於聚在一起吃頓飯時，他一定會打開門，穿著一襲老舊睡袍，除此之外別無遮掩的強尼，他胖敦敦的身子赫然印入眼簾，他脫口而出：「慈悲的夫人！」穿著拖鞋、急慌慌的穿過我們的廳室，上廁所去也。他當然有解決內急的權力，但忘了那是我們不希望被打攪的用餐時間，最好別在這個時候使用廁所。每當我們的湯匙伸向湯盤，準時的他便出現了——也許我們的聲音喚醒了他，提醒他該上廁所啦，或許他只是好奇，想知道我們到底吃些什麼，因為他不會一下子就好了，總要等到我們的主菜盛進盤子，才回他的小房間。雖然他並未裹著絲質睡袍，卻摩娑出嘶嘶聲，這聲音從他的動作以及一迭聲，起碼重複十二次的「慈悲的夫人對不起呀夫人慈悲的夫人對不起呀您慈悲的夫人對不起呀夫人慈悲的夫人對不起呀您」而來。他得經過媽媽座位的後面，不得不踮著腳尖在我們的食物和椅子之間穿梭，旋轉著身子，不過他技巧高超，從來沒碰過媽媽一下。她總以為他油膩的睡袍就要掃到她了，深呼吸一口，當警報解除，他消失在門後，她吐出同一句話：「感謝老天，他差點兒壞了我的食欲。」沒有他，我們也曉得那使她覺得噁心，我們三個小孩覺得驚訝的，是她回應他的話時的禮貌，她和他打招呼：「早啊，林先生！」其中必有嘲諷的意味，但音調四平八穩，聽起來無害，友善、很真誠。他離開後，她如釋重負吁的那口氣很輕，關上門的小房間是聽不到的，然後我們繼續閒聊，彷彿他不曾出現過。

其餘的時間裡，尤其在傍晚時分，他纏著媽媽說話，而她從不知該怎麼打發他走。他先稱讚她三個教養良好的兒子，「不敢相信唷，夫人，俊得像伯爵家的孩子！」「我的兒子並不英俊，林先生」，她惱怒的頂回去。「男人英俊一點兒用都沒有！」「您別這麼說，夫人！用處可大哩！他們若長相好，向上爬比較容易，關於這個我可有故事可說！在我們酒館裡出沒的年輕的提斯薩（Tisza），他們何許人也——不用我來告訴您，還住在今天的匈牙利。可人兒，年輕的提斯薩！他的俊美不僅止於活潑，讓人心都碎了！大家都五體投地。他想聽什麼，我就彈什麼，他每一次都道謝，為每一首曲子道謝。『妙極了！』他說，定定的看著我。『彈得太美啦，親愛的強尼！』看他的眼睛我就知道他想要什麼，我願意為他赴湯蹈火，把我最後一件睡袍分給他！為什麼他配呢？是教育，夫人，很多人教養不夠好，得宜的舉止先贏了一半，而這取決於母親。是呀，誰有這樣的好母親呢！您那三位天使知不知道他們就有這樣一位好媽媽！我很大了才懂得感激我的媽媽，但我不想和您三個天使比來比去，夫人！」「您為什麼都稱他們為天使呢？林先生，大可管他們叫長頭蝨的小鬼，我不會不高興的，笨倒是不笨，真的，但又沒什麼了不起，我可花了不少心血呢。」「您瞧，您瞧瞧，夫人，這下子您自己吹起來了，您花了不少心血！您，只有您！沒有您，要不是您犧牲奉獻，可能他們就真的只是長頭蝨的小鬼咧。」

「犧牲奉獻」——他就是用這個詞兒抓住了她，他似乎知道「犧牲」對她每一階段的人生有何意義，時不時便吐出這個詞兒。長久以來，她習慣說她為我們犧牲了自己，這是她碩果僅存的宗教信仰。當上帝愈來愈不幫她，幾乎消失無蹤時，她漸漸不相信上帝的存在，犧牲的意涵便日益狀大。犧牲奉獻並非僅是一種義務，而是人性的最高境界，而且並非上帝下了命令之故，祂太遙遠了，管不了這麼多，是犧牲者本身，發自他內心的原動力，使他犧牲一切。聽起來好像很濃縮、偉大，其實其中包含了很多瑣碎散漫，時時刻刻，日以繼夜，年復一年延伸下去——生命中每一個他沒有真正活過的時刻，就叫做犧牲。

一旦強尼逮到了她，他就可以隨心所欲大談特談，她走都走不開，他才是那個終結閒扯，與他牧羊犬奈洛散步去也的人，要不然就是有人來找他了。一個年輕男人亮相，與強尼還有奈洛一起走進小房間，一待就是好幾個鐘頭，直到他要去酒館彈鋼琴為止。小房間裡悄無聲息，習以為常的奈洛呼呼大睡，從不吠叫，永遠也搞不清楚，強尼與那位年輕人究竟有沒有說話。媽媽不願降尊紆貴在門上偷聽，純粹猜測而已，猜想他倆根本沒講話。小房間——她從不正眼瞧它，避之有若瘟疫——，小到放了一張床就沒有多餘空間了，兩個男人，其中一個是癡肥的強尼，一條縮在那兒幾小時的大狗，卻一點兒聲響都聽不到，她因此十分記掛。她不說什麼，但當她心上懸著這件事時，我能感覺得到，事實上她擔心的是我也在想這件事；才沒有呢，我一點兒興趣都沒有。一次她說：「我想，那年輕人睡在床底下。他看起來總是那麼蒼白又疲倦，也許他沒有自己的房間，出於同情，強尼讓他在床底下睡上幾小時。」

「好，為什麼不在床上睡呢？」我說，純潔無辜，「妳是不是認為強尼太胖了，那張床裝不下兩個人？」「我說床底下」，她銳利的看著我：「你有什麼稀奇古怪的想法嗎？」壓根兒沒有，但她心裡老盤算著他們的，硬將我的想法塞到床底下，這樣一來，狗兒就有容身之處，一切無傷大雅。如果她看出來我對此事漠不關心的話，一定會嚇一跳，另外一件與媽媽有關、有損道德的事，讓我分了神，但我當時沒用上這個詞兒。

每天上午有一位快要臨盆的李琪卡（Lischka）太太來幫忙，一直做到午餐過後，洗好了碗盤才回家。她做的都是些辛苦活兒：洗衣服、拍打地毯，「輕鬆的工作我不要她來做」，媽媽說，「我自己來就行了。」她因為懷孕找不到差事，別人怕她身體負荷不了，做起事來馬馬虎虎，但她表示一定好好做，只要給她機會試一試，這激起了媽媽的憐憫，就請她來幫忙。這中間有風險的，萬一她突然不舒服，或者該發生的終於發生了，如何是好——媽媽顧及我們年幼無知，說得不甚清楚，細節更是跳了過去。這位太太宣稱她再過兩個月才要生產，在那之前她當然可以做事。顯然她說的是實話，她勤快得嚇人。「這可以作為沒懷孕的人的榜樣」，媽媽說。

有一次我回家吃飯，從庭院後面的樓梯間看到：李琪卡太太站在那兒，拍打著地毯，她吃力的挺著肚子，每拍打一下、每一次轉身，都得使出吃奶的力氣。看起來好像她竭盡所能不從地毯翻滾出去，她萬分不情願，不計任何代價。她的臉脹得通紅，俯視她，你會以為她正在生著氣，汗水滴在她的紅臉上，她說了些我沒聽懂的話，因為那兒沒人，她不可能在跟誰講話，我就想她藉著呼喊為自己打氣。

我驚慌失措的回到屋裡，問媽媽她有沒有在庭院裡俯視過李琪卡太太。她一會兒就上來了，這是她的回答，今天她有東西吃，拍打地毯的日子，她有一份食物。如果根據合約，媽媽不必這麼做——她需要這個詞兒「根據合約」——，但是她可憐這位婦人，她告訴媽媽她已經習慣了，一整天不進食，晚上在家才弄些吃的。媽媽看不過去，決定在她拍打地毯的那天供她餐點，她很高興，因此更加賣力的拍打。每次她抱著地毯從上面走下來，全身都濕透了，廚房裡充斥著難聞的汗臭味，逢到這樣的日子，媽媽就自己把東西端到餐廳，留李琪卡太太一個人在廚房裡狼吞虎嚥。她給她一大盤食物，我們三個孩子，連最小的格奧爾格也吃不了這麼多。但之後盤子空空如也，或許她打包放進提包裡了。她從不在「慈悲的夫人」面前吃東西，覺得這樣不好。餐桌上我們談起這件事，我問，為什麼不天天供她吃飯，洗衣服的日子她也有一份午餐，但量不多，工作較輕鬆的那幾天——不，根據合約她無此義務，李琪卡太太很感激我們給她飯吃，至少比我懂得心存感激。

「心存感激」是個經常讓我火冒三丈的玩意兒，我稍微有點兒忘恩負義，媽媽就會批評。我們不可能心平氣和的討論，我心裡怎麼想，嘴上就不留情的說出來，但唯有盛怒之下才會出言不遜，聽起來當然傷人。她盡可能為自己辯護，被逼到死角時，就歸咎於她的犧牲奉獻，她為我們耗費了十二年的青春等等，罵我一點兒都不知道心存感激。

她的想法對準了屋子裡那人滿為患的小房間，不知在搞什麼鬼，這對我們三個孩子有不良影響，表面上她只批評他懶惰，是正在成長的人的惡例，大白天躺在床上，要不然半裸著，披著一件髒兮兮的睡袍到處晃，她悄悄思量著這些我一點兒都沒察覺到的惡習，我的思緒則飄到廚房裡，為到處能得到食物，心存感激，沒有一次看到我不指天發誓：「你們的媽媽真好」，拼命點頭強調的李琪卡太太那兒。我們母子為她持續的自我肯定供應理由，媽媽的好心腸，因為她給她「合約沒規定的」食物，我的正派，因為我為她身懷六甲還要工作感到羞慚。在這場競賽中，我們支援對方的自以為是，有若兩位永不疲憊的騎士，我們在這場比賽上所消耗的力氣，拿來把家中大大小小的地毯拍打得一塵不染綽綽有餘，沒用完的力氣還可以洗衣服。但是，這是原則的問題，我們深信不疑：她心存感激，我主持公道。

於是，彼此猜忌在屋子裡滋生，媽媽不喜歡家裡有秘密——強尼人口爆炸的小房間。即將臨盆、在庭院或廚房操勞的婦人，使我心中充滿了驚恐。我老是擔心她就要崩潰了，我們將聽到尖叫聲，趕緊跑到廚房，發現她倒在血泊中，原來那尖叫來自她剛出生的嬰兒，李琪卡太太已經死了。

禮物

住在拉德史基街的這一年，住處擁擠狹小，是我記憶中最壓抑的一年。

還沒踏進那屋子，我就覺得眾目睽睽，無論我做什麼或說什麼，通通不對。人事物都挨得太近，我睡覺、放書本，我希望快快在裡面獲得拯救的小房間，夾在客廳、媽媽和弟弟的臥房中間，不可能不被瞧見就躲了進去。回到家的首要之務是在客廳裡打招呼、解釋，我被盤問一番，譴責不會同時到來，但問題中透露著不信任，我在實驗室呢，還是在演講課堂上殺時間？

回答這些問題太誠實的話簡直自討苦吃，我習慣敘述一下那些內容不太艱深難懂的演講課，法國大革命之後的歐洲史人人略知一二，比植物生理學或物理化學容易多了。我沉默不語，絕不表示我沒興趣，但是我只說那些有延展性的話題，我怨聲載道：維也納會議比硫酸值得我研究！「你會搞得筋疲力竭」，「這樣你不會有進展。」

「我必須上這些課」，我說，「否則要窒息了，單單因為我讀了一個討厭的科系，就要放棄所有真正感興趣的東西嗎？」

「你為什麼不喜歡化學？你不打算從事別的行業呀。你怕自己一夕之間突然對化學產生興趣，不過是一份有前途的工作罷了——你先下手為強，把自己封鎖起來，千萬別弄髒了手！天下最乾淨的唯有書本。你愛聽那些課，只是想要讀相關書籍而已。沒完沒了。你知道自己是什麼德行？小時候就開始了，看了一本給你新知的書，你就還要再讀個十本，好多得到一些知識。吸引你的演講課是一種負擔，它的題材內容更吸引你，蘇格拉底之前的哲學！很好，你應該通過口試取得博士學位，非這樣不可。你做筆記，已經寫滿了一整本，幹嘛還要看那些書呢？你以為我不曉得你書單上列了什麼嗎？我們買不起，就算我們買得起，只會害了你，它會無休無止的誘惑你，使你脫離主修，你不是說貢珀茨⑰在這個領域很有名嘛，你沒說他

---

⑰ Heinrich Gomperz，1873～1942，捷克哲學家。

的父親因《希臘思想家》那本著作享有盛名吧？」⑱

「對」，我打斷她，「一共三冊，我希望有這套書。」

「我只不過提了一下你的教授的父親，馬上就冒出一套三大冊的學術著作來，你不相信我真的會送這套書給你，他兒子的應該就夠了，把書名寫下來，好好讀你的筆記本。」

「太慢了，要花時間，花不少時間，妳無法想像我多想繼續看這些書，我等不及要聽貢珀茨講畢達哥拉斯，我還要多知道一些恩培多克力斯和赫拉克立特的理論。」⑲

「你在法蘭克福已經看了一大堆古人的作品啦，顯然都不是你要看的書，屋裡到處都是這些醜陋、封面很相像的書，怎麼獨缺希臘哲學呢？那個時候你就對將來用不到的東西大感興趣了。」

「那時我並不喜歡哲學，柏拉圖的理型論我根本受不了，世界變得是一個假象，亞里斯多德更教我無法忍耐，他只想知道所有劃分東西的方法，讀他的理論你覺得像被關在數不勝數的抽屜裡。以前我就接觸過蘇格拉底之前的哲學了，妳應該相信我，那些哲學家寫的每一個字我都唸過。但是，從來沒有誰跟我說過什麼，我從蘇格拉底入門，彷彿在他之前沒有人思考過。妳知道，我其實並不真的喜歡蘇格拉底，也許我避開了那些偉大的哲學家，因為他

---

⑱ Theodor Gomperz，1832~1912，捷克哲學家和古典學者，以《希臘思想家：古代哲學史》一書知名，曾任維也納古典語言學教授，並當選為科學院院士。

⑲ Pythagoras，希臘數學家，約生於五六九年，畢氏學派的創始人，他「萬物皆數」的信念，為希臘數學建立基本的思想質素。Empedokles 和 Heraklit 皆為希臘哲學家。

們都是他的學生。」

「我是否該告訴你，你不喜歡他的原因？」我並不希望從她那兒獲悉答案，那些她不甚明瞭的事情，她也有十分個人的看法，即使我曉得她所言不正確，但每次都能說中，如同我很喜歡的書頁上的塗料一樣耀眼。我很清楚她的目的是要掃我的興，只因為那些東西太令我神往，對許多事物的熱忱往往讓我沉不住氣，她覺得以我的年齡來說未免荒唐，不像個男人。這是我在拉德史基街最常聽到的她對我的指責。

「你不欣賞蘇格拉底，因為他太冷靜了，總是從日常生活著手，看得到、觸摸得到的那些東西，還喜歡談工具。」

「但是他不用功，整天都在說話。」

「這個不對你們這些成天不開口的人的胃口！我當然曉得！」又來了，語帶譏刺，我向她學德文的時候，就有幸認識了這個調調兒。「或許你老在自言自語，最怕蘇格拉底之流，說什麼都要仔細推敲一番，沒有人通得過他們盤查的人物？」

她像蘇格拉底之前的哲學家一樣自信滿滿，天知道我現在才找到並且學會掌握的摯愛，與她的特質一點兒關係也沒有？她在表達意見的時候，多麼堅決肯定！那能稱得上是意見嗎？她說的每一句話像極了力道十足的使徒信條：磐石般堅定。她不識懷疑為何物，至少不懷疑自己。這樣或許不賴，假使她識得懷疑的滋味，她就會像她堅持某事時一樣，賦予其同等的力量，然後徹頭徹尾、無怨於悔的去懷疑。

我感覺得到這種狹隘，處處碰避，我返回狹隘的天地，從感受得到的阻力把自己喚出來，於是我又有力氣對付新的碰撞。夜裡我覺得好孤單，支持她、用自己的放蕩行為加重她對我批評的弟弟已經睡著了，而她也上床去也。終於自由自在，我坐在狹小房間的狹小書桌前，無論看書或寫東西，我滿懷感情的望著書的脊背，它們的排列不像在法蘭克福時那般隨意，那擁擠不曾稍停，總有這個或那個理由你可以收到禮物，誰有膽子送我書本以外的東西呢？

晚上我想讀的有化學、物理、植物學以及一般動物學，我專心閱讀，浪費的不僅是電而已，教科書打開不了多久，我就把向同學借來的筆記擱置一旁，桌上擺的是我真正想讀，註記了我的熱切與焦慮的簿本。媽媽臨睡前看到我小房間門下透出去的燈光，與蘇黎世舒伊赫策街上的情景大不相同，她可以想像我在書桌前做些什麼，因為我正在熬夜苦讀，所以她什麼都不管了，只需要肯定我努力用功，不加以干涉。

她認為她有理由在這段時間內鞭策我求進步，她對化學不太有信心：我不是沒有足夠的興趣，就是缺乏持久的興趣。考慮到她物質上的煩惱——雖然我不覺得她應當煩惱——我放棄了醫學，只因為要花太多時間，這些她都承受下來了，稱讚我懂得犧牲。她也為我們犧牲，她每隔一段時間的不適與病痛就是明證，足徵她犧牲之大之多。所以，現在該我這個長子犧牲。我放棄了不謀私利、為大眾服務的醫師生涯，選擇了一個同樣不謀私利的行業：化學，各方人馬一致認為：光明的未來。工業界多得是大有前途的職位，化學很有用，噢，如此有用，幹這一行的收入頗豐，豐富得不得了，我因其實用性而投靠，或者說我希望靠它賺錢，媽媽視之為一種犧牲，她肯定我的奉獻。但我還要在系上待四年，她懷疑我是否受得了。促使我決定讀化學的只有一個原因，格奧爾格，與他帕拉特街共度的那幾個月中我們相依為命，他可以代我學醫，我把自己的志向傾注在他身上，除了學醫，他沒有其他的想法，為了他，我放棄了自己的願望。

媽媽的懷疑不無道理，我自己對這件事的看法是，這並非犧牲，因為我讀化學的真正目的不是要成為賺大錢的化學家。人們對獲利多的工作所抱持的偏見，不知為什麼，就是很難消弭，為了要媽媽安心，我讓她相信有一天我將成為一位到工廠上班的化學家。但我從來不談這個，她默默接受我所忍耐的，你不妨稱之為停火狀態：我拒絕談論此事，沒有那一行不是一種使命，有價值、打動人心，沒有那一種工作不是有利於別人甚於一己。她因此沒有畫出化學前程的藍圖，她沒忘記，幾年前才發生過的大戰中使用了毒氣瓦斯，我不認為她輕易就忘卻了化學在這方面的用途，反戰者如她應該會繼續保持理智以及狹隘的想法。我們兩個都不去談醜陋無比的未來，對我而言就是「犧牲」的成果。要做到的是，我每天去實驗室，習慣那規律性的工作，規律是化學特有的原則，我既不求知若渴也不接觸詩歌。

她沒察覺我做這些事都是在騙她，我沒有那一個時刻像個化學家一樣認真，實驗室裡我度過一天中最好的時光，要我做什麼我就照做，不比別人差；我杜撰了一個理由，為自己從事的活動辯護。我仍然希望無所不知，要將世界上有價值的知識一網打盡，這份信念尚未幻滅，值得我如此盼望，而且是可行的。我看不到界限，人類頭腦的吸收能力或大自然中的創造物，那些從零發展到有、從有衍生而來的，皆無界限。我也還不知道我熱切追求的某種知識也許不得其門而入，我當然有過很糟的老師，要不腹笥甚窘，無可傳授，要不就讓人對他意欲傳達的知識充滿了反感。在法蘭克福時就有這麼一位化學老師，除了水與硫酸的方程式，他的課沒給我其他的東西，他帶我們做過的那幾個實驗，他的舉止徒然令我作嘔。一個穿著衣服、懶出油的動物坐在我們前面，一小時接著一小時，慢吞吞的操弄那些儀器，一個貨真價實的知識漏洞於焉形成，我們並未獲致一絲一毫化學概念。這個漏洞有待填滿，它如此之大，大到要上大學讀化學系的程度。

欺瞞自己再簡單也不過，我記得很清楚，每當家裡提起我外務太多，應該把心放在化學上時，我總這樣告訴自己。就是那個我最沒概念的東西變成了我的基本認知，犧牲，為我帶來了懲罰性的無知，那個我放棄了的醫學，是我送給弟弟的禮物，證明我對他的愛。他是我的一部分，本來我們可以贏得所有的知識的，果真這樣，就沒有什麼能夠把我們兩個分開了。

刺瞎參孫

這一年中我經常聽到的一項譴責使我苦惱極了：我不知道人生是怎麼一回事，我之所以盲目迷惑，那是因為我不想識得廬山真面目，我戴著防止馬兒受驚的眼罩，沒有這個配備就不睜開眼看這個世界，我總是在依照書本說的在尋尋覓覓，我侷限於書本，斷章取義——每一次我嘗試根據事實說話，總是失敗。

「你要不通通道德至上，要不就拉倒，你常掛在嘴邊的自由是個笑話，除了你，沒有人像你這樣綁手綁腳，想要無拘無束的告訴你一件事情有若登天，你那些偏見不傾巢而出，直到真相被蒙蔽才怪。也許在你這個年齡不算太糟，不是抵死不從，就是固執、堅持己見，寧可保留原狀也不願作任何改變。對於發展、逐漸成熟、改善，尤其是一個人是否有用，你那些偉大的字句裡可是毫無概念哩。盲目是你最大的毛病。或許你從《米夏埃爾・柯爾哈斯》⑳這本小說學到了點兒皮毛，但你不是個有趣的案例，因為他總有些事情要忙。你做什麼來著？」

没錯，我的確不想知道這世界怎麼回事，我有種感覺，我將因此要為一些污七八糟的事負起連帶責任，如果學習意味我將走同樣的路，我不要學。這是一種模仿性質的學習，我必須起而抵抗，我因為要反抗戴上眼罩，她說得没錯。不久，我發覺別人推薦給我的，都是些世上普遍通行的東西，我拗了起來，佯作不懂他們希望我做什麼。換一種方式，我並未與真實世界脱節，甚至比他們或我自己那時候所知的還要接近真實世界。

圖象是通往真相的一條路，我不相信有比這更好的辦法，對於無法改變的事情，人們會有所節制，因此充分利用那些可以改變的東西。圖象有若網罟，展現其上者，是可以保存的獵物，有些脱逃，有些則腐壞了，但是人們再度嘗試，到那兒都攜帶著網罟，撒網，增加捕獲量。重要者，這幅圖象也適用於人以外，那些同樣臣服於無常的變化之下的事物。應該有一個地方可以找到原初的無常變化，不是人類自己，而是一個地方，每一個不確定的人都找得到無常變化的地方。如果他覺得自己的經歷驚險萬狀，就會轉向圖象。圖象上的經歷靜止

---

⑳ *Michael Kohlhass*，德國文學家克萊斯特（Heinrich von Kleist, 1777～1811）的作品。

不動，可以好整以暇地端詳，對於真相的認知使他安心，他獨享此認知，即使這個真相早就在那兒了。沒有他，這個圖象應該也存在，但這個印象靠不住，那幅圖象需要他的經驗，才會甦醒過來。這解釋了圖象一代接一代打著瞌睡，因為沒有人帶著自己的經歷去欣賞，喚醒它們。

找到這些圖象的人銳不可當，圖象需要他的經驗。還有更多——不可能太多，圖象的意義在於收集保存真相，稍微疏忽就會四分五裂、滲漏流失。僅有一幅圖象亦不可行，這麼一來擁有者便握有權力，不願放手，不容它產生任何變化。圖象有多幅，給每一個個別的生命，很早就找到圖象的人，比較不會迷失。

我的運氣在於，最需要這些圖象的時候，我身處維也納。為了抵拒人們強加給我的虛假，平淡、僵化、利益、狹隘，我有必要尋找其他的真相，不妥協、不屈服足堪用矣。

我邂逅了布勒哲爾㉑的畫，我不是在掛滿偉大作品的藝術史博物館裡與他邂逅，而是在物理化學研究所上的兩堂演講課之間，我剛好有一點兒時間去列支登士登皇宮（Liechtenstein Palais）。從波茲曼巷急轉直下窄而陡的街道，我就來到那間現在已不存在、美輪美奐的畫廊，在那兒我第一次看到布勒哲爾的畫。我不在乎那是複製品——我想看這位屹立不搖、失去知覺與神經的人，忽然之間他與這些畫對質，問：真跡還是複製品？對我來說這些可以是複製再複製再複製的畫，我根本無所謂，因為這些畫是「六位盲人」、「死亡的勝利」。後

㉑ Pieter Breughel，1564～1638，十七世紀荷蘭著名畫家。

來我看過的盲人，全都衍生自這第一幅畫。

我很小的時候得過麻疹，有好幾天失去視力，從那以後就害怕失明。現在，有六位失明的人手上拿著手杖，或者扶著別人的肩膀，斜斜的排成一列，帶隊的人躺在水溝旁，第二個順勢倒在他身邊，整張臉朝向旁觀者：空洞的眼窩，斜張的嘴，牙齒都露了出來。他與第三位盲人隔著整張畫最大的距離，兩人都緊握著那根連繫著他們的手杖，但第三位覺得猛地一個推撞，他不確定那是什麼，有點兒遲疑的踮起腳來，他在畫上的臉——只有一隻眼瞎了——沒有洩露他的恐懼，但延伸出一個問題，他後面的那個人，第四位盲人，尚且不疑有他把手放在他的肩上，臉朝著天空，他的嘴張得大大的，似乎期待從上面接收一些眼睛看不到的東西。個人專用的長手杖就在他的右側，他沒有拄著，這是六個人當中最虔誠的一位，連自己的紅襪子都在掌握之中，他後頭的兩個人很順從的跟著他，其他的人也跟著走。他們的嘴也張開著，但沒張得很大，他們離水溝最遠，不期待也不害怕，沒有發出任何問題。若非盲眼是主題的話，這六個人的手指大概會說，他們捕捉以及感受到明眼人察覺不到的東西，他們的腳碰觸到的地面也不一樣。

一間畫廊展示這樣的一幅畫就夠了，然後我不期然的發現——時至今日我仍覺得震撼——我站在「死亡的勝利」之前。上百位亡者，只有骨骸，非常活躍的骨骸，正忙著吸引一樣數目的生者過來。各種人物都有，是群眾，是一個一個的人，從他們的位置可以辨識得出來，賣力辛苦，活力遠遠超過他們想招引過來的生者。我們知道他們將如願以償，但尚未成功，我們站在生者這一邊，希望助其一臂之力抗拒他們，但這些亡者比生者還要有生氣，於是你不知所措。亡者之所以生氣蓬勃，假如你希望這樣形容的話，只有一個目的，要把生者招引過去，他們不懈怠，不會東摸摸、西弄弄，當活著的人無限眷戀生命的同時，他們僅僅追求一個、唯一的一個目標。每個都很勤勞，沒有誰屈從，在這幅畫作上我看不到厭世的人，不願看懂這幅畫的人，可以休矣。抵抗的力量變化萬千，也轉移到我身上，從那以後我經常想，我要與那些抵禦死亡的人同一陣線。

我領悟到這涉及群眾，兩方皆然，一個人要單獨面對死亡，其他的個人也一樣，因此我們應該一起思考群眾的問題。

在這兒死亡確實勝利了，但那不像一場殺戮，趕盡殺絕的那種，它持續下去，將再次舉行，如同我們在畫中所經歷到的，絕不能從同一個出口走出去。布勒哲爾的「死亡的勝利」是第一張提醒我要小心應戰的畫作，我在藝術史博物館看到的他其它的作品，更加強我對永恆的真理的信念。那些畫我駐足欣賞了一百次之多，我對它們熟稔的程度不亞於親密的朋友，那些我閱讀過並且怪罪它們不夠完整的書中，也找得到一些東西，然而所有的經歷都蘊藏在布勒哲爾的畫中。

我想找的並不是他最早期的作品，在法蘭克福你若想去古典美術館（Städel），就得跨越梅因河，你看得到河流與城市，吸一口氣，你會覺得有勇氣對付當下可怕的遭遇。讓我倒抽一口冷氣，痛苦、走不開的，是林布蘭（Rembrandt）的畫「刺瞎參孫」（Die Blendung Simsons）。我看著那幅畫，覺得畫上的情景就在我面前上演，這幅畫的主題是參孫失去視力的那一剎那，這是最恐怖的目擊經驗。我一直對盲人懷有恐懼，雖然我十分好奇，但無法長久注視他們，他們眼睛看不見，我因此覺得對不起他們。這幅畫要展現的主旨與失明無關，而是迷惘。

參孫躺在那兒，胸膛袒裎，襯衫脫了下來，右腳斜斜向上翹著，腳趾頭痛苦的痙攣。一個戰俘，頭盔與盔甲征服了他，劍刺進了他的右眼，血濺到額頭上，頭髮剃得很短，在他之下躺著另一個戰俘，正用他的頭對抗劍。另一半畫面上有一位差役，他雙腿分開站在那兒，俯身向參孫，兩手握住長柄斧，揮向他緊閉著的左眼，長柄斧橫越半張畫，被刺瞎的威脅周而復始。參孫和你我一樣有一雙眼睛，握著長柄斧的差役的眼中卻只看得到一樣東西，參孫染血的臉以及一定要達成任務的堅毅。

光線從外圍照進來，全都聚集在參孫身上。你不可能不知道這迷惘尚未變成失明，它即將發生，不體諒也不加以保護。刺瞎眼睛，看到這一幕的人知道那是迷惘，所到之處皆然。畫上有一對眼睛，停在那兒觀賞這迷惘，目光不曾離開，達利亞（Dalila）的眼睛透露著勝利，一手拿著剪刀，一手則抓著參孫剪下來的頭髮。她不怕手上頭髮的主人嗎？只要他還有一隻眼睛，她逃得掉嗎？她回望過去，臉上充滿了恨與殺機，她臉上的光猶如那個被刺瞎的人，她的嘴半張著：「腓利斯人在你上面，參孫！」他也呼喊一樣的話。㉒他聽得懂她說的話嗎？他知道腓力斯人指的是她的族人，被他擊潰、殺死的人，在成堆

㉒舊約中的故事，參孫是以色列的英雄，他的頭髮賜給他勇猛的體力，他把這個秘密告訴了情人達利亞，她於是趁他熟睡之際剪掉了他的頭髮，再把他交予敵對的腓利斯人，腓利斯人便刺瞎他的眼睛。

的斷肢殘骸中，她盯住他，她不會為他保留殘存的那隻眼，她不會呼叫「慈悲！」，然後衝向那把劍，她不要用手上的頭髮，恢復他殘存的力氣。她回頭看什麼呢？看那隻瞎眼和另一隻即將被挖出的眼睛，她在等待那把再度刺過去的劍，她的意志要它發生。穿著盔甲、手握長柄斧的男人是她的幫凶。她偷走了他的力氣，自己留著用，現在她恨他也怕他，心裡想著要斲瞎他，她就會恨他，她一直有這個念頭。

我從這幅我常觀賞的畫上學到，什麼叫做恨。我很早就體會到恨，太早了，才五歲呢，我就希望用斧頭砍我的玩伴。但我們對於所感受到的，其實處於一種無知的狀態，要等到親眼見到別人的恨，才會明白過來，對先前的體驗的認知才是真實的。你還不知道如何形容，突然這股發生在別人身上的恨以一幅畫呈現在你面前，你於是感到安然，它為你創造了回憶：現在它是真的了。

年輕時對知識的崇拜

我交往的年輕人有一個與眾不同的共通點：只對精神層面的東西有興趣，報上報導什麼他們都知道，一談起書他們就手舞足蹈。有幾本書特別受到大家眷顧，如果沒看過這些書要被人譏笑的。雖然如此，並沒有一般或主流意見流傳開來，我們自行閱讀，把某些段落朗讀給友儕聽，摘錄時倒背如流。當然可以批評，批評是好事，我們蓄意尋找攻擊要塞，非要動搖一本佳評如潮的書的地位不可，激昂的研討，邏輯、機鋒處處及玩笑是我們的主軸。唯一的例外是卡爾．克勞斯，所有的規律都被打破了，我們喜歡挑戰那些太容易也太快就獲致成功的東西。

符合這些條件的，是那些提供大量討論空間的書，我在法蘭克福旅館裡見識過的史賓格勒的風靡現象，應該是過時了；或許他在維也納並未這般舉足輕重？這兒瀰漫著悲觀的氛圍，奧圖．魏寧格的《性與性格》（*Geschlecht und Charakter*）——出版已屆二十年了——我們仍然熱烈討論。我在蘇黎世的戰爭歲月中讀過的太平書籍都被卡爾．克勞斯的《人性末日》給排擠開了。頹廢文學並非它的主題，赫曼．巴爾㉓發揮得淋漓盡致，他安排的角色太多，現在不受重視了。對戰爭、尤其是在戰爭時期所抱持的態度，對一位作家的名聲十分關鍵，因此史尼茲勒㉔的名號才會屹立不搖，雖然不再咄咄逼人，卻不會遭人揶揄，他——與別人截然不同——從不替戰爭作宣傳。這不是有利於舊奧地利的時機，帝國已然崩坍，名譽掃地，有人告訴我，現在只有一貧如洗又迷信的老婦人才會擁護君主制度。在斷垣殘壁的奧地利，維也納令人驚訝的仍然存在——一座過於龐大的首都——我們心知肚明那是「腦水腫」。但是我們不願放棄使她成為世界城市不可或缺的精神文明，世界上的任何事情，狀似重要的事物，我們都有興趣，維也納長久以來打下良好基礎的特殊的傾向，音樂為箇中翹楚，我們尤

㉓ Hermann Bahr，1863～1819，奧地利醫師、詩人、劇作家。
㉔ Arthur Schnitzler，1862～1931，奧地利印象主義小說家、劇作家。

其費心思量。無論喜不喜歡音樂，我們買站票去聽音樂，當世人對馬勒（Gustav Mahler）的認識僅止作曲家之時，此地已掀起狂濤，他的偉大毋庸置疑。

弗洛伊德的名字一次次出現在談話中，這個名字像卡爾・克勞斯一樣，被模糊的雙元音濃縮了起來㉕，你只聽得到語尾的「d」，因為意義非凡而顯得響亮。那時候流行單音節的名字，應付不同的需求應該夠用了，但弗洛伊德的情況不同：他因自創語彙，已經融入了語言慣用法之中，在大學裡他仍然被那些重要人物悍然拒絕，失誤變成了某種社會遊戲。為了要常常用到這個大受歡迎的詞兒，失誤頻仍，在每一場有趣、有若即興式的對話上，總會出現這樣的時刻，你讀得懂和你談話的人的嘴唇：又是一次失誤。失誤才發生，人們沾沾自喜的詳加解說，揭穿之所以發生失誤的原委，這讓他們受益良多，因此比談自己的事還要鉅細彌遺，而且永遠不嫌累，談這個不必觸及隱私，因為人們只是基於一般、甚至學術上的興趣，才參與這解惑的過程。

不久我就看出來，這正是弗洛伊德學說中最顯而易見的一部分，一旦提到失誤，我從不覺得有糾正的必要，以便適應那一成不變所以無聊乏味的框架。每個人發明的失誤各有特色，有巧妙的，有時候甚至變成真的失誤，看得出來都不是事先計畫好的。與此大相逕庭的是戀母情節，每個人都希望有戀母情節，肆無忌憚的說別人也有，經常參加這一類活動的人大可放心：如果他沒有自己說出他的戀母情節的話，一道冷厲逼人的目光掃射過來之後，自然有

㉕指兩人姓氏中的au、eu雙元音。

旁人代勞。不管怎麼樣，人人有戀母情節（甚至包括遺腹子），討論結束時，每個人同樣愧疚，都是潛在的母親的情人或弒父者，這個希臘神話中的名字，特拜（Theben）的秘密國王，讓大家如墜五里雲霧之中。

對這個我很懷疑，大概是因為我很小的時候就已經嘗到要命的嫉妒的滋味，也很清楚引起嫉妒的各種動機吧。但是，即使弗洛伊德的思想適用於大多數的人，藉此說服我相信它的普遍性的話，我仍然有自己的看法。我知道伊底帕斯是誰，我讀過索福克利斯㉖的作品，我不會因命運的怪獸迷失了自己，相形之下，我到維也納來的這件事平凡得不能再平凡，不會有人想打聽我，這位最瞧不起烏合之眾的高傲人士對「伊底帕斯」而言，並非善類。

我們必須承認，我們對於剛剛才結束的戰爭印象仍然深刻，那些在我們眼前進行的殘忍的殺戮行為，永難磨滅，許多積極參與戰爭的人現在都回來了，他們知曉自己為什麼——依照上級命令——能夠像精神分析所言，天生的殺人胚子，饑渴般發動攻擊。集體強迫行為的陳腔濫調，他們如此承認，也反映在解說的陳腔濫調之中。每個人都有戀母情結，卻又如此無害，真是奇怪，最膽戰心驚的命運在蒸發了幾千次之後，幻化成微塵，神話攫住了人心，掐住了人的脖子，他撼動不已。神話在「自然規律」中減弱了力量，甚至不如使它起舞的口哨聲響亮。

我認識的年輕人都沒打仗的經驗，但全都去聽卡爾・克勞斯的演講課，——不妨說——

㉖ Euripides Sophokles，西元前 496～406 年，希臘三大悲劇詩人之一。伊底帕斯則是他所著的同名劇作的主角。

對他的《人性末日》倒背如流，這提供了他們一個可行辦法，把被戰爭搞得陰鬱不堪的青少年追回來。這是一種方法，集中心力又合法的認識這位人物，否則很難辦到。於是，他總是出現在他們面前，因為他們不需要忘記什麼，也不需要記得他，他就讓他們馬不停蹄。他們並不研究群眾心理，屈服於群眾心理之下，興高采烈的上戰場的人，雖然迷失了自己——即使採另一種說法——群眾心理仍舊揮之不去。關於這方面的討論少之又少，還沒有一本解說這種現象的書。弗洛伊德對這個問題所發表的看法，我後來發覺太令人捉摸不著，他們以為弗洛伊德所提供的不可動搖的個人精神分析過程，已經足夠了，我向他們提出自法蘭克福時期以來就在思索的群眾問題，卻被認為毋須研究，沒有善於思考的方程式可以解這道題。凡是方程式無法涵蓋的，就不存在，想必是一種臆測，而非生存的狀態，否則，弗洛伊德會說，克勞斯早就應該看出來了。

我在這個地方發現的漏洞一時還無法填補起來，過了不久，一九二四年初冬到一九二五年之間的「啟蒙」時期，我整個人生為之改觀，我必須稱它為「啟蒙」，因為這個經歷與一道特殊的光亮有關，驟然發生在我的身上，如同激進擴張的感受。我迅速、異常輕快的走在維也納的一條街道上，這條街像「啟蒙」本身一樣長，這天晚上發生的事情我永難忘懷。它迎面而來，剎那成為永恆，五十五年之後，經過了這些歲月，我覺得受用不盡。如果這個光亮的思維如此質樸，以至於無法解釋它的作用，那麼我從覺悟中得到的力量，我生命中的三十五年，其中整整二十年，都環繞著這個群眾究竟為何物的解說，群眾的力量如何產生，如何發揮效用。那時我並不知道自己應該感謝追求事實所採行的方法，維也納有弗洛伊德這樣的人物，倡導人人可以憑著自己的意志與決心找出對事物的解釋。他的思想於我而言不夠完備，我認為最重要的部分並未解釋清楚，所以我面對那些狀似天真的信念時很誠實，我想要做什麼，都不必仰賴他。再明顯也不過了，我需要他當我的對手，當時沒有人能夠說服我，其實弗洛伊德是我某種程度的典範。

這場我記得一清二楚的啟蒙，是在阿爾瑟街上發生的，已經入夜了，紅色的天空引起我的注意，我仰著頭觀看那紅光，因此沒留意腳下，一不小心就被絆到，就在一個踉蹌的當下，我的頭伸直向上，我並不十分欣賞的紅色天空印入眼簾，一個念頭猛地閃過腦海，有一個名為群眾要求的東西，一直與個人要求矛盾對立，就在兩方發生衝突的過程中，人類的歷史於是被澄清。這不是一個新起的思想，但對我而言確實新鮮，因為它與我相遇時勁道十足，我覺得現在這個世界上發生的事，所有的事，都起源於此。在法蘭克福的時候，我就知道有群眾這個東西，現在我在維也納再度體驗到它的存在；人們不得已要成為群眾，我認為顯而易見且不容反駁，比較看不出來群眾會分崩為一個一個的個體，這些個體同樣的會希望成為群體。我不懷疑成為群眾以及離開它的傾向，群眾之於我強大又狂暴，所以我覺得那是一種本能，也這般稱呼它。群眾的本身究竟為何物，我不知道，是一個我想要解開的謎，它是我所認為的最重要的一個謎，無論如何是我們的世界最容易看透的謎。

我現在談這個，多麼缺乏說服力，聽起來多空洞，我說了「勁道十足」，確實如此，突然之間充盈我的活力，迫使我快步走了起來，幾乎是在跑，疾馳在阿爾瑟街上，一整條街，我有種錯覺，彷彿一眨眼就來到這個地段，耳畔有呼嘯聲，天空上的紅色依舊，好像它一直就是這個顏色，我又絆到了，但沒跌跤，踉蹌內化到這整體運動中，是它的一部分。這樣的運動我再也不曾經歷過，我無法明說是否希望再經驗一次，它太奇異、陌生，速度比我能適應的快得太多，那是一種發源於我自身、但我無法克制的奇特的東西。

祖先

薇颯的奇特無所不在，所到之處都引人矚目，她是從未到過西班牙的塞維亞（Sevilla），卻說得天花亂墜，好像在那兒長大的安達魯西亞人。你在《一千零一夜》中遇見她，第一次讀這本書就會看到她的影子。她的外表有若一幅熟悉的波斯袖珍畫，但絕非典型的東方人，她十分堅定，不會溶化、解體，畫中的她輪廓鮮明，一如發射出來的光亮。

她的美貌驅使我以語言作為抗拒。我這沒見過世面、長不大的毛頭孩子，笨拙、未經磨練的粗人，也是個極年輕、不靈活、沒信心、粗魯的傢伙，在她身邊我唯一能支配的或許唯有語言，但有她在場我總是嫌弱了些，在看到她之前，我就試著找出那些荒唐的罵人的話，變成我用來抵禦她的坦克：「珍貴」算是客氣了，「可愛」、「優雅」、一位「公主」；只有一半的語言力道夠，那些真實、不留情、嚴厲、強硬的話語則無用武之地。但這些夠我用來想念四月十七日那場演講，好減弱我的指控。大廳裡歡呼的不是卡爾・克勞斯的高尚，而是他的嚴厲。當我在休息時間認識她時，她顯得矜持又高雅，絕對不可能錯過下半場的好戲。

從那以後每一場演講會上——現在我每場都參加——我的眼光偷偷的搜尋她，每次都被我找到了，我總是遠遠的和她打招呼，不敢太靠近，如果她沒看到我，我就有些慌張，大部分時候她也與我打個招呼。

即使在聽眾之中，她的奇特也十分耀眼，她總是坐在第一排，卡爾・克勞斯應該會注意到她。我發覺自己在想一個問題：她覺得他如何。她從不鼓掌，這個想必他盡收眼底。但是，她每一次都坐在那兒，同樣的座位上，就是向他致敬，因此他不至於不把她當一回事。雖然她邀請我去她家，但第一年我根本不敢履約，那一年中，我覺得她在第一排的座位日益錯亂，因為我對這種錯亂的感覺毫無招架之力，就想一些莫名其妙的事情來。前面實在太吵了，如何忍受那股喧騰；《人性末日》中有些角色會讓人羞愧得恨不得鑽到地底下去，假使讀《織工》㉗、《李爾王》時她忍不住想哭，怎麼辦？她能夠忍受讓他看到她在哭嗎？也許她希望他看到？她為因此感到驕傲嗎？她用在公開場合哭來向他致敬嗎？相信她不是個沒有廉恥的人，我覺得她十分害羞呢，比其他人來得忸怩，於是乎她坐在那兒，讓卡爾・克勞斯愛怎麼看就怎麼看。她從不在演講結束後挨近講台，很多人拼命要擠到前面去，她卻只站在那兒冷眼旁觀。每次我都感到震撼又混亂，不會一下子就離開大廳，站著喝采，直到雙手發疼。在這種情況下，她從我的視線裡消失，缺了她的旁分、烏黑閃亮的頭髮，我很難再找到她。朗讀會結束之後，我想她不會做無意義的事，不像其他人在廳裡留得那麼久，當卡爾・克勞斯鞠躬

㉗ *Weber*，德文小說，作者為 Gerhart Hauptmann, 1862～1946。

時，她已經不在那兒了。

也許她希望我四下尋找她，因為激動的情緒在朗讀結束後還會持續很久，那怕讀的是《織工》、《雅典人泰門》、《人性末日》，皆為存在的高潮。我活在在這期間發生的一宗又一宗的事件之中，置身平凡的世界裡。在大廳裡我是一個人，不跟誰說話，離去時也是一個人。我觀察薇颯，因為我躲著她，我不願承認其實我很希望坐在她旁邊，但只要她一直坐在眾目睽睽的第一排，可能性就大打折扣。我吃起我敬仰的上帝的醋來，我全身上下都不可能反對祂，每個毛細孔都為祂打開，卻不樂見這個黑髮旁分、洋溢著異國情調的人兒如此接近祂，為祂笑，為祂哭，服從祂的風暴。我希望在她身旁，但不是在她前方，只在上帝看不見她的地方，我們在上帝為我們而設的地方，以眼神示意。

當我被驕傲的決定牽著鼻子走，不去拜訪她時，我很嫉妒她，尚且不知我正聚集全身的力氣，要從上帝那兒把她偷回來。在家裡媽媽對我發動攻擊，我用我的言行舉止向她挑釁，當我覺得快要窒息了，我就看到我自己站在薇颯家的門前撳鈴。我用力之猛，好像要推開一個東西，但它卻靠得更近。為了使自己堅強起來，我就想像阿斯里爾一家子滔滔不絕往我身上傾倒的情景：「怎麼樣？她說了些什麼？我就知道！她不喜歡的，當然。」我幾乎已經聽到了媽媽的警告，任何消息都趁熱傳到她耳朵裡。我在幻想中發表正反兩方的言論，後來一一應驗。當我痛苦的不讓自己接近她，完全無法想像要和她說什麼才不會顯得粗魯或無知的同時，我虛構了所有我在家中可能聽到的關於她的壞話與醜話。

我一直很明白，我對自己下的禁令，變成了我每場演講必到，一看到她就更強化這個禁令的頑固。然後，該來的總是會來，一個假日的午後，距離她邀請我已是一年多前的事了，沒有人知道怎麼回事，我的腳情不自禁的踏上了費迪南街，我想破了頭要謅出一個可信的理由，千萬不能聽起來很幼稚或者低聲下氣。她希望當英國人，那個時候她說過，她大概會問起英國文學方面的事吧？不久前我聽了卡爾・克勞斯朗讀的《李爾王》，非常精彩，莎士比亞的作品中，這是我最熟悉的一部，我忘不了荒原上這位老人的身影，她的李爾王想必是英文版，有些段落我不甚明瞭，就和她談談這些吧。

我揿了鈴，她自己來開門，招呼著我，彷彿她正等著我來。前幾天我才在音樂聽的演講會上看過她，正巧，一如我想的，走到她的附近，與其他人一起站著鼓掌。我像個瘋子一樣，高舉手臂大叫：「萬歲！萬歲！卡爾・克勞斯！」拼命拍手。我沒停手，沒有人停下來，一直到雙手發疼，而且有人站到我旁邊時，我的手才歇下來，那個人恍恍惚惚站在一旁，但沒有鼓掌。是她，我不曉得她有沒有注意到我。

她帶著我穿過幽暗的走廊，來到她有著溫暖燈光的房間。我在畫與書之間找了一個位子，我並未看得很清楚，她坐在我面前的一張桌子旁，說：「您沒看到我，我也去聽了《李爾王》。」我告訴她我看到她了，所以今天才到她家來。然後我問她，為什麼最後李爾王必須死去，他年事已高，而且經歷了許多痛苦難堪，但我寧願想像他戰勝一切，還活在世上。他應該永遠活著，如果莎士比亞某一齣戲中有一位年輕英雄死了，我會比較能接受這個結局，英雄又被稱為自吹自擂以及好勇鬥狠之人，我樂見其死去，因為他們的威名就是建立在萬骨枯之上。但是，李爾已然年老，應該任他老去，我們最好永遠不知道他逝去的消息。這齣戲中有很多人失去生命，有一個人應該活下來，而這個人就是他。

「為什麼會是他？他難道不該安息嗎？」

「死亡是一種懲罰，他值得活下去。」

「最老的這個人？年紀最長的人應該活得更久？年輕人先他死去，一切成空？」

「這個老人死不了的，他的歲月消逝，他比毀滅他的人活得還要長久。」

「這麼說來，您希望世間有像聖經上記載那樣老的祖先囉？」

「對！對！您不希望嗎？」

「不，我可以找一個來給您看，他就住在兩扇門之遠的地方，您在我家的時候，也許他會讓您注意到他。」

「您是說您的繼父？我聽說了他的事。」

「您不可能聽到任何事，都不是真的，知道真相的，只有我媽媽和我而已。」

這消息來得突然，她不希望立刻談他的事情，她都一一辦到，她的房間有草木皆兵的氣氛。如果我知道她付出了多少代價，就會跳開老人應該繼續活著，反正他們已經夠老了的這個話題。我茫然的帶著「李爾」來到她家，為我倆擁有共同的經歷感到高興，非要以此為話題不可。我怪罪李爾，是他把我召喚到她身邊的，若不是他，大概要再等很久我才會來。現在我坐在這兒，滿腦子都是他，難道我不應該禮讚他？我知道莎士比亞在她心中的地位，也相信莎士比亞是她最熱衷的題目。我沒機會問起她去英國探親的事，而她也沒有想到我在那兒度過的童年。話說回來，是她邀請我來講給她聽的，但我觸痛了她最深的傷痕，與這位繼父生活在一起，對她母親和她兩個人都是一種折磨，他即將九十歲，現在我來了，顯然想要告訴她，人到了這樣的年紀，上上之策就是繼續活下去。

第一次拜訪她便傷她如此之深，差一點兒就成為最後一次了。她克制著自己，看得出來她十分震驚，她覺得有必要為自己辯護，向我報告——她夠為難的了——不得不住在這地獄裡。

薇颯和她媽媽住的房子有三個大房間，都在同一排，窗户面向費迪南街，夾層的樓面，並不很高，在街上很容易看到這棟屋子。進大門之後是一條走廊，左邊是三個房間，右邊則是廚房和其餘的小房間，廚房後方有一間又小又暗的佣人房，太隱密了，幾乎讓人忘了它的存在。三個房間中最左邊的那一間是主卧室，薇颯的繼父，一位瘦削、近九十歲的老人，不是躺在床上，就是穿著睡袍筆直的坐在角落的爐火前。下一間是餐廳，唯有客人來才用得著。第三間是薇颯的房間，她依照自己的喜好來布置，她喜愛的顏色，書本和畫，既飄逸又嚴肅，走進去時你會深深呼氣，捨不得離開，這個房間與其他的截然不同，當你站在門坎兒上時，彷若在做夢——跨過凜然的門坎置身花團錦簇之中，只有少數幾個人獲准跨進去。

這房間的女主人在一重又一重的統治中度日，層次鮮明到不可置信的程度，這不是嚇人的統治，所有的事情都在無聲中進行，挑一下眉毛就可以預防一個侵入者跨越門坎兒，首要的敵人是她的繼父孟托・阿特拉斯（Mento Altaras）。早些年，我還不認識她，鬥爭公開進行，界限尚未劃定，還不確定雙方是否能締結和約的時候，繼父習慣突然把門撞開，威脅著用手杖敲打門坎兒。穿著睡袍，高大瘦削的男人站在那兒，他狹長、陰鬱、衰弱的頭顱堪與但丁相比；他聽都沒聽過這個名字。當他暫時停止敲門時，嘴裡冒出一長串西班牙語，恫嚇詛咒，敲擊與咒罵輪番上陣，站在門坎兒上，直到有人滿足了他想要一塊煎肉或一杯酒的願望為止。

半大不小的繼女只能自力救濟，因此把房間的兩扇門——一扇通往餐廳，另一扇通往走廊——從房內鎖上。然後，她長大了，出落得益發標緻，鑰匙經常不翼而飛，換了新鎖，同樣的事件重演一遍。母親外出，女僕並非隨時在側，這個老頭若想得到什麼，別看他老，力氣之大可以一次扳倒妻子、繼女以及女僕三個人。害怕絕非空穴來風，母女倆不敢想像兩人不在一室的後果，為了要留在媽媽的房子裡，薇颯想出了一個制服老頭的法子。她要求自己培養超乎十八歲女孩具有的判斷力、力量與堅毅，是這樣的，老頭一離開房間就什麼也得不到，他儘管敲門、大吼大叫、咒罵、威脅，通通徒勞無功，要想吃到煎肉、喝到酒，他就必須回到房間坐著，重新提出要求，這兩樣食物就會立刻送上來。這方法有帕夫洛夫㉘的神髓，是對此人一無所知的繼女自己設計出來的。花了幾個月的功夫，老頭俯首稱臣，他曉得若停止他的突襲行動，多汁的烤牛肉以及老酒就會送到眼前；如果控制不了怒火，又罵又叫的出現在門坎兒禁地的話，他便受到處罰，晚餐前休想吃喝。

他在塞拉耶佛（Sarajewo）度過大半輩子，孩提時在街上賣熱玉米。故事從這裡開始說起，發生在上一個世紀的中期，變成了他生命中最重要的一則傳奇。沒有人知道後來如何發

㉘ Iwan Petrowitsch Pawlow，1849～1936，俄國物理學家，因發現神經反射作用，一九〇四年獲諾貝爾物理醫學獎。

展，劇情急轉直下：在他老年從事業上退休之前，他成為塞拉耶佛和波士尼亞兩地最富有的人之一，名下的房子（有人說四十七棟）與森林不計其數，繼承他企業的兒子過著豪奢的生活，不難理解他們為什麼處心積慮讓老頭留在遙遠的塞拉耶佛。他主張過簡單、隱居的日子，不炫耀自己的財富。慳吝以及頑固使他聲名大噪，他拒絕捐款給慈善事業，引起群情激憤；他突然出現在兒子們開的豪華派對上，用手杖把賓客給趕出宅邸。兒子們想盡辦法要讓父親再婚，他們成功了，年逾七十的鰥夫在維也納舉行了婚禮。一位美麗、比他年輕得多的寡婦，瑞雪・卡德儂，是他無法抗拒的誘餌。兒子們鬆了一口氣，從此鮮少來維也納。老頭添置了——當時十分罕見——一架私人飛機，這使得他在家鄉的排場錦上添花，兒子現在時常來維也納，為父親送錢，按照父親的規定得厚厚一綑鈔票才行。

剛開始那幾年，老頭可以毋須人作陪，自行外出不成問題，穿著一件大兩號、破爛的大衣，再套上一條露出線頭的長褲，戴一頂襤褸的帽子——一副從馬桶裡爬出來的德行——就拎在他的左手；他把馬桶存放在一個隱蔽的地方，不准別人刷洗。真不懂他幹嘛攜帶馬桶，他又用不著。

有一天，女僕全身發抖跑回家說，她剛才在城裡某個街角看到男主人，他的帽子面朝上，一位路人丟了一個硬幣進去。甫進家門，儼然已經變成了熱門話題，火冒三丈的他，大家以為那盛怒將使他用笨重的枴杖痛打他寸步不離的妻子。她是一位溫柔、好心的婦人，一向對他言聽計從，但這次她不再上當，她奪下他的帽子，丟得遠遠的。沒有帽子他就不能乞討了，但他依舊穿著襤褸的長褲以及破爛不堪的大衣出門。女僕尾隨其後以便觀察，走過長長的馬路，來到賣甜點的市集，一想到他會忽然不見蹤影，她就嚇得要命。他回來時，手上多了一個裝著一個梨的紙袋，得意洋洋的拿給他的妻子和繼女看：不要錢的，市場裡一位婦人給他的，不花一個子兒，真的，看起來快要餓昏的他讓甜點市集上鐵石心腸的婦人都心生惻隱，塞一個水果給他，還是新鮮的呢。

在家裡他有別的東西要看：他把一疊又一疊厚厚的鈔票藏了起來，而且是藏在臥室裡，這樣他才伸手可及。兩張床的床墊塞得滿滿的，地毯與地板之間聚集了紙鈔，一堆鞋子中只有幾雙他能穿，不能穿的全都塞了鈔票。衣櫃內放成打的襪子，不准任何人整理，他時常去檢查襪子裡裝的東西，其中只有兩雙他替換著穿。他的太太每星期領一次家用錢，分毫不差，金額是他兒子與她商議好的，他企圖扣一部分錢下來，但這筆錢是用來買他需求量挺大的煎肉和酒的，所以他只好放棄。

他的食量大得驚人，又不按時用餐，別人不免為他的健康擔起心來，他要求早餐要有煎肉與酒，十點用點心時，離午餐還有一段時間，他得再吃一頓。除了這兩樣食物，別的他都不要，妻子試著換上配菜、米飯和蔬菜，讓他少吃點兒肉，但他輕蔑的退回那些東西，當她再一次嘗試，他氣得摜到地毯上，一口氣啃光了肉，並且要求——份量太少——更多的肉。他無時無刻不饑腸轆轆，只喜歡帶血的食物，簡直積習難改。妻子找了一位從容、經驗豐富的醫師來，也是塞拉耶佛人，知道老頭的故事，聽得懂他說的話，可以流利的與他對談。但是，醫師仍舊無法為老頭檢查身體，他什麼都不缺，一向就瘦，唯一的醫藥就是煎肉與酒，如果連這個都要減量的話，他到街上去乞食好了。老人注意到，沒有比他乞討的興致更能讓人嚇壞的事了，他們很認真的面對他的威脅，他自己也十分當真；醫師警告，假使他繼續這樣暴飲暴食，最多還有兩年可活，他以駭人的咒罵作為回應。就是要吃肉，別的不要，他沒吃過別的東西，他可不想活到八十歲了還要當一頭公牛㉙，話說到此，就這麼決定了！

兩年後他活得好好的，但醫師死了，有人過世他總是很高興，但這一次他的喜悅讓他好幾個晚上保持清醒，以煎肉及酒來慶祝。下一位來試試手氣的醫師不到五十歲，精神矍鑠、身體肥胖，運氣更壞。老人背對著醫師，一句話也不說，沒開口罵人就把人家辭退了。這位醫師與他的前任一樣，也死了，但過程長了一些。老頭不以為意，倖免於難現在變成了他的本能，煎肉和酒供給他全部的營養，他不需要醫師來為他喪命。妻子向醫師敘述她的病情時，又有人試著要助他一臂之力。她睡眠不夠，半夜裡丈夫醒來要她送飼料，自從他較少出門後，情況愈來愈糟。這位勇氣過人的醫師，或許還沒聽說他之前那一位醫師的厄運，堅持要看一看這位就躺在另一張床上，無視於身體不舒服的妻子，自顧自大嚼他帶血的烤牛肉的老人。他把盤子推開，盛氣凌人的問：他看到了什麼？這危及性命！難道他不知道他快瞎了？他第一次用這個來嚇唬人，以後這成了他公然嚇人的理由。

他飲食的習慣一點兒也沒得改變，但他矢志不再出門，有的時候把自己關在寢室裡一兩個小時，以前他從未有這樣的行為。他不應門，只聽到他在爐火裡撥來撥去，大家知道他喜歡溫暖，猜想他坐在爐子前想東想西，他若對那兩樣東西有胃口的話，自然會吩咐的。這倒

㉙ 公牛在此有兩個解釋，一指吃素，二有笨蛋、傻瓜之意。

也是，但有一次他習慣把自己的鑰匙藏起來的繼女，拿起了通往臥室與餐廳那扇門的鑰匙，在他坐在爐火前喃喃自語的當兒突然打開了門，瞧見他手上抓著一綑鈔票，當著她的面扔進了火堆，他身旁還有好幾疊鈔票放在地上，其餘的已經在火裡燒成了灰燼。「別管我」，他說，「我沒時間，還沒弄完呢」，然後指了指地上那些錢。他把錢燒掉，不要留給任何人，他的錢，燒掉不少了呢，但房間裡仍然到處都塞滿了錢。

老阿特拉斯燒鈔票是他衰弱的第一個訊息，第三位醫師——並非專程為他而來，他冷冰冰的好像事不關己，這位醫師對他漠不關心自己的妻子早就習以為常，他只不過帶醫師去看看他的太太什麼地方不舒服——他的無禮讓醫師留下深刻的印象，同時也大吃一驚。也許他現在才開始起疑心，日子將要這樣過下去，他被自己威脅別人瞎眼的事給攪亂了，他一天到晚就是抱著錢坐在火堆前，最愛看一疊疊鈔票化為灰燼。

自從他被撞見過一次之後，就不再費心的鎖門，公然的彎身坐在那兒燒錢。想阻止他，恐怕要動用好幾個男人的力氣，一籌莫展的太太不知如何是好，她考慮了好一會兒，然後寫了一封信給他在塞拉耶佛的長子。長子雖然慷慨無度，但也對父親惡意的銷毀錢感到憤怒，兼程趕赴維也納，責備老人。至於他拿什麼威脅老人，母親和女兒都不清楚，一定有一個比醫師警告的孤苦伶仃更教他害怕的東西——或許，他將被宣告禁治產，送入再也無法大塊吃肉、大碗喝酒的療養院之類的——，總之，產生效果了。他繼續保有藏起來的錢，但不再焚燒，而且讓人定期進房間檢查一番。

薇姵十八歲這年擺脱掉了這個可怕的人，從他亂敲打的手杖、威脅以及咒罵中逃出來，這對她產生了莫大的影響。現在他鮮少在門坎兒上露面，幾個星期中會有那麼一次，他用力打開門，又高又瘦的身子保持著一定的距離，站在來看她的朋友面前，朋友們驚愕但不受到驚嚇。拐杖好端端拿著他手上，但不再用來敲東西，不罵人，不出言威脅，他為找人幫忙而來。恐懼感驅使他來到這扇禁止進入的門邊，他說：「有人偷了我的錢，燒起來了。」每個人都討厭他，所以他很孤單，突襲他的恐懼感總和錢脫不了干係。自從他被禁止燒錢以後，他就宣稱有人偷他的錢，火勢在房裡蔓延，要用蠻力把那些不願平白無故被犧牲掉的東西全部付之一炬。

薇颯一個人的時候，他不會過來，除非聽到她房間裡另外有人。他的聽力還不錯，有朋友來找薇颯，他絕不錯過什麼：門鈴響、經過他房間的腳步，輕手輕腳快步走到她的房間，說著一種他聽不懂的話——因為他無法看見，於是心生恐懼，以為有人正計畫著偷偷奪走他的錢。我登門拜訪的初期，遇見過一兩次，或者三次這種場面，我很驚訝他與但丁如此相像。

他看起來像從墳裡爬出來一樣，我們正聊到《神曲》，門就被撞開，他突然站在那兒，有如裹著白色的床單，手杖不是用來抵抗什麼，倒像因抱怨而高高舉起：「有人偷了我的錢！」——不，不是但丁，是他煉獄中的一個角色。

爆發

一九二五年七月二十四日，我二十歲生日的前一天，情緒潰堤。從那之後我從未談過這件事，我覺得要仔細描述很不容易。

計畫好了要與漢斯・阿斯里爾健行穿越卡瓦温德山脈（Karwendelgebirge），我們把需求降到最低，在茅舍裡過夜，才不會花太多錢。漢斯在皮革製造商柏羅斯希（Brosig）先生那兒工作，從他微薄的收入省下這趟旅程的最低花費，與母親、兩個弟妹一起過著苦日子的他必須精打細算。

他把旅程的細節都列了出來，健行應該不需要一整個星期，接下來的那個星期可以在某個地方落腳，我也希望利用這段時間做點兒事，研究關於群眾的那本書，最好是我一個人留在山裡，但我没法清楚的表達意願，因為我不希望惹他不高興。我們詳細的討論過健行穿越卡瓦温德山脈的事，漢斯有條有理，坐下來研讀地圖，計算每一段路程以及山的高度。七月的前幾個星期就在討論中度過了，在家裡吃飯的時候我説起了這個計畫，媽媽通通聽了進去，但既不説好，也没説不好，但是，當我日復一日提這件事，卡瓦温德山脈這個名字不斷在我們的耳盼嗡嗡作響，好像也不容她反對了，我幾乎覺得她的思維也隨著我們去健行了。我們的目的地是阿亨湖（Achensee）旁的佩提哨（Pertisau），一次她甚至考慮要自己去那兒度假，然後與我們會合，但這個點子不夠真確，漢斯和我逐項討論細節時就被擱置一旁了。七月二十四日早上，媽媽突然跟我説我最好把這事從腦袋裡趕出去，這趟健行簡直不可思議，她没有錦衣玉食的本錢。能上大學我應該滿足了，還想做這做那，我不會不好意思嗎？有的人尚且不知道要靠什麼過活呢。

這是很重的一擊，在她友善、甚至興味十足的容忍我們的計畫幾個星期之後，來得如此措手不及。住在這個與人共居的房子裡將近一年了，壓力與磨擦迫使我離開，想擁有自由，最近壓力愈來愈教人難以忍耐，每次我說過那些難堪的話之後，便往健行的遐想中逃逸，光禿禿的石灰岩在我心中閃閃發光，現在，吃著早餐的當兒，無情的斷頭台就在眼前，砍斷了我的呼吸與希望。

我想用手搥打牆壁，但我克制住自己的脾氣，沒在弟弟面前爆發，所有該發生的，都在紙上進行，但寫的不是平日易懂且冷靜的句子，我拿的也不是常用的簿本，而是一本很大、幾乎沒用過的寫字簿，用大寫字母寫滿了一頁又一頁：「錢，除了錢還是錢」，下一行的內容也一樣，直到塗滿一頁為止，然後把那張紙撕碎，重新在下一頁寫上「錢，除了錢還是錢」。我第一次寫斗大的字，一張紙很快就塗滿了，撕碎的紙堆積在餐廳的大桌上，愈堆愈多，終於掉到地上去了，桌子周圍的地毯上都是碎紙，我無法不繼續寫下去，寫字簿有一百頁，每一頁都被我寫得滿滿的。弟弟察覺到不尋常，因為我一邊寫一邊唸出來，並不特別大聲，但很清楚，整個屋子裡都是「錢，除了錢還是錢」的聲音。他們小心翼翼的靠過來，撿起地上的紙，大聲把看見的字唸出來：「錢，除了錢還是錢」，二弟尼辛姆衝進廚房找媽媽，說：「伊利亞斯發瘋了，妳得過來。」

她沒有來，讓他給我帶話：「告訴他，他必須馬上停下來，信紙很貴！」但是我不聽他的，繼續寫，又快又急。在這一剎那我大概是瘋了，不管別人如何稱呼，那個字，這個承載我所有的壓抑與消極想法的字，變得強大無比，我完全受它駕馭。什麼事都引不起我的注意，二弟嘲諷似的呼喊我聽若罔聞——小弟格奧爾格有些心不在焉，他嚇壞了——，對媽媽也視若無睹，她終於很勉強的跑過來，其實，她是因為我浪費紙而生氣；另外，她不確定是否像她一開始說的那樣，這裡上演的是一齣「喜劇」。她跑過來的時候，我看都沒看她一眼，也沒多看弟弟一下，我誰也不要看，我被這個字下了蠱，視之為所有沒有人性的精髓。我寫著，這個字的力量驅使著我，一點兒都沒有減弱，我不恨她，我單單恨這個字，只要還有紙，我的恨便不會停歇。我疾馳的動作，飛快寫字的這一幕使她心驚膽跳。我的手在紙上賽跑，我卻喘不過氣來，似乎自己在跑，這樣的速度我未曾經歷過。「像一列快車」，後來她說，「沉重，載滿了貨物。」就是說得還不夠多的字，但她心裡明白百般折騰我的，就是這個字，畫上一千遍了，浪費無度，有違它的性質，懇求再三，好像打算散盡千金，以為這樣就可以結束一切。看得出來她擔心我們倆的命運，憂愁我的命運，為她喜歡掛在嘴邊、我用雙手傾瀉的那個字憂心忡忡。

我沒留意她怎麼離開房間的，沒留意她怎麼又來了，寫字簿還沒用完，我就不會分神。勞博（Laub）醫師忽然站在那兒，他是我們的家庭醫師，長年的醫藥顧問。媽媽躲在他身後，臉沒露出來，我知道那是她，但我的眼裡看不到她，她遮遮掩掩的躲在他身後，現在我曉得剛才是誰在敲門了。「這孩子怎麼啦？」他很莊重的說，他講話很慢，每講一句就要歇一下，每一個字都慎重其事，聽來重要的解釋中帶著無以言喻的瑣碎，與他上一次來訪銜接了起來，好像這期間什麼事也沒發生——上次是黃疸，這回呢？——這些話加在一起發揮了某種效果，我陷入沉思當中，雖然還有好幾張紙，但我立刻停下筆來。

「寫什麼寫得這麼勤快呀？」勞博醫師說，等到他把這句話說完，得費上大半天的功夫。

我從快車跌了出來，剛才我一直在火車上橫掃紙張，然後用快轉的動作把最後一張紙拿給他。他輕輕鬆鬆的唸出我寫的句子，他唸著那個我放逐到紙上的字，但聽起來並不充滿了恨意，而是從容不迫，彷彿要說這樣一個珍貴的字，得先考慮十次才說得出口，因為口吃的關係，聽起來像是省吃儉用，我雖這麼說，卻安靜非常，我自己都感到驚訝，怒火並未重新燃起。他把最後一張紙上寫的字從頭到尾唸了一遍，那張紙寫滿了一半，加上他不疾不徐，可花了一點兒時間。他沒有漏掉「錢」這個字，一次也沒有，唸完時，我誤以為他要伸手拿我面前的那張，以便接下去唸。但當我遞給他一張新的紙時，他沒有接過去，說：「好，差不多了吧。」然後他清了清喉嚨，把手放在我的肩膀上，嘴裡滴出蜜來似的，問道：「您現在告訴我，錢能做什麼？」我不知道他是聰明呢，或者毫無概念，但我顯然必須說一些話，於是我告訴他前前後後關於卡瓦溫德山脈的事情，怎麼可以聽我說了好幾個星期，一點兒也沒有反對的意思，可以說默許了，突然之間又通通推翻了。這中間沒發生任何變化，就是專制，我們家大部分時候都這德行，我要離開這個家，離得遠遠的，到聽不見這個該死的字的世界盡頭去。

「哎呀」，他說，用手臂指了指一地的紙張，「所以我們把它寫下來，我們也知道誰都不愛聽到這個字。但是在我們走到世界盡頭之前，去卡瓦溫德山脈應該比較好玩吧，對我們有益呢。」他這麼一說，我的心解凍了，聽起來像是他在保管錢，可以決定要不要給我旅費似的。我的注意力有所轉變，開始把希望放在他身上，若不是他立刻以他那不可原諒的智慧粉碎一切的話，也許我現在滿懷感激的想著他也不一定。「有些事啊」，他解釋，「跟錢沒有關係，主要是戀母情結。再清楚也不過，錢跟這事扯不上關係的。」他拍了拍我就走了。

通往前廳的門敞開著，我聽到媽媽怯生生的問他我到底怎麼啦：「讓他去，最好明天就出發，這是對付戀母情結的好法子。」

事情就這麼決定了，媽媽對醫師言聽計從，如果是她自己的事，她喜歡聽不同的人的意見，以便綜合所有的對策，找出適合她的那個，又不至於得罪了誰。對我們呢，一位醫師加上一句話就夠了，但我們會遵守他的意見。旅行的事現在算是敲定了，不必囉囉嗦唆，我被允許和漢斯到山裡十四天。我還得在這個屋子裡待兩天，沒有人再次譴責我，我的精神不太穩定，挺嚇人的，地上塗滿了字的紙被拾了起來，仔細的疊好，放在一邊。這麼多紙被浪費掉，有必要保存起來，作為精神異常的症候。

後來那幾天我覺得在家裡沒有那麼壓抑了，眼看著我不久就要出遠門了，我卻出乎意料的悶悶不樂，她也鬱鬱寡歡。

辯白

二十六號那天我和漢斯前往夏尼茲（Scharnitz），我們的卡瓦溫德山脈健行之旅從這兒上路，光禿、多線條的石灰岩讓我大開眼界，身心為之放鬆。我不知道自己的心情究竟有多惡劣，但我把大大小小的煩惱，尤其是與家裡有關的拋諸腦後，在裸露的岩石上重新出發，除了內容並不豐富，但足夠十四天所需的背包以外身無長物，不帶背包的話也許更好。裡頭裝了些東西：兩本筆記本，一本書，度假後那幾個星期要用的。我要留在我喜歡的地方開始寫我的「大作」，一本筆記裡要記的是與群眾有關的注解，這是這項工程的基礎，與既有的思想觀念劃定界線。胡亂的動筆之後，我非常不滿意，決定把所有的「鬼畫符」從群眾中抽離，把草稿當成純潔無瑕、未開墾的山脈，要不帶任何偏見的攀爬上去。第二本筆記簿我想用來抒發我在家裡承受的壓力，同時寫下湖光山色以及住在山裡的人給我的感動。

健行期間「偉大」的計畫還在醞釀當中，書寫的工具都放在背包裡，筆記簿和書我動都沒動，也沒和漢斯談該從何處下筆。我全神貫注欣賞山景，全神貫注，好像要把山色吸進體內。某些山的高度讓我們走起來很吃力，但高度並非我的目的，我們把光禿的山崖拋到身後，眼前的空蕪卻又永無止盡，景象十分駭人。只有石頭，除了石頭沒有別的，望向天空，它並未使我放輕鬆，走到水邊時，我暗自生起氣來，擔心著漢斯會落水，決定不涉水而過。

他無法得知我健行時心裡在想什麼，我與家人之間的那些煩惱他都不曾聽說，我自尊心太強，不願意透露，即使我稍微提一下，我想他也不會理解。阿斯里爾家很尊敬媽媽，視她為聰明幹練、奇特的人，有自己的判斷和想法，不像是平民家庭的人。在阿羅薩時，她原有的平民特質又被喚醒了過來，這點愛麗絲・阿斯里爾就無從知曉了。她看到的媽媽沒有改變，仍是我們初抵維也納時驕傲、任性的年輕寡婦，她在她身上看到從前多采多姿的自己，希望她過得繽紛多采，這是因為她不清楚唯有財富才能過得豐足。或許媽媽在她面前掩飾自己的改變，她如何自顧自談錢，卻不資助這位現在過得很拮据的手帕交？於是，錢成了她與我之間的主要話題，成了永恆的單音節與哭罵，她不可能和愛麗絲談錢的，漢斯自以為有充分理由嫉妒我「正常」的家庭環境。

別的事我們談都談不完，和漢斯在一起想要保持沉默簡直不可能。他非跟我爭個高下不可，一句話才從嘴裡蹦出來，便讓不斷出現的補充說明給攪亂了，他希望說得比我多，不假思索說得奇快無比。我對他提議、準備的健行充滿了感激，與他玩著怪異的遊戲：只要山景不變，我就和他無所不談，他察覺到一旦他在山頂或往上爬的時候，我就轉而談書本，他以為關於山的話題讓我覺得乏味。除了一成不變的光禿岩石之外，幾乎沒有別的景色可看，一味的談論山的種種變得一無是處，於是不久他也剔除了這個我希望保留原貌的話題。不僅當時我把登山當成一種任務，我嘗試簡短的敘述我那時期的身心狀態，我一定在前方堆了一個光禿禿的不毛之地，因為所謂的任務，也就是我的「大作」，其實一團糟，好久了，一個字也擠不出來，這不是開採什麼礦產，毋須一鏟一鏟，我只需要保留它有威脅性的特質，使之完好無缺，而我自己並不因此覺得累贅或可厭。

於是，剛滿二十歲的我踩在無法祛除的螺旋線上，每一時期的開端無限延伸出去，變成我生命中最重要的形體。

一連五、六天我時時刻刻都與一個人形影不離，這個人不斷說著話，我有所回應，關心他——我想我們沒有一刻鐘安靜下來——，我們並未聊到行走其間的天與地，也沒有碰觸我過去幾年中受到的壓抑。我們閒聊這本書、那本書，嘴皮上吐出無意義的話來，我心裡怎麼想，就怎麼說出來，只要漢斯尚有餘力，情形也相同，但不再雙向交流，如果換了另一本書，我們的意見大概也沒什麼不同。與我勢鈞力敵，有時甚至超前，這使他心滿意足，而我不說出真正的心得時最為高興。我記不清口沫橫飛時說過什麼句子，發出什麼語音來，其實它像健行在石灰岩上的水域，滲入石灰岩中，永遠的消失了。

但是，這些話顯然不怎麼逍遙自在，因為當我們抵達佩提哨的阿亨湖的時候，一場出人意表的災難發生了。漢斯四仰八叉的躺在陽光下，我沒有依樣畫葫蘆，反而來回散步。他的手交叉枕在腦後，雙眼閉著，天氣很熱，太陽高掛，我以為他睡著了，所以不管他，兀自走到離他不遠的湖邊去。沙子在厚重的登山鞋裡吱嘎作響，我望著他躺的方向，心裡正想著會不會吵到他的時候，他張開眼睛，呆滯的模仿著我的動作，恨意包圍著他，強烈到我能感受的程度。我不認為他會有強烈的情緒，這也是他所欠缺的個性，現在，他的恨令我錯愕，一時沒想到那與我有關，而且還引發一些效應。我站在水邊，眼角可以掃瞄到他：他不發一語，表情凝滯，慢慢的我才明白過來，恨使他說不出話來。我不曾見識過他沉默的樣子，一如操控著他的那個感覺。我什麼也沒做，我們說過的話因為數不勝數已經失去了價值，對於這一點我唯有尊重。這樣的氛圍持續了好一會兒，他像癱了一樣躺在那兒，但他的眼神卻未麻痺，效果劇增，以至於我忽然想起「謀殺」這個字。我走了幾步到背包那兒，他的背包也放在一旁的地上，拿起背包，還來不及扣好，就走開了。他看見少了一個背包，不再發呆，跳起來揹起他的。他站在那兒，亮出一把刀子，在大街上，邁步走，瞧都不瞧我一眼，往妍溪（Jenbach）的路走去。

他走得飛快，從我的視線中消失，然後我也邁開步伐走他走過的路，打算在妍溪搭火車去因斯布魯克（Innsbruck）。不消多時我便覺得單獨一個人真是輕鬆，我倆誰也沒開口，

——隨便說一個字或隨便什麼，極可能我們就言歸於好，但一個字立刻會發展成幾千個字，光想到這個我就喉嚨發緊，他什麼也沒說，似乎有意一刀兩斷。我沒有打破沉默的意思，也不擔心他，他想也不想就果決的上路了，不若平常會先宣告一番。走著走著，我的手伸進背包裡，摸到了書和筆記簿，我還沒把給他看，甚至提都沒提我帶了這些東西。他知道健行結束之後我將在某處停留一星期，以便——如我所言——做點兒事，我們沒談到他是否健行結束後想與我待在同一個地方，也許他等著我明確的要求他這麼做，與我共度第二個星期。我什麼都沒說。我們的健行在佩提哨畫上了句點，穿越過卡瓦溫德山脈，從妍溪到因斯布魯克的路並不遠，火車站就在那兒，將從開往因斯布魯克，與他開往維也納的火車的方向恰恰相反。

事實如此，我看著他，好像我即將跨過妍溪的月臺，他離我不遠，站在火車開往維也納的月台上等著，他看起來有點兒猶豫不決，不再呆滯，背包鬆垮垮的掛在他瘦削的肩膀上，登山手杖的尖端似乎掉了。他沒有向我走近，或許他一直跟著我，只是身子常被車廂擋住。我坐在前往因斯布魯克的火車裡，無絲毫內疚，回想著最後時機尋求和解的危險，以及我對他的觀感，若他站在我的月臺上，我倆勢必要對質，對此我多少有點兒感激。後來我才曉得，與他的好朋友之間的距離是他自己劃定的，他因此很不快樂。他天生就擅長製造距離，製造得如此巧妙，以至於別人和他自己都再也打破不了。

到了因斯布魯克，我換火車到克瑪騰（Kematen），進入賽良谷（Sellraintal）的入口，我在那兒過了一夜，第二天再去賽良谷，希望在葛里斯（Gries）找個房間，與筆記簿在那兒待上一星期。

我上路的那一天雨下個不停，可以説風雨交加，穿梭在煙雨濛濛之中，豆大的雨滴鞭笞著我的臉頰，這是我第一次一個人健行，這可不是好的開始。不一會兒我就濕透了，衣服貼著身體，我大踏步的走著，希望藉此閃躲暴風雨，都快要喘不過氣來了。比起來，上個星期陽光燦爛時健行輕鬆多了。再清楚也不過了，我得為獨處付出代價，雨打在我的臉上，我舐著雨滴，視線只及前面幾步的距離，偶爾路上農家門上鐫刻的箴言與我在風吹雨打中打招呼，如果你全身濕淋淋的，還要讀順服上帝之類的箴言，不禁覺得那是諷刺，於是我懶得再去敲一棟棟漂亮、有格言作裝飾的房舍的門。不久，大概兩個鐘頭之後，我就到了山谷平緩向上的梯形地。我在葛里斯很快就在一處農家找到了空房，這家同時是這地方的裁縫，他們很親切，把我的衣物晾乾，黃昏時分天色變亮了，預告明日的天氣將會好轉，我就可以做想做的事啦。

我告訴客棧的人，我待在這兒的十天之中要好好讀書，而且每天上午都要用功，於是他們給我一張可以折疊的桌子，我把它放在靠近房子的小花園裡。我起得很早，喝過咖啡之後就帶著鉛筆、兩本筆記簿和書，坐在花園裡。我在晴朗、涼爽的早晨開始看書，客棧的人對我大搖其頭，這個不足為奇，讓我感到驚奇的是我自己，因為我真的把書打開，而且從第一個字就開始與作者唱反調，直到今天，五十五年過去了，書中的每一個字我仍要一一駁斥：弗洛伊德的《群眾心理學與自我分析》。

我發覺弗洛伊德習慣引用與他相近的作者的話，最常援引的是法國醫師雷朋（Le Bon）的著作。他研究的方式令我困惑，那些作家根本未觸及群眾這個問題：群眾顯然很陌生，也讓他們害怕，若要著手寫些什麼，他們的姿態如下：離我十步遠！群眾對他們而言有若瘋瘋病，是一種病症，要找出症狀開藥方。他們認為與群眾面對面時，保持頭腦清醒最為重要，才不至於被魅惑，迷失在群眾之中。雷朋是唯一一位嘗試仔細描寫的人，早期的勞工運動和巴黎的大眾大概還存在心裡，他的書受到泰納㉚的影響頗多，泰納寫的法國大革命的故事使他受益良多，尤其是九月屠殺這一段。弗洛伊德對群眾的反感是另一種，年近六十時，他在維也納體驗過人們歌頌戰爭的盛況，他不喜歡的群眾經驗，是我童年時經歷過的那種，這一點不難理解，但他著書立說時並未選對適合的工具，圓鑿方枘。他有生之年逐一著手研究個人主義，行醫生涯中看到病人在冗長的療程中反複出現，在他的看診室和書房裡度過一生，對軍旅生活的認識和教堂一樣稀少㉛，軍隊與教堂兩種不尋常的現象，在截至目前為止塑造以及運用過的概念中都起不了作用，他太嚴肅同時太學術派，無法跳脫其重要性，在日後的實驗中找出個道理來。他自己缺乏的經驗，就從雷朋的描述裡補足，但雷朋所能提供的經驗形式卻大相逕庭。

結果，二十歲的門外漢讀者覺得未獲滿足，與原先的期待不符合，我雖無理論上的經驗，但內心已有群眾的實際經驗。在法蘭克福時我第一次毫無招架能力栽了進去，從那以後我意識到人們沉緬於群眾之中的理由。就是它變成了令我驚異的東西，我看到我周圍的群眾，但我也看到我體內的群眾，一個有限的解釋對我來說是不夠的。我認為弗洛伊德的論述尤其缺

㉚ Hippolyte Taine，1828～1893，法國語言學家。

㉛ 弗洛伊德為無神論者。

乏對這個現象的肯定，而且我認為它的重要性並不亞於性欲和饑餓，倒不是說要創造出一個返回性欲特殊狀況的世界來，與此相反，我們要瞭解這是一個開天闢地以來就存在，一個需要從基礎開始研究的現象，換言之，我們要先行體驗才有能力描述，缺乏經驗的敘述等於一種迷航。

我尚未從已經發生的事情中理出個頭緒來，雖然這是我原有的計畫，這份企圖心的背面是我的意志，我要投注一生的時光，一年又一年，許許多多個十年，可見找出這個解答有多迫切，為了要表達這件事的根本與不會流逝的特色，那個時候我談群眾本能，並且把它與性別平等的議題放在同一個天平上。我首次研究弗洛伊德寫的注解多屬探索性質，很不熟練，除了表達不滿意我所閱讀的書、我的反抗、我的決心、不輕易被說服或者不打算上當之外，此外無它。我最害怕的事情，是我從不懷疑其存在的東西忽然之間消失了，因為我與這些東西打過交道。與家人談話使我得知，如果一個人願意盲目的話，他儘管無知下去，我開始明白與書本來往一定要保持警覺；延緩批評墮性以及被趕上時只能容忍，其實非常危險。

這十個在賽良谷的早上我學到了閱讀時要懷著戒心，一九二五年八月一日到十日這段期間，我具有獨立精神的生活於焉開始，動手寫書之初我就與弗洛伊德劃清界線，要到三十五年之後，也就是一九六〇年我才公諸於世。

這些天中我也爭取到做為一個人的獨立自主，十天不算短，我都是一個人，上午工作五小時，其餘的時間則用來與自己對話，健行時的午後時光我也是如此，研究山谷，爬上帕拉克斯瑪爾（Praxmar），繼續往上爬，一直到通往鄰近山谷的山口為止。我爬上蘿絲寇格

（Rosskogel）兩或三次，葛里斯上端的山巔，我很高興自己花了這些功夫，也慶幸到達設定的目標，因為這些目標比起我眺望遠方，算是還可以做到的那種。我和自己談得很多，談過去幾年中累積在我心中的恨，恨所引起的混亂，胡思亂想以及狹隘，說出來，用字句表達，分章節與段落，從我心中驅逐出來。我向周遭的空氣吐露心聲，空氣取之不盡，清朗的風與方向也用之不竭。惡毒的話在風中散開，轉瞬消失，真是快樂，聽起來一點兒也不荒謬，因為根本沒進到耳朵裡，但我不想太任性，我釋放出來的都是長久飽受壓抑，希望恢復原狀的東西。我回應侮辱我、使我擔憂恐懼的指責，完全坦白，不必考慮有別人會聽到。所有我在心中拿捏的答案，通通遭到放逐，它們笨重又新鮮，不再是之前的模樣。

這些答案是我反駁自己時主要的夥伴，變成了我勢不兩立的敵人，其任務在於把我的土壤裡的東西連根拔起，將自己種在土裡。我的感覺就是這樣，能這樣感覺真不錯，因為先前我可能會極力反抗，不願屈服。我並不公平，我怎麼能公平呢，在這場攸關生與死的戰役中，我看不出自己做了什麼好事，多少年了，我因為信念不堅定、折騰人的認真，在自己心中豢養了一個反對者。這不是要求公平的時刻，這是獲得自由的時刻，這兒沒有人曲解我的意思，封鎖我的呼吸。

晚上我坐在酒館裡，把白天的想法寫在專門記分析自我的第二本筆記簿裡。

我找到了這本筆記簿，重新看了一遍，經過了五十四年回頭再來讀，內容使我頗感驚駭。那狂野與熱情！我又找到每一個讓我受威脅與屈辱的句子，沒有一個句子被忘記、被剔除，最痛苦者莫過於被冤枉，也都一一記在簿子裡。但是，我同樣在其中找到了對每一件事情的駁斥以及狂熱，超過了事實的嚴重性，洩露著殺氣騰騰的力道，而我毫不自覺。如果這些情緒都留在原處，而不是轉為全心全意追求知識的話，後果真不堪設想，這些情緒將變得殘暴，於是我不會在這兒，為持續十天的熊熊怒火作辯護。

晚上有很多人到酒館來，農夫以及陌生人，喝酒唱歌，我冷靜的做壁上觀，面前放一杯酒，在沉默中寫東西，一位痛苦、四眼田雞、不怎麼吸引人，有充分的理由藉著發問與飲酒來忘掉他寒酸的外表的大學生。我忙著辯護，雖然對周遭的一切都很清楚，但我什麼也沒留意，只把心思放在寫作上，到後來誰也不會對我多看一眼。我前面放著一盤葡萄，空間略顯不夠，我想我不會與任何人閒聊，聊天會把自我對話破壞殆盡，削弱辯護的力量。我不許以原來的我來對付這些卓越的敵人，充滿我身心的恨，對敵人來說實在太愚蠢；而且這以後我也不再有心情假扮任何角色了。

處於詭異狀態的我也交到了一些朋友，都是小孩子，清早六點就到我窗前報到。一共有三個小男孩，最小的六歲，最大的八歲。第一天他們看到我坐在小桌那兒寫字，覺得挺有趣，觀望一陣子之後，三個小孩一迭聲問我的姓名。我喜歡他們，就讓他們稱我的名，但他們發不出那個音，不可置信的重複了幾次，然後搖了搖頭。我的這個名字更教他們覺得我陌生了，較大的那個孩子心生一計：「給他起個狗名兒！」從這一刻起，他們喜歡我就像喜歡一條狗一樣。他們是早晨叫醒我的鬧鐘，當我埋首弗洛伊德和筆記簿之中時，他們安靜的站成一排，一點兒都不吵，過了一會兒若他們覺得呆板，蹦蹦跳跳離開，去找一條比較好玩的狗。

下午我不讀書寫稿的時候，他們又跑來了，跟著我走一段路，我請他們以當地語言說出動植物的名稱，聊他們父母親以及親戚間的事。他們曉得不可以離村子太遠，到了某處就像事先商量過一樣，突然停步不前，最喜歡揮手說再見，有一次我忘了這個動作，隔天早上他們怪罪了我一番。他們是我這所謂靜默的時日中的社交圈子，陷入威脅、詛咒以及預言泥沼中的我，除了孩童大概不會有人想要理我，當他們清晨——不打攪我，所以挨得並不太近——在我的桌旁排排站，觀看我寫字時，我覺得他們是老天爺賞賜的幸運。

第三部

聆聽的學校

維也納
1926～1928

庇護

八月中旬我回到維也納，不記得見到媽媽時的情景了，我在山裡「算帳」所獲得的自由，產生了煥然一新的效果，我隨心所欲，坦蕩蕩勇往直前，探訪唯一一個吸引我、我能夠與之對談的人。每當我去薇颯那兒，談我們喜歡的書與畫，時刻縈繞我心頭的，是她爭取自由時驚人的力量及果敢：她按照自己意思布置，在裡面從事適情適性的活動的房間。

她的奮鬥歷程比我的艱苦得多：那位無時無刻不在家，即使不展開突襲行動，依舊可憎可厭的古稀之人，目中無人，為了要他放下武器，只好自己先武裝起來，不得不時時提高警覺，薇颯並非天生的鬥士，不像我與媽媽之間，那才是兩個敵對的人，一場真槍實劍的戰爭，雙方都知道該如何互相指責。

薇颯爭取到的庇護，現在也變成我的了，她歡迎我，我之造訪正合她意，我的心中沒有負擔。我們談的話總能激勵彼此，我心滿意足的來，離開時亦若是，我倆全神貫注一聊就是兩小時，過程猶如提煉黃金：看起來更純粹清澈，一點兒都不擾人。我們專注於另類、出奇制勝的方法，延伸到第二天，直到新的問題應運而生，再次登門的理由於焉成立。

現在我們無話不談，包括五月我第一次拜訪她，談到李爾王應該永生不死，因此被擱置的相關話題。這倒不是說我抱怨我的家境，我太驕傲了，不願意告訴薇颯實情，但我把自己寄寓在一個圖象中，圖象中的母親要孩子代她了卻心願。媽媽才四十歲，姿色尚稱姣好，她從閱讀吸收來的知識已經成了一則傳說。我不相信她讀新書，但她過目不忘，所以以前讀過的東西變為一個個信條，如果事情無關緊要，她從我這兒獲悉的一些知識，與別人談話時稍加運用，立刻有崇高又聰穎的效果，唯有在我面前她才流露出舊時思想已然枯竭的神態。當我倆的關係很糟時，她堅稱是我扼殺了她。

我去拜訪薇颯的幾個月中，大約半年之久，我沒留心當我不想說媽媽的事時，其實薇颯覺得這樣最好。她將自己置於一個較高的所在，這要歸因於她的才華，有一次她略微羞澀的告訴我為什麼她不開誠佈公時，我才稍有感覺。她堅信將來要寫書，我（雖然這對我是種阿諛）一再勸阻，她不為所動，並且為這個秘密行動找到了一個說法：「她認為我們都是碎嘴子，有道理。我們讚嘆這些了不起的書，一天到晚談的都是書，她瞧不起我們，但沒跟任何人提起。有一天我們將知道她用什麼筆名發表，那就太不好意思啦，因為我們都不曾留心過。」她寫作時我要在場，這是不可能的，我一定得注意這件事。「她獨處時才執筆，在療養院與你們分開的那段時間裡，她其實不是真的病了，只是需要寫作必有的安寧。當您讀到令堂的著作時，您會驚訝得不得了！」

突然之間，我發覺自己有一些心願，揮之不去，但又知道不該有這些願望。薇颯能讓每個人相信她，現在我也半信半疑的對那個使我失去信仰的人懷有一份期待。她不曉得，她的裂變效應減輕了不少我心中的雜念。如果逮到機會就針對我沒良心大加撻伐，抱怨前途黯淡的媽媽：若沒有這個自毀前程、自甘墮落的大兒子，如果他不見了，我腦海中出現一幅她偷偷伏案寫作的幻象；也許果真如此，這樣她才足堪告慰。

更為重要者，我因為來看薇姵知悉很多不曾知道的事情。新近發生的事消融了，我沒有歷史，深植心中的錯謬想像一一改正了過來，未費一兵一卒。我不再覺得只因某物受損就一定得抓住它。

薇姵會背不少詩，我覺得妙不可言，我倆都喜歡一首詩：歌德的〈普羅米修斯〉。她想聽我唸，我便為她朗讀了一遍，如果簡單易懂她就不會發表意見，她是真的想聽，所以，當她說：「感情充沛，擲地有聲。」，我樂不可支，稍後才會意過來，她早就想給我一些善意的回應了：愛倫坡的〈烏鴉〉。她愛極了這首詩，這是一首長詩，她很久以前就熟背了下來，現在她背整首詩給我聽。我不解她為何如此心醉神迷，但她一點兒都不受影響（平常她對什麼事情都敏感得不得了）。我想最好不要打斷她，很擔心自己忍不住喊出來：「夠了！」若我蠢蠢欲動的話，她就再也不會邀我來作客了。於是，在我聽〈烏鴉〉的結尾時，陷入那情境中，烏鴉飛到了我的神經裡，我隨著節奏搖晃了起來，當她已經背完，而我還在輕輕的搖晃時，她很開心的說：「現在您也愛上它了，我那個時候也一樣，詩應該要大聲朗誦出來，而不是一個人無聲的看。」

很自然的，過不久我們就聊到了卡爾・克勞斯，她問我為什麼聽演講時總是迴避著她。她相信她知道理由，如果這個人令人激賞，她就應該尊敬他。我聽他演講感動莫名，但不知該和誰分享，我希望把完整、未經討論的感受帶走。她也喜歡獨自前往，但聽完之後她比較希望談一談，勝過沉默，因為我們不見得同意所有的説法。她非常崇拜卡爾・克勞斯，但她想看什麼書或不想看，不需要他來指示。她拿海涅的《法國情形》（*Französische Zustände*）給我看，我知道這本書嗎？這可是一本有趣又理智的書，三年前她在巴黎時看了這本書，現在已經看第二遍了。

我拒絕看這本書，卡爾・克勞斯不像海涅這樣尖刻，我不相信她，我想她在和我開玩笑，而這玩笑的本身使我嚇了一跳，但她堅持要證明她的獨立給我看。她把書名湊到我的鼻子下，大聲的唸出來，一頁頁翻過去然後說：「對不對？」「但是您沒看這本書！放著不看真是糟透了！」「海涅的書我都有：那邊，您看！」她打開一個書櫃的門，裡頭是她小小的圖書館，「這些書，沒有它們我就不想活了」，她說，書櫃裡的上方有一套海涅全集。諷刺過後，她喜歡嘲笑我，她讓我看我希望看到的畫面，歌德、莎士比亞、莫里哀、拜倫的《唐璜》、雨果的《悲慘世界》，還有《湯姆瓊斯》、《浮華世界》、《安娜・卡列尼娜》、《包法利夫人》、《白癡》、《卡拉馬助夫兄弟》，還有她最鍾愛的赫伯的《日記》。這不是她全部的藏書，只是她揀選出來的最重要的書。她拿給我看的小說對她來說意義重大，一而再、再而三的看，她希望藉此向我證明她不受卡爾・克勞斯的牽制，「他對小說沒興趣，對畫也興趣缺缺，那些會削減他的怒氣的東西，他一概排拒。真了不起。但我們不必有樣學樣，一個人應該胸中有怒火，借是借不到的。」

聽起來這麼自然，對我卻是如雷灌頂。我看到她坐在我的前面的第一排，很靠近卡爾・克勞斯，眼中閃著光芒、充滿期待，而她或許出門前才在家裡讀了海涅的作品，譬如《法國情形》。她如何解釋自己還要出現在他眼前呢？他說的每一句話都是一項挑戰，如果你不打算照著做，演講形同虛設。一年半以來，每逢演講我必定出席，演講的內容像聖經似的在我心中縈迴，他的話我句句相信。我從未、絕不可能反駁他，他就是我的思想，我的力量。若是我沒常常想著他的主張，實驗室裡愚蠢的烹調藝術我一天都受不了。當他朗讀《人性末日》時，將我放到擁擠的維也納市內，我便只聽得到他的聲音。還有別的人嗎？唯有在他那兒才找得到正義，不，正義找不到的，他就是正義。他皺一下眉頭，我將棄絕最要好的朋友，只消稍微示意，我便願意為他赴湯蹈火。

我把這些講給她聽，我必須告訴她，愈說愈多，和盤托出。我無恥到了極點，這不知羞恥命令著我把心中神秘、盲目的衝動通通宣洩出來。她專心聆聽，直到我說完都沒有插話。我愈來愈激動，而她認真非常，忽然——，我不知道她那裡拿來的——手上一本聖經，然後對我說：「這是我的聖經！」

我覺得她有意為自己辯護，她不反對我宣稱無條件的對待我的上帝，雖然她並不虔誠，但是「上帝」之於她比我要嚴肅得多，所以她不認為那個人有權力變成上帝。聖經是她最常看的一本書，她喜愛其中的故事、頌讚、箴言、預言，愛情與婚禮的讚美詩最得她青睞，熟稔、朗朗上口。基本上她著重於聖經的文學，根據箇中的標準來衡量人的行為。

如果要我來描繪她精神生活的內容，我會說那是一幅無色的畫，她排列整齊的名著聽起來有若一個又一個概念，要取出其中一位個別的人物加以描寫，她如何愈來愈像這個人物，才能夠想像她內在的生命有多繁盛與固執。這個形象並非彈指間塑造出來，要經過許多次談話以及登門造訪之後，你才會覺得認識那個真正的她。現在再也沒有驚喜可期，她的反應我拿捏得到，可以與她交往，這個圖形的秘密在薇颯的身上油然而生。

從我十歲那年開始，我的感受就雜揉著許多不同的圖形，但這份感受十分模糊，我說不出那究竟是什麼，為什麼一個換過一個。那是一條儀態萬千的河流，所有新的要求與信念在其中絕無枯涸之虞，我希望也有這個能耐把自己交給這條河，但是我看不到它。我從薇颯這兒認識了一個在文學中找到千變萬化角色，再注入自己身上的人，她從未在心田上種植這些角色，它們自行成長茁壯，現在她擁有這些，只要她需要，這些角色隨侍在側。讓我詫異的是清楚與確定的狀態，既無突發事件，也不會混雜著相關的東西。那是一種知覺，彷彿這些角色經過精挑細選，全部登記在案，純正的角色截然分明，躍入眼簾，生命力並不弱，因為它們真實，不會因咒語而解除。

當薇颯緩慢的切換角色時，猶如一齣驚心動魄的戲在上演，她藉由這些來駁斥卡爾・克勞斯，他一點兒分量也沒有，她在角色扮演中獲得自由。她從來不是他的奴僕，當我束手縛腳來找她時，她任由我膜拜他，何等寬容！她千姿百態的舉止之外，還有更令人感受深刻的，那就是她的秘密。

薇颯的秘密藏在她的微笑裡，她清楚這一點，隨時可以將之召喚出來，一旦出現了，她便不再收回：微笑一直掛在她臉上，你以為她天生這個模樣，缺了這笑意，美麗便成夢幻泡影。有時候她把笑意鎖在眼神中，黑又長的睫毛垂下來，刷著兩腮，你會想她從內往外看，她的微笑是一個發光體。怎麼辦到的，是她的秘密，雖然她不說話，但你不覺得被排拒。她的微笑有若一把閃耀的弓，射向觀望的人，再也沒有比踏進這個人的內心更誘人的了。愈是擅於辭令的人，面對這誘惑時，他的沉默將升到最高點，努力提振自己語言的力道，只希望博她一粲。

薇颯的壓抑沒有解決之道，因為她滿腹憂傷。她的悲傷源源不絕，別人若受了什麼痛苦，都讓她傷感不已；別人受辱她也跟著受苦，感同身受。她不吝於同情，慷慨的讚美被屈辱的人，送他禮物。

當她沉默好一會兒的時候，表示她還在難過，悲慟深不可測：不公平的事全部記在心底。自尊心太強，以至於很容易受傷，但是她允許每個人用同樣的方式傷害她，想像著周遭淨是些需要她悲憫的人，她永遠不會忘掉他們。

和平鴿

十天之中所獲致的自由，效果真是驚人，一九二五年八月一日至十日，我獨自一人的那十天中，我劃定了與朋友之間的界線，一一答辯媽媽對我的指控——她並不知道，我細細考慮，好像是我以外的另一個人在做這些事——，當我在風中說話，白天伏案寫作，這短暫的自由，維持了我一生所需，基於此在我心中始終是當下的，因為每當發生了什麼事情，我就向它求援。

那個時候我寫下我的控訴，一句又一句，今天我仍為句中的暴力感到吃驚，顯然我所想的十分不恰當，我錯過了眼前那張臉上的微笑，它現在不笑了，變得嚴肅又不可動搖，談論著由它引起的一場戰爭。那是薇颯的臉，訴説著她的自由，那位我透過他嚇人的語言才認識他的瘦削的老人——語言，之所以嚇人，是因為你不敢相信那出自她的口——，瘦排骨老頭輸掉了與她之間的戰爭，我不可思議的想抹掉他的形象，那些話從薇颯的嘴裡説出來，更強化了我自己的主張。為自由而戰的那十天之中，她以獨特的方式參與了，返家之後我不由自主的去找她，開始與她永遠不嫌累的對談，我一次又一次去找她，在聊天的地方遇見爭奪權利因而墮落，現在已形容枯槁的老人，——張皇失措的唯有一個人，迷失的媽媽，誰也不會覺得奇怪的。

九月時媽媽回家來，氣氛不同於往昔，我們在拉德史基街繼續住了兩個月，造成我們不和的導火線已然熄滅，七月時我發的那場脾氣嚇壞了她，醫師當時的判決不利於她。她現在不攻詰我，也不再認為我有毛病，我不批評她，因為我可以向薇颯傾訴。我沒瞞著她我去找薇颯的事，明明白白告訴她，當然並非每個細節都不放過，譬如薇颯的文學喜好我就沒多説。我盛讚她博學多聞，閱讀的品味和觀點，太坦白了也不一定。一時間還看不出媽媽有任何直接的反應，但吃飯時頻頻插入這個話題，讓她不太愉快，每當強尼・林從小房間衝出來，慌張的擦過她的椅背，她整張臉都糾了起來，對他的問候理都不理。從廁所出來後，他變得結巴，因她沉默感到難堪，諂媚的話卡在喉嚨間，她仍舊不發一語，直到他關上小房間的門為止。

撻伐維也納的聲音四起，這罪惡的淵藪沒一件事對勁兒，上午還有人賴在床上，只會閒扯書的人恐怕是美學家哩，大白天裡在博物館排隊看畫，不知羞的遊手好閒之徒。所有的事都從這兒開始，沒有人想工作，男人們無意吃苦，居然還為失業率大驚小怪。若說這是個墮落之地，維也納也太閉塞了，全世界沒有那個地方像維也納這樣，只消提某人的名字，大夥的嘴角就輕蔑的牽動了起來，甚至卡爾・克勞斯（平素她提都不提）都成了維也納自卑感的共犯，固然他知道自己在說什麼，他太瞭解自己，那些他批判的人卻追著他跑，嘲笑自己的過失。從前國民劇院很輝煌的時代，不可同日而語，人們嘴上的維也納還像個城市，也許皇帝要為這個負責，因為他任由別人抨擊，他是個有責任感的人，年紀一大把每天仍案牘勞形。現在呢？我有沒有看到不把享樂放在第一位的人？這樣的城市裡能把年輕小伙子教養成真正的男人嗎？看來沒指望，巴黎，巴黎就不一樣囉！

我覺得她突如其來痛恨維也納，其實是針對某一個她不願說出名字的人。我心裡一點兒疙瘩都沒有，雖然她在批評時會很小心的保護我，她第一次把博物館以及站在畫前挑東挑西的人列入罪惡名錄時，我就起疑心了。認識薇颯的人都將她比擬成一幅畫，畫像愈積愈多，可以開一家小型的博物館了。媽媽滿腔怒火攻詰維也納的時候，若她的名字驀地蹦了出來，我該如何？在她第一次侮辱這個人的時候，我將離開這個家，永不再回來。

事情演變到這個地步之前，初冬時媽媽搬回里維拉（Riviera）周邊的孟托，她從那兒寫信給我。信中她描述她處於人群之中的疏離感，旅館裡的人不喜歡她，人們不信任她，女人懼怕她的眼神，尤其是她與她們的丈夫一起坐在餐廳裡的時候。她用往昔的力量來描寫這些情景，我印象為之深刻，她還細細形容身體上的諸多不適。其實我在阿羅薩時就曉得身體微恙大部分源於胡思亂想，但我仍然認真以對。最後幾封信她意氣風發，一股腦兒抒發在紙上，她痛恨盲目與狂野，我開始擔心了。

她現在在信上常以名字自稱，寫信時她情緒低落，毫無顧忌的訴說她的憂懼。她識得我的弱點，大方的利用對書本的一往情深，只談這些，別的擱一旁。她是女人，沒什麼事要忙，大可過起美學家的日子，如果這不令她作嘔的話，這是她的事，但是，把一個正準備為人生奮鬥的人拉進去，等同犯罪。她野心勃勃從事這些活動，只是想在自己的網中製造一個新的犧牲者，原因在於，像我這樣一個可笑的年輕小伙子，該如何領會她的經歷呢？想到她身邊有一個還不錯的男人，我不由得驚醒過來，我純潔又天真，她想到我就惶惶不安。她下定決心要營救我。離開，離開維也納！深陷強尼與薇颯的淵藪之中——她身為他的表妹並非平白無故——我們沒什麼可尋獲的。

她打算和弟弟遷往巴黎，弟弟要在那兒上學，以後再上大學，顯然我們再也不可能共同生活了。二十一歲的我要走出自己的路，在德國應該有尚未被美學家污染的的城市，我可以到那兒讀大學。退出化學系沒嚇著媽媽，因為我已經忍耐了兩年之久，她擔心的是維也納，唯恐我將在這個城市裡崩潰，或早或晚。我不應該以為薇颯是唯一的一個，維也納有幾千個像她一樣肆無忌憚、享樂至上的人，為了滿足虛榮心而母子分離，絲毫不猶豫，一旦感到煩膩，就變成了廢物。她所知道類似的例子不勝枚舉，只不過她沒和我說過，因為她不希望我覺得女人莫名其妙，但現在到了我應該知道這世界怎麼回事的時刻——與書本上寫的完全兩碼子事。

直到三月她住在孟托那段期間裡，我都回她的信，我知道她在那兒很孤單，而且她抱怨四面八方湧來的猜忌讓我很不安，她的來信一半都在訴說別人給她的屈辱，這使我十分難過。我擔心她身體要垮了，於是徒勞無功的試著轉移她的情緒，我向她報導在維也納發生的大小事，我在隔壁實驗室與一位我挺喜歡的俄國移民女同學的討論；一個轟動整個大廳的大嗓門、堅毅的侏儒：卡爾・克勞斯每一場演講——現在她正式的認定他瞧不起維也納，再也不能像從前那樣，在談到他的時候把頭轉開。我在信上很明確的表示我會留在維也納，反擊她對薇颯的批評，不怎麼認真的看待她。有幾次，次數並不頻仍，我寫起信來怒氣沖沖，像一個飽受屈辱的人，事實我一向就是，然後她拐個彎，一個星期不發洩恨意，隔兩封信時故態復萌，我也不改初衷。

她的情況教我擔心，但我更擔心薇颯，我知道她極敏感易傷，把周遭的過錯都往身上攬，別人的也一樣。媽媽對她的看法，在信上所言，她若略知一二，一定會離開我，無論如何都不願再看到我。只要她不吭聲，天下太平矣。我每星期被一封寄自孟托的信搞得心煩意亂：收到信的那天我便不去探望薇颯，免得被她識破我有心事。

年初我們就不再租那棟房子了，兩個弟弟在一個家庭寄住，我另外租一個房間。三月時媽媽去了有不少親戚和好友的巴黎，她四處觀光，為夏天舉家遷移作準備。五月底她通知我們她將抵達維也納，預計停留一個月，看看一切是否妥當。半年過去了，我們終於再度交談。

獲悉她要回來的消息時，我嚇了一跳。我將不計代價保護薇颯，她絕對不可以和媽媽見面，也不能讓她知道媽媽對她的敵意，這將使她倉皇，改變我們的關係。媽媽還沒回來之前，我不確定自己在她面前會是什麼德行，她想住在歌劇院後面的那家旅館裡，幸好不是我得擔心這兩個人會不期而遇的雷歐珀爾德市（Leopoldstadt）。還有時間安撫薇颯，除非必要，她最好不知道，一點兒都不知道，我其實希望她順著我的意思，避開媽媽。

我向她坦承，我離開維也納時，媽媽很想見她一面。有人告訴媽媽，我最好去找德國大學中舉世聞名的化學家，在他門下攻讀博士學位。目前維也納缺乏這樣的人選。我如何獲得博士學位，關係到我下半生的命運，這並不表示，她說，我以後不會回到維也納，對於未來誰也沒有把握。現在媽媽當然發覺一定有什麼把我留在維也納，我應該寫信告訴她我不想離開維也納的，說什麼也不走。現在，她要來作最後一次努力，全力以赴說服我，她永遠不會成功的，我根本就不喜歡化學，不打算以化學為業。薇颯知道我想做什麼，以及我不管怎樣都要做的事情。

為什麼我惶惶不可終日，她問。如果我不想離開，誰也沒法強迫我呀。

「那可不一定」，我說，「妳還不了解我媽，她想要的，就會不擇手段，她會去看妳，與妳談這件事情。她有本事要妳相信離開維也納是我最好的抉擇，妳將對她言聽計從，跟著勸我快走。我不會原諒妳的，她要把我們兩個分開，她要和妳談一談，這是我最大的恐懼。」

「不，不，不，她永遠達不到目的！」

「但恐懼我揮之不去，一旦她到了，我就沒有片刻的安寧，想到她即將到達我忍不住發抖，妳說她聰明絕頂又有毅力，但妳不曉得她會說出什麼話來。我也掌握不到，閃過她腦際的，馬上就有人認為她有道理，什麼都答應，那——我們怎麼辦呢？」

「我不會和她見面，我向你保證，我發誓。這麼一來就什麼也發生不了，你現在可以安心了吧？」

「對，對，到那時候，到那時候才能安心。」

她將接不到她打來的電話或寫來的信，她要以聰慧與深思熟慮避開她。媽媽住在第一區，所以要避開她並不難，若媽媽不期然寄了一封信給她，她不拆開交給我便是。當我看到她一下子就相信了我說的話，心中升起一線希望，不僅媽媽的信她要不拆封交給我，她還應該，我但願，不看內容也不回信。

媽媽來了，我們第一次談話時我就注意到了，她也不打算與薇颯面對面：她希望保留想像中的「敵人」的畫像，可厭的完整無瑕，與活生生的薇颯見上一面，她覺得，並不能解決任何問題，她在巴黎重讀了我寫給她的信，得到的結論是，我無論如何不會馬上離開維也納，她以為我依賴卡爾·克勞斯甚於薇颯。她在被孤立的孟托時，認為我每天去找薇颯天經地義，等她到了至親好友圍繞的巴黎，就不這麼肯定了。猜疑擬了一道謎題，她看出以前不曾留心的信裡的蛛絲馬跡，我向她提過讓我想起杜斯妥也夫斯基隔壁實驗室的女同學，與她聊起他是一種真正的歡樂，我甚至因為她的緣故才喜歡去實驗室。現在她注意到「真正的歡樂」這個字眼，而她在孟托收信時，想都沒多想。她認為我一整天站在實驗室裡，算那些無聊的分析程序時，有一大把時間可以說閒話。

「你有的時候會看到艾娃」，她問道，「你實驗室裡的俄國人嗎？」

「當然啦，我們幾乎都一起吃飯，妳知道，每當我們聊到她最痛恨的卡拉馬助夫兄弟時，停都停不下來。我們就去『雷吉娜』小酒鋪吃飯，繼續剛才的話題，再沿著威靈恩街走回研究所，片刻不敢耽擱，立刻站到我們的器材前，妳猜，我們在聊什麼？」

「卡拉馬助夫兄弟！你們倆還真像！她當然支持艾柳薩！我開始瞭解伊凡了，我一直都覺得幾個兄弟中屬他最有趣。」

有這麼一位女同學存在，令她滿意極了，像從前一樣，她加入討論文學作品中人物的談話，憶起一年多前，住在拉德史基街時我得了黃疸的事。這是唯一一件我樂意想到的往事，躺在床上好幾個星期，讀了杜斯妥也夫斯基全集，所有紅色的琵波（Piper）出版社的集子，從頭看到尾。「你對黃疸應該感激涕零吧」，她說，「否則你要與你的艾娃失之交臂了。」那個「你的」刺了我一下，彷彿她親手把她交到我的臂彎裡一樣。我的確喜歡她，這已造成了我內心的衝突，但我任其溜走，因為有一回我靈光乍現，忽然覺得她正在嚴格的審視我。我甚且說：

「對，沒錯，那次聊天妙不可言。她活在杜斯妥也夫斯基的小說世界中，認真得不得了，整間實驗室裡沒有別的人可以陪她談這些。」

重新拾起文學的話題，我就又開始喜歡媽媽了。不容輕忽的是，她聊這些懷有一定的目的，希望宣布什麼，用這位可愛的女同學來均衡另外一位小姐的分量。她對我重要嗎？她是否以後會變得更重要？她從杜斯妥也夫斯基的題目轉回來，想要知道艾娃，那位女同學，與杜斯妥也夫斯基小說中的那一位女性很相似。這聽來已經在為新的憂愁作預告了，但我有辦法讓她安心，因為情形剛好相反。艾娃非常聰明，事實上她的專長在於數學，物理化學方面比男同學強得多，她——與她的天賦有些矛盾——感情很豐富，但她的感情並不盲目。這恰巧出乎媽媽原先的想像，她覺得挺錯愕。

「你確定嗎？」媽媽說，「可不是一團迷糊，你以前想過沒有，有一天會恨起我來？」

我跳過了這個她回維也納之後第一個刺耳的評注，寧可繼續剛才談的事情。

「我當然很確定」，我說，「日復一日我和她共度不少時光，將近一年了。妳相不相信，我們沒談到的是什麼？」

「我想，只有杜斯妥也夫斯基。」

「大部分時間談他，他是我們最熱中的話題。妳能不能想一個更好的方式，去認識一個可以與他天南地北聊杜斯妥也夫斯基的人？」

我倆都依附著這隻和平鴿。艾娃・萊希曼（Eva Reichmann）如果知道的話，一定對於媽媽為她設計的角色目瞪又口呆，把她當成談話的素材實在不公平，因為雙方的目的都在於避開另一位人物。但我說的都是真心話，她在我的介紹中變得愈來愈可愛。雖然媽媽十分堅持自己的立場，倒是看不出來她反對她。她果真是我們母子的和平鴿，媽媽不在家的這半年內，我們信件往來險象環生，我原以為會引爆一場大衝突。顯而易見，我們都解除了反感與害怕。

「言歸正傳」，過去幾年中，每當我們起爭執時她從未說出這個口頭禪。夏天搬到巴黎的事已經底定，想必她要操心的事很多，為了要度過這段非常時期，她想先去療養，像去年一樣去葛萊仙山溫泉（Gleichenberg），效果很好。這段時間我可否接手照顧弟弟？他們需要度一個真正的假期，因為接踵而來的並不輕鬆：適應法國新學校的生活，何況是高年級，離畢業考不遠哩。我們三兄弟可以去鹽屋莊（Salzkammergut），這樣她就放心啦，我要向她和弟弟證明我能完成這項任務。

我察覺到她的用意，爽快的答應了。這事再好也不過了，也許我將有一年的時間看不到弟弟，而我自己也想到某個地方度假，我們一定可以找個好地方的。她很訝意，我感覺得到在她舌頭上滾動的問題，她沒說出來，我差一點兒就代她發問了。這像是一種妥協。她說：「這夏天你沒別的計畫吧？」我說：「我難道能為這個夏天計畫什麼嗎？」

我們的談話若到此結束的話，對雙方都好。我唯一鉛塊般沉重的顧慮是薇颯，唯恐這會讓她傷心，危害到她。我們一次也沒提到她，但是，下一次談話，接下來媽媽留在維也納的四個星期之中，或者更久，會出現什麼狀況？這段時間很長，我必須很安全，嚴加防範。這次談話後我對那位女同學印象好極了，是這個把我弄糊塗了，或者我真的畏懼薇颯？我說：「妳知道嗎？艾娃，那位同學問我放假時要不要去山裡呢，我沒給她明確的答覆。她和我們去同一個地方，妳會不贊成嗎？不是同一個地點，隔個一小時車程的距離吧，我們就可以一起踏青，她會對弟弟有益的。我只是偶爾與她碰面，也許一星期一、兩次，其餘時間全奉獻給弟弟。」

她很欣賞這個建議，「你為什麼不多見她幾次呢？這個夏天你還是有一些計畫嘛，我真高興你告訴我這些。不成問題，她應該是個好人，先問過你的意見，這一點我們不該反應過度。要是從前還得了，但是現代女性就是這樣。」

「不，不」，我說，「妳想多了，我們真的沒什麼。」

「沒什麼就可以變成什麼」，她說。不很得體，我還沒聽過她這樣說話，要拆散我與薇颯，什麼手段她都使得出來。我只是靈機一動想到這唯一保護薇颯的辦法。我必須談別的女性，這一次由一位在實驗室裡偶爾在我旁邊工作的女同學出手搭救。我真的很欣賞她，我正經八百的讓她接近媽媽的想像，她是我的女朋友，或將會成為我的女友。即使我事後去找她解釋，以她樂於助人、領悟力又高的個性，想必會同意我的先斬後奏——這事多少會留下些許尷尬。現下已經發生了，提醒我到要捏造別的故事：我得虛構幾位女性，和媽媽談她們的事情，不能超過她對薇颯以及對我的熟悉程度。她反正在遥遠的巴黎，薇颯在維也納，而我杜絕了所有她可能施加在薇颯身上的手段。

魏瑞柏太太與劊子手

我在海德巷魏瑞柏（Weinreb）太太那兒租到了一間漂亮寬敞的房間，她的丈夫曾經擔任記者，她比他年輕得多，丈夫高齡過世好多年了，她依然健在。屋子裡到處掛著他的像，一位像祖父一樣留著鬍子的男人。這位太太有一張狗臉，鎮日卑躬屈膝的談她的丈夫，彷彿亡夫精神長在，典範猶存，處處領先，她將對丈夫的尊崇移情到大學生的身上，每個人都有他的影子，提到他時，她一律稱之為魏瑞柏博士先生。有一張他與同事們合照的照片，我看了之後必須說，不僅他的鬍子扎人，他居中的位置也很礙眼。她鮮少說「我先生」，即使過世多年，她仍舊覺得嫁給他是莫大的榮幸，嘴皮上正要表達之際，旋因驚駭而收回，深怕褻瀆了什麼，吞吞吐吐，意亂情迷的說出完整的頭銜「魏瑞柏博士先生」。嫁給他之前，她一定也這麼叫他，也許結婚以後也是如此。

透過一個熟識的家庭我才找到這間房子，那家人的兒子在這兒住了一年，處得挺糟，我想知道原因。這位內向的年輕人一向溫和，落入了難堪的處境，甚至被帶上了法庭。有人警告我小心，不是小心那位寡婦，而是另外兩位女房客。我以為她們過著放蕩不羈的日子，但我希望住在這一區，離薇颯不遠也不近，所以位於塔伯街支線上的海德巷正適合我——它不是操控著我的生活的帕拉特街的一顆衛星，雖然兩條街距離不算遠。去看房子時，屋內的整潔有序，不像一般人的住家，到處掛著的備受尊崇的老先生的照片，還有這位歌頌他的寡婦，在在令我驚訝，我將要租下來的房間並沒有為他留下太多空間，三、四張照片疏落的掛在牆上。有人告訴我，先前有一位大學生被婉拒，我的前一位房客在銀行任職，想當然有收入，不必仰靠母親過日子，大概過得很節儉，沒有大學文憑前程十分有限。魏瑞柏太太不願多談他，之所以提起這個人是因為他在我之前住在這房間裡，搬走後這兒就空空如也，她對他無所謂喜不喜歡。唆使她控告他的女律師就站在廚房，所有的門都開著，魏瑞柏太太什麼也沒說，既不立刻算清費用，也不曾憂心忡忡的聽廚房裡的動靜。

來看房子的這一會兒功夫，我就感覺到她有無法掙脫的壓力，因為她每說兩句，有時每一句話，都不離她死去的丈夫，於是我想她的壓力與守寡有關。或許她沒按照老先生的意思照顧他，雖然我並不十分確定，但她的生活中沒有第二個旗鼓相當的男人，這點我倒有把握。她老是聽到一個聲音對她下達命令，她不得不言聽計從，然而這又不是逝者的聲音。

與她同住的女管家幫我打開門，把我帶到她的女主人那兒，然後就消失在廚房裡了。她是位健壯、結實的中年婦人：她符合我那個時候想像中的劊子手的模樣，顴骨高高隆起，一張狂怒的臉，笑起來的時候更顯猙獰。假如她在接待我的時候打我一耳光，我也不會太吃驚；她沒甩耳光，但擠出一張與她的身材等量齊觀的貓臉，益發嚇人。她就是別人警告我要小心的那個人。

魏瑞柏博士夫人激動萬分的為我打開出租房間的門時——她總是這樣走路，唯恐下一秒鐘會向前仆倒——確信房門是開著的，沒來由的叫嚷著「來了，來了！」好像應和主人的呼召：「馬上來！」緊隨我之後踏進去，然後開始誇讚這房間的優點，尤其讚賞她亡夫的照片。她說話時不需要別人肯定或鼓勵。

原本我以為她希望我點頭或讚美一下，但很快就意會到她需要的肯定來自外面，因為在這房子裡我只看見另外一個人，所以就想到那位接待我的陰森森的女管家。我不想再與她打照面，但在我看房子的時候，她的模樣始終在我的腦子裡，其實她一直都在廚房裡，沒有加入諮商的陣容。

我問自己，我前一位房客因她吃上官司的那個人，住在這裡的第三個人，那兒去了。她沒現身，也許不住在這裡了，也許因她而起的這件醜聞使得她無法繼續租房子，搬走了。她的美有鄉土氣，兩根粗大的金髮辮——人家說她的頭髮若放下來可以拖到地——，她的蠱媚我聽得不少，雖然不夠詳實。她有個好聽的名字，我到現在還記得，我喜歡波希米亞風格的名字，盧賽娜（Ružena）尤其討喜。我衷心盼望來開門的是她，而非站在我面前的劊子手，她的阿姨，還有因為我對盧賽娜的好奇隨時要甩下來的耳刮子。也許她冷峻的接待是一種警告，消息上了報，大概有不少人佯作找房子，只為了想看盧賽娜一眼。

現在我很清楚盧賽娜已經消失得無影無蹤，我可以不費吹灰之力租下這間不錯的房間。我馬上就要搬過來，魏瑞柏太太很滿意，如釋重負，因為我没說需要時間考慮，她還說：「您在他的氣氛中會感到愉快的，他是讀書人哪！」現在不提名字我也知道她說的是誰了，她帶我走出去，向廚房喊道：「這位年輕人待會兒就過來，去拿行李。」我忘了名字的女管家，因為從一開始我就管她叫「劊子手」，出現了，臉上保持著微笑，說：「他不用擔心，這裡沒有人會咬他。」她站在廚房門口，高大壯碩的身子堵住了門，兩隻胳膊朝後撐著門柱，好像有意跳過去，我没多注意她，去拿我的東西。

我在新房間度過的前幾天，房子裡都很安靜。早上我出門去化學實驗室，中午就在大學附近，習慣上「雷吉娜」小酒館吃飯，實驗室關門時，薇颯會來接我，我們散散步，或者上她那兒，要到晚上十一點我才回到海德巷。我的床總是已經鋪好了，不知道誰在張羅我就寢的事，我想也不多想，理所當然是那位女管家鋪的。夜裡聽不到任何聲響，隔壁房的魏瑞柏太太穿著她柔軟的毛氈拖鞋，悄然無聲，我猜想她趿著鞋從一張照片滑向另一張，虔誠的思念。

這個星期中有一晚我比較早回家，有人邀我去看戲，得換衣服。我覺得有人在我房裡，進去後嚇了一大跳，床前站著一個躬著身子的農婦，肥胖的手臂重重的敲在我的羽絨被上。她好像不知道我也在房裡，因為她的身子彎得更厲害了，肥大的屁股正對著我，繼續猛力敲打羽絨被，看起就像痛毆一樣。她亮金色的頭髮編成粗辮子盤在頭上，隨著彎腰也碰到了被子。有鄉土氣息的是她及地的褶裙，就在我的鼻子上，我不能不去看她的裙子。她又打了羽絨被幾下，渾然不知我就站在她後面，我看不到她的臉，不打算先開口，尷尬的清清嗓子，她總算聽到了，站起來倏地轉了個身，她的動作形同飛舞，差一點兒碰到我。我們兩個挨得很近，中間頂多只隔著一張紙的距離，多的沒有。她比我高大，非常美麗，像北方的聖母像，她的手臂舉在空中，狀似要用羽絨被把我兜起來，終究慢慢垂了下來，臉也紅了。我覺得她是刻意要臉紅的。她的身上散發出一股酵母的味道，我很欣賞她的美貌，如果她的人和她的手臂一樣，裸著，我希望靠近她，每個男人都會失去了理智，但我站著不動，不發一語。她忽然張開了櫻桃小嘴，發出孩童般的聲音：「我是盧賽娜，慈悲的先生。」這個我擱在心上好一陣子的名字產生了作用，「慈悲的先生」也不是白說的，因為我不再是「年輕、慈悲的先生」。她講的話讓我無法抗拒，但尖細的童音全然破壞了她現身以及把自己交出去的效果，有若嘗試與一隻雛雞說話，但之前存在的東西，又搥又打羽絨被的強壯、雪白的臂膀，閃閃發亮的編髮，謎樣隆起的山丘臀部，儘管這並不誘惑我，但這一切在薄弱的聲音之中全都融解了，甚至那讓我翹首盼望的名字，也驀地消失了，叫什麼似乎無所謂。盧賽娜真的會變魔術，什麼都毀了，會被她這個聲音引誘的傢伙一定是個可憐蟲。

在我來得及回應她的問候之前，腦子裡閃過這些念頭，冷酷又漠不關心，這一次她的聲音更尖了，為她擅入我的房間道歉。她不希望打攪我，只是要鋪床，這是她每晚做的活兒，沒想到我這麼早就回來了。我愈來愈覺得鄙夷、可憐、輕蔑，一股勁兒說：「好，好」，當她以相對於她的體重而言輕巧的身手離開時，我想起了報上報導的她的故事，以及外界對她的指指點點。

有一天晚上那位年輕的男士（我前一位房客）從銀行回來，看到她在床前，她讓他捲進一場談話中，勾引了他。他害羞又缺乏經驗，沒交過女友呢，這在維也納誠然罕見。阿姨識破了他的徬徨無助，一狀告到法院，罪名是他未遵守婚約；他全盤否認，他生就一張無辜的臉，所以法官相信他無罪，但是盧賽娜懷孕了，於是他被判賠錢。他手足無措的德行傳為笑談，大家益發認定他是冤枉的，這件事也因此轟動一時。偏偏這樣一個傢伙上了勾，被控未履行婚約，繼而被判無罪，大家都覺得莫名其妙。

盧賽娜又來鋪過兩三次床，但她知道一點兒指望也沒有，她的阿姨早就告訴她我有女朋友，她偶爾晚上會去接我，當她看到都是同一個人時，就想盧賽娜鋪床鋪不出什麼名堂來。之後她不聽話又來的那幾次，不算例行公事。不多久我就把這件事忘得一乾二淨，直到幾星期後屋子裡出了一點兒使我驚慌的事，我才去想盧賽娜這個人。

一天下午——我回來得比較早——聽到廚房裡很嘈雜，像在拍打著什麼肉一樣，尖細且銳利，請求復哀求，類似口哨的嗖嗖和啪！啪！啪！中間夾雜著低沉、嚴厲非常的聲音，等我分辨出是誰在說話時，才聽懂究竟在說什麼。一個很像男人的嗓音，但那出自阿姨的嘴巴：「打妳！打妳！打！打！打！」尖細的乞求愈拉愈高，沒住手，反而更用力，強化並加速低嗓門發出的威脅。我想這一切會停下來的，靜靜的站在那兒，然而她不但沒停手，還變本加厲。我衝進廚房，盧賽娜跪在桌前，上半身赤裸著，她的阿姨站在旁邊，手上一條鞭子高高舉起，抽向盧賽娜的背，啪！

她們兩個互相圍繞，我很容易看清楚兩張臉。一覽無遺：盧賽娜的胸以及盧賽娜的背，劊子手氣得發青的鬼臉，嗖嗖作響的鞭子。在房間裡聽起來比較恐怖，因為我一旦親眼目睹，而不只是聽而已，我不願相信這是劇院裡的一幕，演得太逼真也太好，以至於不可能錯漏任何細節。我也知道現在應該立刻停止，我曉得再吵下去我會變得很固執。鞭子在阿姨手上好一會兒之後才放了下來，盧賽娜糊塗了，依然哀號不止，彷彿鞭子仍舊落在她身上。阿姨頤指氣使的說：「妳羞不羞！光著身子！」然後整個人轉向我：「壞孩子，不聽阿姨的話，一定要處罰。」

盧賽娜不再慘叫，因為害臊就用雙手壓擠著胸部，胸部因這個動作膨脹了起來，更加明顯，接下來她盡可能慢慢的爬到桌子後面，活像一隻地面怪獸，死死釘在我面前的阿姨遠不及她的分量。阿姨訓斥起孩子來，目的是要解釋這一幕：「要聽話呀，孩子。要知道阿姨在這世界上沒有別人了。壞孩子。沒有阿姨就完了。但阿姨會看！阿姨會注意！」速度不快，沉重、強而有力，每講一句，大有用處的鞭子就抽搐一下，但沒有打到那個被責備的孩子的背上，那孩子現在蹲在桌子的另一端，她打不到的。盧賽娜在藏匿的地方更凸顯出她的裸露，她的女人味很誘惑人，但是那一頓說給這個豐滿之物聽的廢話把她降為一個白癡。這場景中不可少的她的順從，也許是眼前所見最具分量的演出，令我作嘔的程度不亞於阿姨的行為。我離開了廚房，好像我相信這一幕：不聽話的孩子得到他應有的懲罰。但願沒人看出我的狼狽，我溜出了廚房，回到房間，對這兩個人來說我成了笨蛋，所以才能從她們的鞭打中脫逃。

一天夜裡我醒了過來，看見有人在我的房間裡。穿著睡袍的魏瑞柏太太站在她丈夫的照片前，謹慎的從牆上取下來觀看，猶如在相框後尋找什麼。街燈照進房間來，窗簾沒有完全拉起來，她，我看得很清楚。她鼻子貼著牆壁滑行，嗅了一下，然後兩手緊緊的拿住照片，小心翼翼，接著，她同樣慢慢的聞了一下照片的背面。房裡很安靜，聽得到她嗅聞的聲息，現在她背朝著我，我看不到她的臉，老覺得那是一條狗。她手腳俐落很快的把照片放回去，滑向另一面牆，拿另一張照片。這張照片大多了，相框很重；我問自己她一個人拿得動否，但我沒從床上跳起來去幫她，我想她兀自在睡夢中，我無意驚嚇她。她也取下照片，捧在手上，因為要在牆上嗅相框的背面實在不容易，我聽到她用力過度喘氣和類似呻吟的聲音。她絆倒了，看起來像是她要讓照片摔下去，但她及時把它放到地上，背面朝上，所以照片並未完全滑落。她再度站了起來，手指尖輕輕摩搓相框的邊緣，嗅起牆上掛照片的地方，嗅完了之後她蹲在地上，挨著照片的背面。我以為她要繼續聞，還是那個我在這短暫片刻已經聽慣的窸窣聲，但是我吃驚的看到她正在舔照片的背面，她狀極愉悅的舔著，舌頭伸得很長，就像一條狗，她變成了一條狗，而且看起來十分滿意。過了好久她才舔完，畢竟那是一張很大的照片。她站起身，費勁兒的舉起相框，一點兒都沒有看一看正面或摸一下的意思，她把照片掛回鉤子上，然後靜悄悄但匆促的滑向下一張。我的房內掛了四張魏瑞柏博士先生的像，她一張也沒忘，逐一修完學分。很幸運的，其餘兩張和第一張一樣大小，所以她站著就能做她的功課，不必蹲在地上，就沒有再舔將起來，聞一聞就很滿足了。

然後，她離開了我的房間，我心裡想著她房裡掛的她丈夫的許多照片，想必要花上大半夜才能做完這些功課。我問自己她是否早些時候也來過我的房間，目的一樣，我睡得太熟所以不曾發覺。我決定以後要養成淺眠的習慣，再也不要錯過任何畫面，她來的時候我一定要保持清醒。

巴肯羅特

到了第三學期時，我從老舊的「煙霧繚繞」的研究所，換到新建的化學研究所，研究所在威靈恩街上、位於波茲曼巷對角，先前兩學期我們學了質量分析，現在上赫曼・弗萊（Hermann Frei）教授的課，研習量的分析。他是又瘦又小的人，但沒有人在意他的身材，有條不紊，量的分析是他的拿手絕活。他舉手投足之間十分謹慎，堪稱秀氣，喜歡教別人如何乾淨俐落的完成一項任務，我們正在學著分析小量物質，他看起來更顯瘦小了。若收到什麼好東西，他的感激往往超過全國通行的標準，他無意用專業術語讓他的學生目瞪口呆，他的學問都很實用，就是些分析的工作，因為他熟練、自信又靈敏，做什麼都很溫柔，因而展現出魄力來。

他說話的方式中最讓人難忘的一點，是他順服的宣告，一而再、再而三的說。他在對他鼓勵有加的李本（Adolf Lieben）教授手下當過助理，引用李本的話的時候，每次都要繁瑣的加重語氣：「像我最尊敬的老師，阿道夫・李本教授習慣說的……」這位化學家身後留下了好名聲，一個以他的名字為名的協會成立了，主要是促進學術研究和資助他的學生。李本在弗萊教授的敘述中變成了一個神話角色，毋須贅言，光是聽他提到這個名字時的方式就夠了。然而，還是有一位很重要的人物屬於他過往的一部分，他不太提起，就算提了也不稱名道姓，那是一個確定、一成不變與那個人有關的句子，一碰到這個時刻，這位瘦小的男人渾身上下充滿的熱情會讓人感到吃驚，雖然化學研究所方圓數里之內沒有人附和他。

「如果我的皇上駕到，我就噗通一聲跪下來，跪到美井（Schönbrunn）！」他是唯一一個引頸企盼皇帝復位的人，再仔細想一想，老皇帝在世已經是十年前的事了，想當然爾沒有任何人，誰也不會理解他這個願望。他的助手和學生都把這堅定的信念當作耍寶，也許是他說這句話時總是很激動又果斷的緣故，因為弗萊教授獻身於他的坦率，執著的態度如假包換：熱切盼望皇帝歸來的，只有他孤伶伶一人。我問自己，他口中的「我的皇帝」指的到底是：年輕的、無人識其廬山真面目的卡爾，抑或活著退位的法蘭滋・約瑟夫（Franz Joseph）？

也許這件事與他最景仰的老師，出身上等猶太銀行家家庭的阿道夫・李本教授有關，所以嗅不出弗萊教授對猶太人一丁點兒的敵視。他努力保持公正的態度，對每個人都是論功行賞，他做得徹底，連加利西亞①化了的猶太人的名字唸起來也和別的名字沒兩樣，而助理中總有幾位排斥這種名字。他沒有出席的場合，就可能發生有人恣意的讓這一類的名字在舌頭上溶化開來的插曲。就有這麼一號人物，應該叫做約西亞・柯爾貝克（Josias Kohlberg），活潑又狡猾的小伙子，誰要打著問號拖長音亂唸他的名字，他的情緒就大受影響，無法敏捷幹

---

① Galizien，波蘭的一省。

練的完成任務，他不巴結誰，不對任何人奴顏卑膝，也絕不讓人以為他與助理們進行職場以外私下的來往。在他一旁工作的老霍若維茲（Horowitz）剛好是個傷春悲秋的相反典型，情緒很壓抑，動作緩慢。柯爾貝克讓人聯想到足球選手，而老霍若維茲則使人有躬身對著一本書的想像，不過我不曾看過他閱讀化學以外的書。

這兩個人配合得恰到好處，焦不離孟、孟不離焦，做什麼都形影不離，就像一對雙胞胎，你會以為他倆不需要別的朋友。那你可錯了，因為還有一個人也和他們在一起工作，都是來自加利西亞的同鄉：巴肯羅特家族。他的名字我一向搞不清楚，或許忘了。他是我們教室裡唯一長得好看的人，細高個兒，淺色眼珠亮晶晶，一頭紅髮，他很少開口說話，因為他德語不太行，也很少正眼看人，照片上的他與年輕的耶穌有幾分神似。我對他一無所知，與他同處一室時常覺得退縮，我認得出他的聲音，與他的兩位同胞在一起時，他說意第緒語②或波蘭話，每當我聽到他說話，就不由自主的走過去，想聽他的聲音，當然我一個字也聽不懂。他的聲音軟而陌生，非常溫柔，我問自己這是否就是波蘭語當中容易讓人誤以為溫柔的腔調。但他操起意第緒語時也差不多，我告訴自己那也是一種溫柔的語言，大概沒錯吧。

我留意到霍若維茲和柯爾貝克彼此交談時，比起他說的語言不太一樣。霍若維茲不再身陷憂傷的囹圄之中，比平日更實事求是，而柯爾貝克不說笑了，像手上拿著足球站在巴肯羅

② Jiddisch，居住在德國與奧地利的猶太人使用的語言，由中世紀德語、希伯來語、羅馬語族，日後又加入斯拉夫語混合而成，又稱猶太德語。

特・哈珀塔赫特（Backenroth Habtacht）面前的人。顯然他們兩個認為他略勝一籌，但我不敢問為何他倆如此尊敬或者護著他，他比他倆高，但也較為純潔敏感，有點像他倆向他透露了生活中的某個東西，必須保護他不受那個東西侵擾。他全身上下散發出光芒，從不失色。我與一位相熟的同學談起這件事，他也有同感，而且希望避開他的風頭，他試著語帶譏刺的說，這光芒不過是他那一頭金髮，還不是純正的紅髮，綜合二者如同陽光閃爍所顯出的顏色罷了。除此之外，助理們在巴肯羅特面前也頗退縮，要與他溝通時得向霍若維茲或柯爾貝克借道，因為他有語言上的困難。助理們嘴上說出他的名字時都顯得靦腆保留，但一透過「霍若維茲」以及「柯爾貝克」轉達，就變調為戲謔，實在怪異。

他們倆，尤其是柯爾貝克，很明顯的不讓巴肯羅特受到一點兒委屈，他們習慣被冷嘲熱諷，知道該怎麼保護自己。我問自己這是否必要，我想他不會說德語已經撐起了一把保護傘，我稱之為光芒的特質對我多少有嚇阻的作用，因為那時我微不足道，世俗或宗教的皆付之闕如，還有批評挑剔世俗與宗教的傾向。若我不確定巴肯羅特是否穿著白色罩袍，正與不適合他的攪棒和燃燒器奮戰，我就不踏進實驗室。看他在實驗室幹活的樣子，好像打扮了一番，而我不信任他這身裝束，等著他扔掉罩袍，以真實的面貌出現。然而，他真實的面貌究竟如何，我並沒有清晰的概念，唯有一點我很確定，那就是這個溶解、煮、蒸餾、稱重量，熙熙攘攘的化學環境不適合他。他是塊水晶，並非無動於衷、冷硬，而是有所感、無人敢拿在手上把玩的一塊水晶。

當我張望他的位置，看到他站在那兒，就覺得放心，但為時頗短暫，第二天我又惶惶不可終日，擔心他不來。我的鄰座艾娃・萊希曼，那位來自基輔、與我無話不談的俄國人，是我唯一能描述我怕巴肯羅特的對象。我與這害怕的情緒玩起遊戲來，我並非真的心存畏懼，而被我的假戲真做攪得迷糊的她——只要與人有關的，她都覺得了不起——，以教訓的口吻說：「聽您這麼說，好像那人病了似的。但是他好端端的，只是長得好看，俊美的男人為什麼令您難忘？」「男人的？男人的？他有若聖人英俊的面容，我不知道他在這裡做什麼，聖人在化學實驗室裡能找到什麼嗎？他應該瞬間失去蹤影。」

我們無邊無際的想他要如何失蹤，消失在紅色的蒸氣中，抑或升至他的源頭，太陽那兒？或許，他的化學成績糟透了，轉到別的系去？那一個科系呢？艾娃・萊希曼希望他成為畢達哥拉斯第二。她認為幾何學加上星星與天體的組合才是他的上上之選。她會背不少俄文詩，很喜歡背給我聽，但不愛譯成德文，她是個優秀的學生，物理化學於她而言易如反掌，男同學則不，「這最簡單了」，她常這麼說數學，「一碰到數學就像小孩玩遊戲。」

她高大又豐滿，沒有那一種水果的表皮像她這樣誘人，當她輕鬆解出數學方程式時，彷彿在與那些方程式聊天——不若詩歌那麼鄭重——，你會有摸摸她臉頰，以及我們熱烈討論時她晃動的胸部的衝動，但你想都不敢想。也許我們愛上了對方，但像杜斯妥也夫斯基小說中的情節，不屬於這個世界，所以我們從不曾表白，直到五十年後的今天，我才識得她與我愛戀的徵候。我們說的話像頭髮一樣糾纏在一起，字句擁抱數小時之久，耗時的化學實驗讓我們有足夠的時間，一如情人們從旁人那兒稱出自己的淨重，他們把這些旁人列入兩人的呢喃之中，用來激盪彼此的心扉，於是我們的想像力繞著巴肯羅特打轉。我們總是憂心忡忡，有朝一日他將遠去，而他確實會遇到的危險將隨之溜走。

我問艾娃・萊希曼她想不想和他說話，她肯定的搖搖頭，說：「用那一種語言？」

她小時候講俄語，她家的財富在基輔數一數二，十二歲時她離開了那個城市，搬到切爾諾維茨（Czernowitz），在那兒上德語學校，但她的德語聽起來永遠有俄語軟軟的口音。她的家庭失去了大部分財產，但家人說起這事時並不怨恨俄國革命，總是若有所思的說：「太有錢了也不對」，雖然談的是靠奧地利通貨膨脹發財的人，感覺得出來他們心裡想的是自己以前坐擁的財產。她們家不說意第緒語，我的印象是，這個語言對她對我都一樣陌生，她不認為它特殊，也不擔心它輕聲細語會讓它失傳。她的命運是一大部俄國文學，深受其影響，所思所感都是俄國小說中的角色，雖然很難找到一個覺得這些小說人物自然生動的人，但你就是接受了她所熟悉的俄文書籍中的這些形式。我建議她和巴肯羅特講波蘭話，她悍然拒絕了（我以為俄國人如果願意的話，多少聽得懂波蘭語），看樣子她真的不會波蘭語，或者，她吸收了杜斯妥也夫斯基餵她的母奶中反波蘭的情緒。每次我為此懇求她時，她自有辦法反擊：「您要我結結巴巴和他說話？波蘭人很以他們的語言為榮的。我不懂波蘭文學，但他們有文學，俄國人也是。」最後一句話她說得急促，因為她反對所有的沙文主義，「俄國人也是」之外，她並未多說什麼。

她避開巴肯羅特這個話題，缺乏媒介之故，她也曾經把他估得很高，當她聽到他和柯爾貝克或霍若維茲說話時，會有些不自在。她看不起柯爾貝克，因為他看起來像足球選手，而且老是吹著口哨；霍若維茲她又覺得十分無趣，原因在於他看來與「任何猶太人」無異。她欣賞花心思熟習某種語言相關文學，但不因此變成狂熱的民粹主義分子的猶太人，她徹底反對國族偏見，剩下對猶太人的若干意見就構成自由思想的阻礙。她一點兒也不確信巴肯羅特日後會平步青雲，「也許他只是哈西德派的瑞博③，年輕一輩的。」有一次她這麼說，我為之驚奇不已，「他還不知道這個。」由此得知她的朋友中沒有人信哈西德派，「都是狂熱分子」，她說，「他們謙恭的信仰奇蹟，喝酒，跳來跳去，根本不識數學為何物。」她沒想過數學是她的信仰奇蹟，但接近我們關於巴肯羅特的談話。我們能聊的有限，而他是最好的題材，因為我心已有所屬，那個人來實驗室接我的時候，她見過她。艾娃・萊希曼自尊心太強，如果有人表示喜歡她，她不會願意屈就於那分好感的。我們談論巴肯羅特一天，我倆的好感就不會變成白紙上的黑字，擔心他可能突然消失，說穿了是害怕這分好感會變淡。

有一天早上他不在那兒，他站的位置沒有人，我想他遲到了，什麼也沒說。然後我注意到艾娃有些坐立不安，躲著我的目光。「他們三個都沒來」，她說，「一定出了什麼事吧。」柯爾貝克和霍若維茲的位置也是空空的，我察覺她眼中的他並不像我的，沒有那麼孤獨，她總是把他與另外兩個和他說得上話的人聯想在一起。這稍稍使她放心，她喜歡他煢煢獨立，我卻為此而擔心，不怎麼認真的。

「他們一塊參加宗教儀式去了」，我說。三個人都缺席，而非他一人，我試著找出有利

③ 十八世紀流行於東歐猶太民眾的哈西德派猶太教運動。Rebbe Nachman，1772～1810，生於烏克蘭的猶太人，神祕主義信徒，哈西德派的主要人物之一。

於我的地方，但她還是有些心神不寧。「情況不妙吧」，她說，「他出事了，那兩個人去陪他。」「您是說，他生病了」，我有點兒生氣的說，「但那兩個人不必為了這個就不來實驗室呀。」「好啦」，她試圖安撫我，「如果他病了，一個去看他，另一個應該來這裡。」「不」，我說，「那兩個人才不會分開行動呢，您看過他們單獨出現嗎？」「所以他倆應該住在一起，您去過他們住的地方嗎？」「没去過，但我知道他們共住一個房間，他住得很近，只隔三棟房子。」「看看您打聽來的消息！您是偵探嗎？」「有一次他們離開實驗室，我跟在他們後頭走回家，柯爾貝克與霍若維兹陪他走到他住的那間房子，然後兩人像與陌生人道別一樣正經八百，再走上幾步就回到自己的住處了，都没看到我。」「您幹嘛這樣？」「我想知道他是不是一個人住，也許，我想，若真的一個人，我就與他來個不期而遇，和他打招呼。我真的會，假使他真的一個人的話，那麼我們一定可以說上話了。」「說那一種話？」「這不難，我跟一句德語也不會的人也溝通得來，我祖父教我的。」她笑了：「您比手畫腳，不好看吧，不適合您。」「平常當然不會，但這會是破冰之旅，您知道我早就想和他講話啦！」「也許我該試著和他說俄語，我不曉得您這麼在意這件事。」

我們繼續聊，除了他不談別的，對面的位置始終空空如也。一個上午過去了，我們盤算著去吃飯，我分了心，談起前一天開始看的一本書：愛倫・坡的短篇小說，她没讀過，我講了其中一個讓我嚇得魂飛魄散的故事給她聽，〈洩密之心〉。但是，我嘗試藉講這個故事來釋放我的恐懼感的同時，每當我的眼光飄向那空空的地方，我就愈來愈害怕，直到萊希曼小姐突然說：「我好害怕。」

就在此刻，弗萊教授出現在大廳裡，帶著他的人馬（通常身後跟著兩到三個人），模稜兩可的要我們走過去，等了一下，大廳裡的人多半站到他面前了，他才說：「發生了一件不幸的事，我必須告訴您們，巴肯羅特先生昨天夜裡服用氰化物自殺了。」他又站了一會兒，然後搖了搖頭說：「他好像很寂寞，有沒有誰知道什麼？」沒有人回答，這個消息太驚人，大廳裡沒有那個人不覺得內疚的，但又沒有人對他怎麼樣。這就是了，沒有人嘗試做些什麼。

教授與他的隨行人員一離開大廳，萊希曼小姐再也無法克制，傷心欲絕的哭了起來，彷彿失去了自己的兄弟。她沒有兄弟，現在他變成她的哥哥。我知道我們兩個之間也有點兒什麼，但與一個年方二十一的人之死比起來，太微不足道了。我也知道，和她一樣心知肚明，我們聊天時濫用了這位神祕的年輕人，他月復一月橫亙在我們中間，他的俊美點燃了我倆的熱情，他是我倆保護自己，也保護他的秘密。我們，她和我，都沒有談他，要找一個打破沉默的藉口還真不容易。我們的友誼因愧疚而碎裂，我永遠不原諒自己，她我也不原諒。今天當我回憶起她說話時使我著迷的異國腔調，怒火攫住了我，我於是知曉，我錯過了唯一一個救他的機會：遊說她愛上他，而不是與她玩遊戲。

對手

實驗室裡還有一個很少開口的人，但他的案例倒是與語言無關。他來自鄉下，我猜來自奧地利北方某個村莊，很害羞，面有菜色，一天到晚穿著同一件破爛衣服，掛在他身上，大概是別人出清舊衣時送給他的。也許他來到城市以後就這麼瘦，恐怕連吃的也弄不到，他的頭髮不亮，是那種沒有生氣、疲憊的紅色，搭配他蒼白的病容剛剛好。他姓胡恩④，但是條什麼樣的狗呢，他從不張開嘴巴，一次「早安」也不回，即使他忽然重視起問候語來，頂多點點頭，嘟囔一下，泰半時候他對我們都視若無睹。他從不要人幫忙，不向人借東西，也不問事情。每次我看到他，心想他馬上就要倒塌了。他一點兒都不聰明，分析時要花上大半天，但他的舉止勉強又寒酸，以至於他再怎麼抱怨都不會有人留心聽。他做任何事都沒有起跑動作，稍微使勁兒，來不及看到他起跑，卻已經抵達終點。

有一次他在座位上找到一塊奶油麵包，包得好好的，是別人趁他不注意時放在那兒要給他的，我懷疑是有惻隱之心的萊希曼小姐。他打開袋子看裡頭裝了什麼東西，又把奶油麵包裝好，拿著麵包走到每個人面前，十分嫌惡的問：「您的嗎？」再去問下一位。這是唯一的一次，實驗室裡的人他一個也沒放過，一個一個問，不過除了那三個字，他沒說別的。沒有人承認那袋子是他的，當他走到最後一個人身邊，領取最後一個「不」的時候，他把袋子舉得高高的，用充滿威脅的聲音叫著：「有誰想吃？那就丟到字紙簍！」沒有人吭氣，始作俑者也沒有，他怒氣沖沖——突然有了多餘的力氣——丟那個小袋子，有聲音傳出來，勇敢的說著「可惜」，他大聲喝道：「您大可撿起來！」他說話字字清晰，加上他堅決的態度，真

④ Hund，原文有「狗」之意。

教人不敢置信。他贏得了敬重，這次施捨不算白費功夫。

幾天之後他拿著一個小袋子走進大廳，放在一旁上次放奶油麵包的座位上。有一會兒他任那個沒打開的袋子擱在那兒，慢吞吞的做些無意義的事。我不是唯一一個問那袋子裝了啥玩意兒的人，他自己弄來的一塊奶油麵包，希望展示一下？這個揣測很快就被我推翻了，那個袋子看起來像是裝了一個有稜角的東西。然後他把袋子拿在手上，走向我，在我眼前晃了晃，說：「照片！看！」聽起來像一道命令，正合我意。他要我們看照片，誰也沒料到，以前總想著他不與人來往，但現下大家立刻搞清楚了，他正對我們提出邀請。大夥兒走到他的座位，圍成一個半圓，他靜靜的等著，似乎很老練，等人都到齊了，他打開袋子，一張一張拿給我們看，照得非常好，包羅萬象，有鳥、風景、樹木、人和一些靜物。

一個捱餓的可憐蟲一躍而成為夢幻攝影家，錢都花在他的嗜好上了，所以穿得破爛，所以三餐不繼。讚美的歡呼此起彼落，他拿出新的照片作為回應，有好幾打，這第一次就有五、六十張，強烈的對比令人又驚又喜，幾張一樣的風格之後，接著是完全想不到的題材。現在一切都在他的掌控當中，一位女同學說：「天啊，胡恩先生，您可不是位藝術家！」他微微一笑，並未否認，你可以看到「藝術家」這個詞兒從他的喉嚨滑下去，再沒有比這更美味的食物和飲料了。照片展示完畢，大家都覺得不捨，那位女同學說：「您怎麼想到要拍這些，胡恩先生？」她認為她的問題很嚴肅，非常嚴肅，她自己都嚇了一跳，他很莊重但簡短的回答：「練習！」一位愛用成語的同學脱口而出「熟能生巧」，但沒有人笑。

胡恩是大師，為了他的藝術犧牲了一切。只要能照相，吃不吃飯無所謂，對於學業他好像興趣也不大。一個月、兩個月過去了，然後他帶了新的袋子來，所有的同學立刻圍上去，嘖嘖稱奇，和第一次看時一樣，題材千變萬化，不久就變成了不成文的規定，胡恩來實驗室時，一定要帶著新照片，給我們——他的觀眾欣賞。

胡恩展示過兩次之後，實驗室來了一位新同學，引起了大家的注意：法蘭茲・斯克哈特（Franz Sieghart），一個侏儒。他的比例很對稱，身材精緻又嬌小，他不在對他來說太高的桌面組裝儀器，改在地上操弄，他的手指靈巧而小，組裝起來比我們快得多，他煮、消毒的同時，用一種迫切、聒噪的聲音與我們說話，不停的、不嫌累，一定要我們相信他見多識廣，「重要人物」該知道的他都曉得，甚至更多。他向我們宣布他的哥哥即將來訪，他哥哥比我們都高，一百八十九公分，正在服上尉役，兩兄弟一個模子，他著軍裝走過來，簡直分不出來誰是化學家誰才是軍人。我們很相信這位無所不知的斯克哈特，他說話有一種讓人嫉妒的說服力，但到底有沒有這樣一位哥哥卻頗令人質疑。

「他要是一百六十五公分高」，萊希曼小姐說，「但一八九！我不信，還有他幹嘛穿著制服來我們這兒呢？」幾小時之後，他在地上忙著操作，混淆了我們的想法，不一會兒他計算出的第一個分析就讓助理睜大了眼睛。一般說來這工作挺費時間，但他一轉眼的功夫就完成了，他的速度堪與他靈活的手指匹配——然而，他早早宣布他哥哥的事是一個錯誤。哥哥杳如黃鶴，雖然沒有笨到去問他的程度，但他好像猜得出他隔壁的女同學在想什麼，因為他時不時主動的說起他哥哥，「這星期他沒法來，有任務，你們不知道自己有多享福！他時常遺憾當軍人，但他嘴巴上不講。要不然他那大個子要做什麼呢！」他的哥哥不擅於言詞，因為他太高了，其實法蘭茲・斯克哈特很為他感到難過，但他不避諱，哥哥當了上尉他很欣慰，青春正盛啊。

講了又講畢竟乏味，不想聽了，哥哥才端上檯面，女同學連忙摀住耳朵，習以為常的斯克哈特於是尋覓新的聽眾，他忽然察覺原來自己的四周有空白的牆面，很快的換了吹牛的內容，不僅有哥哥這號人物，還有女孩子。所有他認識的女孩，要不和他哥哥一樣是個巨人，就是有一般人的平均身高，勤於更換數字勝過高度。他在讚美那些女孩的外表時，不至於粗魯或提及親密的細節，這位騎士打著燈籠也找不到，要保護每一位女孩，他不直接稱女孩的名字，為了避免混淆，讓聽眾曉得誰是誰，他為她們編上號碼，一人安一句相稱的格言，不過總是先報上號來：「我的三號女友給我釘子碰，她今天要加班。我就和四號去看電影，安慰一下自己。」

他有所有女孩的照片，為每個人拍照，女友們最愛此道：讓他為她們照相。無論與誰幽會，第一個問題肯定是「喂，今天會幫我照幾張嗎？」「慢慢來，慢慢來」，他總是這麼說。「別急，都會輪到的。」她們尤其愛拍人體照，所有的照片都很規矩，但是，除非看不到臉，他是不會拿給別人看的。他不覺得自己行為輕率，會讓我們看個幾張，那一天帶一大堆來，全是女孩的人體照，但這事急不來，我們得耐住性子。一旦他開始給我們看這類照片，就會不勝其擾，「斯克哈特，有沒有新的人體照片？」他總不能老想著這種事情，女孩以外，腦子裡還裝著別的事哩，而我們要學著馴服我們的不耐。等時機成熟，他就會請女同學退到一旁，她們貞潔的眼睛不該看，這純屬男人的事，但是，拜託，他再三強調：他只拍規矩的照片。

斯克哈特深諳激發好奇心的竅門，帶了一個繫好的皮鞋盒到實驗室來，先鎖進抽屜裡，接著他不甚滿意放鞋盒的位置，拿出來，再塞回去，想了一下，說：「這樣比較好」，又拿了出來，解說道：「我得小心，不應該告訴你們裡頭全是人體照，你們之中沒有賊吧。」他再三找到把鞋盒在我們眼前晃兩下子的理由，「誰也不准背著我打開，我知道怎麼繫的，一清二楚，只要出一丁點兒差池，我就把盒子帶回家，甭想要展示！都聽懂了沒？」這話聽起來等於在威脅我們，現在，每一個人都相信那盒子裡裝了什麼寶貝。古板的萊希曼小姐過了一會兒說：「您知道嗎，斯克哈特先生，沒人對您的皮鞋盒有興趣！」「噢哈！」他說，對大廳中的雄性生物眨眨眼睛，有人也擠眉弄眼回應，誰都知道她想一探鞋盒的究竟。

他吊了我們好幾個星期的胃口，我們和他說過攝影大師胡恩先生的事，要我們仔細描述他的主題，聽著他皺起了鼻子說：「老套！都過時了！以前有這樣的攝影師，拜託，我也著重自然，那種照片誰不會拍，只要去郊外，喀嚓喀嚓喀嚓，一下子就拍一打，我管這叫做落伍，太簡單了！我的女朋友，首先我得百中選一，眾裡尋他千百度，說好話奉承。拜託，夏天游泳的時候這並不太困難，到了冬天你要先加點兒溫度，否則她們就說不，泡湯啦。以我的經驗來說，不會遭到拒絕，每個人都讓我拍。現在你們大概想是因為我個子小，她們把我當小孩看。錯啦！大錯特錯。我已經讓她們知道我的反應，我和每一個男人一樣，於是她們站在照相機前才會有勝利的喜悅——你們該看看她們有多神氣！——這樣她們才能得到照片！每人一張，多的沒有，拍得好的話，各加洗一張。我沒向她們收錢，但是費用的問題我不能不想，如果有人想多要幾張，我的進帳還真不賴，我就說嘛，別看不起錢。」

他解說有一大群朋友的原因，「友誼」建立在他是她們的人體攝影師這件事情上，但他很留意，不在這一點上大作文章，他運用這個目的的方式也很奇特：「拜託，不會有人完全瞭解我的，總有些隱私，對我來說隱私涉及名譽，我的女友們也明白這點，她們瞭解我，一如我瞭解她們！」

一天早上一位穿著制服的巨人站在門口，問起法蘭茲．斯克哈特，我們翹首盼望看女孩照片這段期間，完全忘了他哥哥，這位上尉的高度真令人倒抽一口氣，上方一個小小的腦袋為這高度畫上了句點——像一張面具——戴在他打聽法蘭茲．斯克哈特的臉上。一位同學指指小個子的位置，他正跪在地上，小心看管一個裝了酒精的本生燈，手上拿著攪棒。當他認出穿著制服的哥哥的腳的時候，跳了起來大叫：「唷呵，歡迎光臨，化學，量分析的大廳歡迎你。讓我來為你介紹我的同學，女士優先，嘿，別發抖，小事！」上尉臉紅了，「他就是害羞」，侏儒解釋，「追著人體照跑——他可做不來！」

哥哥被他一挖苦變得更害羞，他試著朝一位女同學鞠躬，侏儒把人體照搬了出來，上尉鞠躬才到半途，立刻抽身，臉脹得通紅，我們的小矮人一輩子都不會這樣臉紅，現在這兩張臉看起來截然不同了。「別怕」，小個子說，「我會保護你。他很有禮貌，你們想都想不到。要順利的進行，像閱兵一樣。這就是那個希臘女同學，俄國女士，換換花樣，她是維也納人，弗羅里西（Fröhlich）小姐，這個姓真好，不搔她癢她也總面帶微笑⑤。俄國女士不喜歡這類

⑤ Fröhlich 有愉快、開心之意。

的玩笑，没人有膽去搔她的小腿，我也不敢，雖然我的高度正適合。」萊希曼小姐拉下臉來走開了，上尉輕輕聳一下肩膀，為他兄弟放肆的言行致歉，他馬上注意到萊希曼小姐羞怯的態度很討他哥哥的歡喜：「那是位高尚的淑女，聰明絕頂，家庭背景也好。没事，你想嘤，每個人都對她垂涎三尺呢。所以要克制自己，振作點兒，你當軍人應該很習慣。」

接下來輪到我們，但他把他哥哥拴得緊緊的，片刻不鬆手。他把我們介紹給他哥哥認識，每個人他都開一兩句玩笑，爐火純青。看得出來他研究過我們，即使他介紹的風格尖刻甚於友善，但一句又一句緊鑼密鼓輪番上陣，根本來不及笑，呆立著，等到終於笑出來，他已經又對另一個人評頭論足過了。胡恩先生這一天没來實驗室，我們額手稱慶。打一開始，人體照尚未登場之前，他就對斯克哈特充滿敵意，而且一點兒也不掩飾。胡恩第一眼看到這個侏儒時，就覺得與這樣一位活躍分子在一起實在倒楣。斯克哈特從來没有直接和他說過話，儘管他也打聽他拍那種風格的照片，並且不隱諱自己的輕蔑。如果現在他直呼胡恩的名字，還得說一點兒相關的話，因為他把他哥哥介紹給每一位同學，連我們從地獄來的鄉下白癡伍德（Wundel）也不例外，那麼就一定要說一兩句戲謔的話，以胡恩不可多得的敏感，場面想必一發不可收拾。

介紹並没有花掉太多時間，他的哥哥與我們都覺得像是裝在他的袋子裡，他一個個拿出來、再放回去，每個人得到分配給他的東西以後就退到一旁。他的哥哥屋漏偏逢連夜雨，我們受到嘲弄的總和等於他一個人的。我於是明白他為什麼要穿上軍服，想必是為了要躲避侏儒的權力欲以及無休無止的嘲笑他才去從軍，至少軍隊裡根據長官命令行事，不必擔心小個子不可捉摸的古怪念頭。我問自己他來我們這兒的用意，他應該有心理準備，他告別之後我馬上就得到答案了。

「我跟他說他應該來一趟，假使他有膽量的話，來看看化學是怎麼一回事。化學和在軍隊乖乖聽話不一樣，做實驗時我們還可以講講話。但是他，他老是想工作時要四下無聲，每個人都得閉上嘴巴，就像徵兵的時候。你們不曉得我勸他多少次了他才來！膽小鬼，對，就是，膽子小！我對他說，你不認識真正的生活，隊裡你們有紀念碑作為屏障，不會有什麼事。戰爭結束了，不會再爆發新的戰事，要軍隊做什麼呢？軍隊專門為收那些畏懼生活的膽小鬼。一八九的個頭居然怕化學！在每一位女生面前羞紅了臉，我們大廳裡有五位女士，他的臉就紅了五次。我要是他，與我那八個號碼，這是目前的正確數字，臉豈不是永遠紅不完。對了，我和他提過我們的女同學，尤其是那位漂亮的俄國小姐。這個人最適合你，我說，她目不斜視，但是有學問，絕不膽怯！那，他坐立不安了好久，最後還是來了，現在你們都見過他了，這個土包子，一八九，我幾乎要為自己哥哥的身高感到慚愧了。他怕什麼勁兒！他怕我！小時候我經常把他給弄哭，所以他怕我，現在看不出來了。但是他一直都怕我，你們注意到沒有：他怕我！膽小如鼠！上尉先生害怕哩！真好笑！我不怕，他應該向我學一學。」

這一長串連珠炮經他的大嗓門說出來，變得很煩人，手上的工作卻一點兒也沒延誤，他又快又好算著他的分析。看起來像個鄉下白癡的伍德，那個在大廳裡小心翼翼冷笑著滑行的騙子，彎曲的手上拿著裝有東西的小玻璃罐，那隻手再藏進罩袍右邊的口袋裡，卻獲得了他的同情。伍德躡手躡腳走到別人身旁，問些芝麻綠豆的事，不按牌裡出牌，出其不意的站在某人前面，用懇求的眼神直視那人的臉，說：「這位同學，您看這個！有森林的味道。」他拿起一個打開的小罐子湊近同學的鼻子，那人仔細聞了一下，看看罐子裡的東西說：「對，當然，這我也有」，或者：「不，我不認得這個味道。」伍德希望從第一個案例得知那個東西的製造方法，向人借筆記本和計算程式，人家借他一下，他就偷偷的把結論抄下來，再信心滿滿的去做那個他已經有答案的實驗。

大家都知道他招搖撞騙，但沒有人揭穿他，他刻意不讓別人太認識他。當他組裝器材，手拿攪棒站在蒸氣中，當他抿著嘴量他的坩堝，我們以為他正在幹他自己的活兒，用他到處求來的數據控制結論。如果有人知道他的工作從頭到尾就是一場騙局，他就不用演戲，但早點兒看穿還是照樣幫到底，他從不找同一個人，迂迴的手段如下，避開那些被他利用過的人，雖然每隔幾星期我們就瞧見他在那兒滑來滑去，但誰也不清楚他的答案是怎麼來的。他讓我們以為他天賦異稟，他的詭計系統嚴密，高明之處就在於我們居然相信這奸笑的平底鍋，他戴的那張面具看起來就是這般模樣，他的眼睛和採集蘑菇的人一樣，只望向地面，幸災樂禍的表情與他緩慢而尖的嗓音一樣突兀。

他在幹那些勾當時必須慢慢來，避開一向大聲說話的斯克哈特，但他躲不了一世，斯克哈特不多久就認定他是採集蘑菇的人，也這麼叫他。「我們認識喔，這位同學！」他邊說邊跳向他——伍德嚇得縮了起來——「您知道我們怎麼認識的嗎？早就認識了呢！您猜猜看地點！想不出來嗎？我全記得，通通記得。」伍德不知該把手或腳往那裡放，也許想游泳逃離大廳，但他無計可施，斯克哈特捏住他罩袍最下方的一顆鈕扣，重複問一次：「不，不記得了嗎？當然是在撿蘑菇的地方啦，還會在那裡！我經常看到您在森林裡撿蘑菇，您一直看著地上，蘑菇以外一概不認帳。哎喲，就因為這樣您的籃子才裝得滿呀，我也是，我也一樣呢，因為我跟地面比較接近。我不記得誰的籃子裡蘑菇多，您或我。我喜歡看別人，我是個好奇的壞蛋，這是照相培養出來的。現在，如果我拿一張您採蘑菇的當兒，我逮個正著拍下來的照片給您看的話，您會怎麼說呢？」「逮個正著」這幾個字伍德聽起來十分刺耳，侏儒閒話家常對他形同一場折磨。於是他日後故技重施時，便盡最大努力避開他，但不是每次都得逞。斯克哈特比較偏愛他，當他有什麼鬼點子時，他絕不任其溜走，果真是蘑菇專家的伍德就是他最好的獻祭。

那不是小規模的衝突，他還是很喜歡伍德，也許他看出他的精明，因為有誰在他面前鄙夷的談起「鄉下白癡」時，他會很明確的說：「他？他才不是鄉下白癡，他知道自己想要什麼，不會亂講話惹禍上身。」他衝著大廳某個他想擊退的人，以攝影師的身分說話。

孕育著希望的鞋盒躺在他的抽屜裡好久了，偶爾他拿出來一下，大刺刺的轉來轉去，有的時候他試著要解開繩子，打了好幾個結，但幾乎沒有那一位同學在乎這件事，靠近個一兩步，他彷彿大夢初醒，說：「不，今天我不想，你們受之有愧，那天水到渠成了才能看！」他不透露我們究竟要拿什麼來交換。他在等待，誰也不知道他等什麼，大廳內的小丑在他打開鞋盒時垂涎三尺，而他以此自娛，鞋盒不一會兒又打好了結，擺得整整齊齊，就算有人說：「天呀，那盒子裡根本什麼也沒有！」他也不為所動。

然後，胡恩有一天又帶著袋子來了，一個厚實的袋子，啪的一聲放在一旁的桌上，這不像他平日的作風，跟斯克哈特學的，這傢伙處處引人側目，吹起了模仿風。胡恩等了一下，但不像以前那麼久，用比平常大的聲音說：「我有照片，誰要看？」「我會想看嗎？」小矮人嘶啞的說，第一個跑向胡恩，站在他旁邊，其他人慢條斯理圍在胡恩四周的同時，「我等著！」，他挑釁的說。這次所有能放下手邊工作的同學都聚攏了過來，「我的位置最好！」小矮人說，這話應該有幾分喜氣，但聽起來卻敵意頗深，一如其回應，胡恩答道：「大家盡量向前，否則看不到什麼！」

「身材有什麼好看，照片才是正經。我真好奇，待會兒我就打開我的皮鞋盒，都是年輕小姐的人體照，您不會現在也專攻人體照吧，這位同學，我實在抱歉——或者我們還在拍自然景觀？窗邊的小蠟燭以及風中的銀白楊？去年冬天山上的雪景？我希望找一座四周有良田圍繞、點上幾根虔誠蠟燭的小巧教堂。唉，死去的人也不希望被遺忘，不然您就是拍了糞便上的一隻公雞，我不想說您要給我們看的是糞便，這位同學，您別誤會，我的意思是一隻真的公雞站在一堆真正的糞便上！」

「如果您不走開的話，我就什麼都不給看」，胡恩說，「離開我的座位，不然我不拿照片出來。」「他什麼都沒得展示，我們多傷心唷！我現在什麼都沒有了」——他尖叫了起來——，「這比不上我女朋友的人體照！跟我來，先生們，好戲登場囉，值得一看，太好了！」

斯克哈特拽著兩位同學的手臂，掐得緊緊的，拖到對面他的座位去，其他人跟著走了。我們期待的一幕終於要發生了，誰有興趣看胡恩拍的那些男人穿著便鞋打鬥的照片呢。只有一個人站在胡恩旁邊，另外一個邁開步伐但又猶豫的折返。

「別走哇！」胡恩說，「現在我什麼都不展示了，我今天的照片很特別呢，走吧，去欣賞他的垃圾！」

他用手肘推開唯一一個——也許基於同情——忠誠的留下來的人，直到他像平常一樣孤單的站在自己的位置上才安靜下來，他沒搞花樣破壞斯克哈特的展示，陰鬱沉默的站在他的袋子前，右手握著那個袋子，深怕它讓別人給奪了過去。

在此同時斯克哈特解開繩子，閃電般迅速，鞋盒一下子就打開了，他拿出一整疊分散在桌上，好像一點兒也不珍貴。

「自己來，先生們，各式各樣的女人，每個人找自己喜歡的，一個人有好幾位，千萬不要假裝謙虛！每個人都可以建一座後宮。咦，這什麼意思？沒有人要抓住自己的幸福嗎？我得把著大家的手嗎？這麼膽小，先生們？我倒是意外。您想想，這些活生生的人在我面前讓我拍照呢！我幹勁十足，喀嚓，要不您怎麼想的，要不是我果斷的按快門——不可能教這些年輕小姐脫兩次衣服，您們想想我怎麼辦到的！還有，這些年輕小姐要怎麼想呢，如果您都不動手的話！」

他抓起最靠近他的一位同學的手，領到那堆照片的中間，他抖顫著完成這項任務，唯恐那隻手被這國色天香嚇壞了，縮了回去。他放大約一打照片在那人手上，叫嚷著：「下一位先生請！」其他人都自動跟上前，不久大夥都呆呆凝視照片上一絲不掛、一點兒都不誘人、平淡無奇、眼光詭譎的女孩。所有看照片的人都要承擔風險，萬一助教甚至教授走進來怎麼辦？但這些照片並不猥褻，要不然不會傳來傳去，只有對那些沒有加入的女同學有些尷尬，萊希曼小姐就在附近——她不看我們，一副什麼都沒聽到的樣子——，每個人都覺得不好意思。

大家都把胡恩給忘了，甚至不知道他有沒有留在大廳。突然他站在同學和照片的中間，一邊吐口水一邊大叫：「妓女，都是妓女！」然後就走了，但氣氛不一樣了，斯克哈特為他的女友抱屈，「不能這樣說我的女朋友」，他說，很快的把照片收起來，「早知道這樣就不會帶來了，如果我的女朋友知道了，我們就完了。我要拜託各位先生保密，走出大廳吭都別吭。到時候光道歉是不夠的，即使我們一起向小姐們報備，吹同一個調請求她們原諒，都沒有用。只有沉默。我能信得過您們的保密功夫嗎，先生們？這兒沒打開什麼東西，沒人聽到任何侮辱的字眼。我也要沉默，我不會告訴我那大個兒哥哥。」

一位紅色的摩門教信徒

一九二六年的夏天我與弟弟在聖阿賈塔（St. Agatha）度過，一個位於葛森（Gosiem）與哈爾史德湖（Hallstätter See）中間的地方。那兒有一家古色古香的旅館，以前是鐵工廠，附帶一間極寬敞的酒館。這家旅館並不太適合半大不小的男孩住，但一旁有一間規模較小的新房舍，叫做「阿賈塔鐵工廠」旅棧，由一位年老的婦人經營。旅棧的房間狹小且簡樸，餐室也不大，只容得下三或四張桌子，我們與女店東同桌，她是位堅毅、神色嚴峻的女士，但一開口說話就聽得出來，她對情侶不會懷有異樣的眼光。

旅棧裡除了我們，還住了一對情侶：一位中年導演，又黑又壯，很悠閒，愛開玩笑，身旁有一位極年輕、比他高一截的窈窕女友，亮金色的頭髮，挺有味道，他不停的說話讓人印象深刻。他總是忙著解釋一切，天上飛的、地上爬的他都比別人多知道一些，他喜歡和我聊天，因我與他辯論，他會停下來聽我講話，甚至很認真的聽，但不多久他故態復萌，把我發表過的言論橫掃到一旁，嘲謔、戲弄、諷刺、發出不滿的噓聲，一人分飾戲中不同的角色——無止無休，完全無視於他的女友阿菲的存在。他才有發言資格，這一點她不以為意，我不，她不說話時，我試了好幾次。他惡狠狠的把我打到地上，我出乎預料的立刻跳起來，反駁他，引發他還以顏色。布雷特史奈德（Brettschneider）先生倒也不生氣，唯有別人侵犯了他對阿菲的占有權時才會光火，她不准和別的男人聊太久，和一個毛孩子也不行。旅棧的店東法蘭茲女士不發一語聽我們講話，不偏袒任何一方，臉上紋風不動，猜不透她認為誰有理，但我們知道她完全掌握情勢。

布雷特史奈德先生和阿菲住在我隔壁的房間，牆壁很薄，任何聲響我都聽得一清二楚：口哨、打趣、傻笑以及經常性的一聲滿足的呢喃，他們是我們之外店裡唯一的房客。然而，這幾個星期中我還有別的事情：燕子，到處都是燕子，在老舊但風韻猶存的鐵工廠裡築巢。當我坐在花園的木桌旁寫東西時，牠們從我頭上飛過，挨得很近，我一小時接一小時觀賞，被牠們迷上了。有時候弟弟想出去，我就說：「你們先走，我隨後到，我還要再寫一些」，但是我其實寫得很少，大部分時間用來觀察燕子，捨不得與牠們分開。

聖阿賈塔教堂要舉行為期兩天的落成紀念典禮，箇中情景我記憶猶新。男孩們圍著鐵工廠前高大的菩提樹站立，一直排到我們住宿的旅棧前，一個男人就在我的窗户下架起一張桌子，桌上堆滿了男士襯衫。小販把襯衫亂丟一通，動作快又誇張，拿起一兩件，兩件居多，向上拋，再讓它們掉落下來。他一邊喊著：

「豁出去啦，

有錢沒錢無所謂！」

他很有說服力，舉手投足之間有點兒緊張，好像不想管那些襯衫，打算全部扔掉似的。接二連三有農婦走進他的攤子，搶攻這些天上掉下來的禮物，有的一臉狐疑檢查又檢查，權充內行，小販把襯衫奪回來又丟回去，一副真要送人的樣子，沒有那個人手上挑了襯衫卻不買下它的，那些襯衫彷彿都黏在他們的手心似的。顧客付帳時，他狀似沒看到錢，一把扔進一個大盒子內，盒子一會兒就裝滿了，在最短的時間內造成搶購風潮。我從窗户向下望著他，沒見過動作如此迅速的人，不一會兒我又聽到他在叫嚷：

「豁出去啦，

有錢沒錢無所謂！」

我注意到他放話給農婦時故作輕鬆，卻有本事讓她們把錢掏出來，唯恐襯衫轉眼就賣完——突然一件襯衫也不剩，攤子如同秋風掃落葉，他舉起右手臂，喊道：「等等！等一下！」與裝滿錢的紙盒忽地消失在角落裡，從我的位置看不出他往那裡去了，我想拍賣應該結束了，就從窗邊走開，但我還來不及走到小房間的門，就聽到他比先前更強而有力的呼喊：「豁出去啦，等等」，桌上又堆了一堆襯衫，他表情痛苦的拿起來，再自嘲的扔回去。農婦自四面八方湧過來，落入他的圈套。

這個年度市集並不大，我下去逛的時候，很容易走到他的攤子上，沒有人比他更瞭解買賣的竅門，他很注意我，我站在樓上窗户旁冷眼旁觀時他就在注意我了，他問我我是不是學生。這我不感到意外，他看起來也像個大學生，他很快的遞了一本維也納大學註册的小本子到我的鼻子下，他是法律系第四學期的學生，在市集上掙生活費。「您瞧，這有多容易。」他說，「我什麼都賣，但襯衫的銷路最佳，這些笨女人以為不要錢哩。」他居然瞧不起為他犧牲的人。他說，一星期過後，這樣的襯衫其實是塊破布，穿個四五次就……他滿不在乎，即使她們要找他算帳，他也早就逃之夭夭了。「明年呢？」我問，「明年！明年！」這個問題令他抓狂，「明年我就斃了，如果我明年還沒死，就到別的地方去。您以為我會再來這裡？我會自保的，您明年還會來這兒嗎？您也將學會保護自己，您是出於無聊，我呢是為了襯衫。」我心裡想著燕子，我會為牠們回到這裡，但我刻意不告訴他，他說的頗有道理。

教堂落成紀念典禮可觀處挺多，我只和一個新交上的朋友去逛，他是一個有一條木腿的紅髮男人，坐在老旅館前的階梯上，旁邊有一根拐杖，他把木腿伸得老長。我問自己他在那兒做什麼，不可能乞討吧。然後我看到路過的人都會給他一兩個硬幣，他並不覺得尷尬，說「感謝上帝！」我很想問他是那兒人，大紅色的小鬍子讓他看起來很像外國人，頭髮似乎比鬍子還紅，但那句「感謝上帝！」卻又很道地。我不好意思把他當成乞丐攀談，就假裝什麼都不知道，暫時不給他錢，打算日後再彌補。當我問他的原籍時，他絲毫未露優越感，地方或國家皆不提，但是說了讓我驚呼的話：「我是摩門教的信徒。」

我不曉得歐洲有摩門教的信徒，也許他去過美國，在那兒信的摩門教，「您在美國待了多久？」「我從來沒去過！」他知道這個答案會令我感到驚訝，特地稍微等了一下，解釋說歐洲甚至奧地利都有摩門教徒，而且還不少，他們舉行聚會，互有連繫，他可以讓我看一看他們的報紙。我覺得我好像打攪了他的工作，他應該要留神進出旅館的人才對，所以我離開了他，和他說晚一點兒再過來。但是他不見了，我弄不懂怎麼沒看到他走開呢，他有一條木腿，還拄著拐杖，很難看走眼的。

我走進餐室，裡頭座無虛席，然後我突然在一旁較大的餐廳裡看到他，他與很多人一起占用一張大桌子，面前有一杯和他髮色一樣的酒。看樣子他一個人，沒有人和他說話，或許是他不與人講話，他混在這間酒館的客人——剛才他乞討的對象——當中，實在奇怪，不過看不出來他覺得不自在，他安靜、筆直的坐在那兒，兩旁的空位比別的人多一些。火紅的頭髮與小鬍子使得他特別顯眼，他是那一桌唯一一個引起我注意的人，即使我之前不曾和他說過話也是。他大概很想找個人爭辯一下，但是沒有人與他鬥嘴。一看到我，他很高興的向我揮手，邀我坐過去，只要挪一下我就有地方坐，甚至旁邊就有椅子，因為才有個人起身離去。最後我們像老朋友一樣挨著坐，他堅持要請我喝一杯。

他開門見山，說他覺得我會對摩門教感興趣，所有的人都與摩門教為敵，沒人想和他有什麼瓜葛，只因他是摩門教徒。大家都一口咬定他有好幾個太太，而這就是大家對摩門教先入為主的想法。真是莫名其妙，他根本沒有太太，她跑掉了，正因為這一點他才成為摩門教徒。摩門教徒都是好人，每個人都勤奮工作，沒人好吃懶做，不喝酒，根本不識酒為何物，不像這裡，他生氣的指指我的杯子——他的酒杯已經空了，不然就是他忘了——手臂一舉，把這屋子裡的酒杯全都算在內。他喜歡說這些，說了又說，摩門教徒是好人。但大家不愛聽，他只要一張開嘴，就有人說「拿你的錢！」或者「回美國你的摩門教徒那兒去！」他已經為了這個被趕出酒館好幾回了。大家都與他對立，只因他是摩門教徒。他又不想跟這些人要什麼，坐在酒館裡時，他不要他們的錢，誰的都不要，只在外面，關他們什麼事，讓他們痛著了嗎？但是要這些人發現摩門教徒的優點，門兒都沒有，只會視他們為異教徒或異端，還有人問他：「你那頭紅頭髮不要靠近我，你喝醉了，你好臭。」那個時候他經常爛醉如泥，他把氣出在妻子身上，用拐杖打跑了她。所以她離他而去，要怪就怪酒精，他說了好幾次：摩門教徒要戒除飲酒的習慣，沒有教徒喝酒，一個都沒有。所以他去找他們，真的，他們為他治療，現在他滴酒不沾，他再度怒視我的酒杯，我不敢一飲而盡。

我感覺得出來同桌人的惱火，他不會瞪著那些人的酒杯，但大家都聽得到他講話。他反對酒精的傳教愈來愈大聲，也愈來愈激烈，早就喝完了一杯，但他沒有繼續點酒。我沒那膽子請他喝一杯，走出去了一下，拜託女服務生給他送一杯新酒，但不要馬上送過去，要等到我在裡面坐了一會兒之後再送。我知道她滿腹疑問，就很快的付了錢。然後，一杯酒突然送到他面前，他說「感謝上帝！」，一口氣喝乾了，為了健康著想應該喝酒，摩門教徒也是如此。你想都無法想像他們是多好的人，樂善好施，對可憐鬼也還有一顆心，整桌人會一起點酒給可憐鬼，祝他健康，直到大夥都醉了為止，但那是憐憫，很不一樣的，有同情心的人可以喝酒。我為什麼不和他碰杯呢，他基於憐憫為我點了一杯，現在有另一個人出於同情送了他一杯，所以我們可以開懷暢飲，摩門教徒都是這樣，也很嚴格，這樣嚴格的人容許的事情，應該無人能置喙。

沒有人說話，他一喝酒就沒人攻擊他，桌上的人的眼光——其中有幾位健壯的小伙子，倒沒有興起痛揍他一頓的歪點子——愈來愈友善無害。有人向他舉杯祝福美國。他說，我也打從美國來，是他的親友，我應該隨便說點什麼，讓這些人見識一下我的英語有多好。狼狽不堪的我說了幾句英語，他們都和我碰杯，大概想測試我是否真的善飲，因為他們想從我這兒打聽他的事，是的，他們視我為摩門教的代表。

聆聽的學校

當我回到海德巷魏瑞柏太太的房子時，廚房裡「劊子手」可厭的聲音一直灌進我的耳朵，不想聽都不行，自從那夜魏瑞柏太太到過我房間後，我就睡得不那麼沉，為她再度光臨作準備。她與他丈夫照片的關係真是病入膏肓，到處掛著他的照片，除了大小和掛的方式略有不同外，每張看起來都很類似，但每一張都一樣重要，發揮著它的功能。魏瑞柏太太為照片排列好思念的順序，但因我白天不在家，並不很清楚孰先孰後，我猜她每天都到我房間來，因為她不可能冷落那些掛在我那兒的照片的。

晚上她來的時候，處於一種恍惚的狀態，劊子手清醒、跟蹤並且控制她所有的行為的大白天，她是什麼樣子呢？也許她一直恍恍惚惚，也許這要由相片上透露的眼神來決定，看她何時站在那一面牆的前面。有時候她換一張膜拜，總是那對眼睛描準她。每一張照片上的魏瑞柏先生都很老，好像沒有年輕模樣的照片，少了那一臉的鬍子她一定認不出自己的丈夫，如果他死後她翻出了一些他年輕時代的照片，恐怕當成陌生人的丟了。不要以為他看起來很嚴峻，他的眼光親切柔和，始終不變，與同事們合照也一樣，從不盯著人看，平靜、一位愛好和平的人士、和事佬、樸素的人。正因如此，魏瑞柏太太的惶惶不安更令我不解，是什麼讓她不懈不怠的從這張看到那張，是他遺留下來的一道命令，拴牢了她，以便自己如同在「多元」催眠的眼睛中日新又新？

如果我在接待室遇見她，說個幾句話，我必須死命忍住才不至於問起魏瑞柏先生的種種，但她每次皆信誓旦旦，魏瑞柏博士先生是個可親、好心、高貴的人，讀書人。有一次我語帶遺憾的說：「真可惜他過世已經好久了」，她詫異的回答：「還沒有很久啊。」「是嗎，多久了？」我問，試著模仿他的和氣，但我沒有鬍子，效果大打折扣。「我不能說」，她說，「我不知道」，迅疾消失在她的房間裡。只要我一走進這棟房子，就和她一樣惶惶然，但我不表露出來，也不去看那些討厭的照片，那些相框總是拂拭得乾乾淨淨，玻璃光可鑑人，我眼中只看得見相框和玻璃。我想我在等待一場災難，所有的照片毀於一旦，作為可怕的結局。

有一次我夢見劊子手在我房間裡，這位廚娘，盧賽娜的阿姨平常根本一步都不會踏進來，夢中的她有一張露齒冷笑的臉，手上拿著一根點燃的火柴，走過一張又一張魏瑞柏先生的照片，不慌不忙的通通點上火。做這些動作的時候，她的手臂、手掌和火柴都舉得一樣高，在地上滑行。她穿了一條及地長裙，腳藏得很嚴密，所以我看不到。照片一下子就燒了起來，像蠟燭燃燒一樣鴉雀無聲，房子變成了一座教堂，我知道我的床就在那兒，我躺在那裡嚇醒了過來，因為我躺在教堂裡的一張床上，充滿邪惡。

我告訴薇颯這個夢境，她一向對做夢很認真，但不會用似是而非的解析方法削減夢的意義。她沒有忘記魏瑞柏太太在我房間舔照片，使我覺得陰森恐怖的事，「也許」，她說，「是劊子手要求她膜拜的，她知道女主人在幹什麼，百般依賴那些照片。那是撒旦的教堂，你住在那裡，睡在那裡，在那邊的一天，便不會安寧。」她三兩下就用我們知心的語言把我做的夢詮釋了一遍，也沒有被細微的枝節給弄糊塗了。

我知道我必須搬出那個房間、那棟房子，那條巷子以及那個地帶。一旦換了住處，與薇颯住的費迪南街就不再只有十分鐘的距離，事實這是我租那間房子唯一的理由。我可以出其不意的出現在薇颯的房子前面，向她吹口哨，藉此我可以——因為我不放心——控制她。她是否在家或者出去了，一個人在家或有朋友來訪，我一概不知——即使她在看書或研讀功課，每當我想去看她，她就必須請我進去。她從不讓我覺得打擾了她，也許我真的不曾打擾，這難道不是一種強迫——對她而言，因為她無法確定我會不會突然冒了出來，我受到不可抗拒的吸引力，換句話說，我要清楚的知道她在忙什麼。

無論如何我都想去看她，沒有什麼比與她在一起，欣賞她，在讚嘆之中告訴她所思所為更美的事了。她專心傾聽，不漏掉細節，措詞謹慎，保留她的意見，絕對不會雜亂無章。她覺得好的，一定會留神，在談話中豁然開朗。從事心智方面的活動並不悠哉，但也不致使人目空一切，而是渾然天成。一個人有些想法，另一個人像回聲一樣應答，於是那些想法更臻成熟。她識得這些想法，打開赫伯的《日記》，讓我看剛才我說的話，但我不因不知道這些而覺得羞愧。她援引例證時絕不疲軟無力，如果她需要甦醒的效果，自然出口成章。她自己也會想辯證的理由，激盪出更多她熟稔的語錄來，她就是那個時期點亮我生命的人。我一旦發覺她有些女性沙文主義的時候，不惜與之一辯，他人的奉承她沒有招架的能力，與她經常碰面的彼德・阿爾騰貝克⑥是她兒時的玩伴——，對她大獻殷勤。我覺得可笑極了，直言我心中的感想，有一件事情可以讓我與她之間有界限倒真好，不然我要逐漸臣服在她廣泛的閱讀之下了。我拿瑞士籍苟特海爾夫⑦寫的《黑蜘蛛》（*Schwarze Spinne*），凱勒⑧的《三位有正義感的製梳匠》（*Die drei gerechten Kammacher*）來對付她的阿爾騰貝克。

我們欣賞的作家當中有些彼此對立：她獨鍾福樓拜爾，我喜愛斯湯達爾⑨，若她不滿我的猜疑，或者我的醋勁兒太大（她喜歡小量的）時，就會試著與我爭論，用托爾斯泰來氣我。安娜・卡列尼娜是她最偏愛的女主角，一談到她，她就變得很激動，情緒升高到向果戈里，我偉大的俄國作家，宣戰的程度。

她要求我向安娜・卡列尼娜致敬，我覺得無聊，因為她與薇颯有若天壤之別，但我不能

---

⑥ Peter Altenberg，本名 Richard Engländer，1859～1919，奧地利當代社會名流。

⑦ Jeremias Gotthelf，1797～1854，瑞士牧師、詩人。

⑧ Gottfried Keller，1819～1890，瑞士詩人、小說家。

⑨ Henri Beyle Stendhal，1783～1842，法國作家。

屈從——對這類事情我頑強如同殉道者，寧可粉身碎骨，也不願意為假的女神奉獻——，她二話不說祭出迫害的工具，對果戈里而不是我展開突襲。她曉得他的弱點，於是從《塔拉斯·布爾巴》⑩下手，這個哥薩克人讓她聯想到瓦特·史考特⑪。

我不打算為塔拉斯·布爾巴辯護，假使我把話題轉往非同凡響的小說上，譬如《大衣》（*Mantel*）、《死去的靈魂》（*Die toten Seelen*），她就虛情假意的嘆道，小說第二部對這個描寫太少。要是把這一部分安排到第一章之後，也許會比較好，我對於果戈里回到故鄉後過的日子，當他看到自己竟有如此大的影響力，不計一切要證明自己是虔誠的教徒、政府的順民時，愁苦的寫下《給朋友的信》（*Briefe an seine Freunde*），然後把他嘔心瀝血的作品付之一炬時，我的觀點又如何。

整部世界文學史中，她認為以果戈里的最後歲月最駭人，死時年僅四十三歲。這位模範生——即使他懼怕煉獄中的火燄——如此膽小，我們還能尊敬他嗎？而我將他與托爾斯泰後來的發展作比較，他比果戈里多活了一倍的歲月，他那部我一個字也看不懂的上乘之作《安娜·卡列尼娜》，雖然他成就不同，我難道應該向一位厭惡女人到骨子裡的人致敬嗎？尤其特殊者，是他直到生命的最後時刻都還那麼堅強，印證他的勇氣，了不起的勇氣，也就是英國人口中的「精神」，無人能望其項背。一個認為果戈里比托爾斯泰偉大的人，她大可不必理會。

---

⑩ *Taras Bulba*，果戈里作品，拍成電影「戰國英雄」。

⑪ Sir Walter Scott，1771～1832，蘇格蘭小說家。

我並未被趕盡殺絕，但即便有滅頂的危險我也不屈服。我問她托爾斯泰，那位伯爵，所擁有的勇氣運用在何處？他入過獄，被審判過嗎？他曾經不得不離開他的深宅大院嗎？他是否在流亡的途中死去？

我也嘗試恢復果戈里的名譽，他勇於拓荒，向前行。讀他的作品可以看出他比另外一位作家有膽識，因為他不知道自己膽識過人，驟然面對這個事實嚇壞了。他把自己當成他攻擊的敵人，被返鄉後圍在身邊的澤諾特黨⑫口中的地獄嚇得魂飛魄散，而且為他所塑造的人物一次揹負起所有下地獄的罪。他悲慘的下場就是要證明他小說中的角色的暴力與翻新。薇颯先嘲笑他這個人，繼而譏諷他的信仰，除了信仰之外，托爾斯泰還有什麼地方值得她如此崇拜？

我把果戈里深受影響的恐怖澤諾特黨信仰，與托爾斯泰不斷的審核他的道德良心衍生出的信仰相提並論，她認為沒道理，二者完全不能放在同一個天平上。我倆尖刻、牽連甚廣的對峙匯聚為某一種妥協，於是某個文學物品恢復了文學作品的身分，讓我們兩個都感到驚奇的是：我介紹她讀的俄國作家高爾基（Gorki）寫的一篇關於托爾斯泰的文章。這是他最好的作品，筆下無負擔，這篇文章發表之前，擱置了好長一段時間，所幸未曾經過虛有其表的規格化的破壞。

這一幅托爾斯泰晚期的肖像讓薇颯深深感動，她說是我送過她最好的禮物。每當我們靠

---

⑫ Zeloten，西元一世紀時猶太人反抗羅馬人的政治團體。

近他時都知道，最糟的事情已經過去了，不妨說這篇文章征服了我們的心：「這就是我對這個世界最大的願望，希望你以後也寫得這麼好。」

這不是我可以立下的目標，豈止望塵莫及而已。很多事我們可遇而不可求，但多少可以嘗試著往那個方向揚帆，但是這幅畫中的主角比作家本人分量重得多，今日的世界有托爾斯泰嗎？如果有的話，人們知道他是托爾斯泰嗎？假若有人可以成為托爾斯泰，我們是否有幸與他邂逅呢？這個願望頗為放肆，她不應該說出來的。每當我想起當時她批判我的這句話，心頭就掠過劇烈的痛苦，我想把不敢奢望的事情說出來是正確的，因為你再也不能隨口說它遙不可及。

也讓人驚訝的是，這一次的談話我們並沒有互相影響，她還是想爭取她想要的東西。有的時候我給她一些東西，她會有印象：但除非是她自己發現，否則她很難掌握住。我們不斷發動鬥爭，但誰也不是贏家，鬥爭持續幾個月之久，到後來演變為好幾年，但不曾有投降的情事。我們都在等對方表明立場，但又不等對方自己就先表態了。如果有什麼要說的，說出錯的那一方，未及發芽就枯死了。薇颯設想周到，溫柔呵護那株幼苗，但她並不像一位母親，因為她並不平凡平淡。雖然她措辭尖銳，但不自以為了不起，她當然永遠不會屈服，想要她為了打圓場或者一時心軟，硬是嚥下她的意見，有若登天之難。或許「鬥爭」這個字並不適用於我們的辯論，因為遊戲中有我們彼此很深的認識，並不僅是衡量對方的辯才以及力氣，她不可能讚美我的壞心眼。即使可以贏得全世界我也不會去傷害她，不過，她不追求到真誠誓不干休的態度與我早年的認知不相上下。

我得自遺傳的偏執在這兒展露無遺，我仍然學到了與一位有見地的人親密相處的方法，不僅傾聽對方說的每一個字，還要能掌握每一個字的意思，才不至於有任何的誤解。人與人之間的尊重就從這裡開始，不漠視別人說的話。我樂意把這段時光稱之為寧靜教育，雖然這課程的進行得靠許許多多的字句，因為與此相對、也是我同時在接受的教育，嘈雜且聳人聽聞。

語言的力量驚人，我是從卡爾・克勞斯身上體驗到的，他以秉氣凝神的方式朗讀文章，是以子之矛、攻子之盾的頂尖高手，而且這不表示他會省下字字清晰的指控，他兩樣都來，壓垮每一個人。你喜歡這種遊戲，因為你熟悉他援引字句的規則，另一方面是你曉得他引起的共鳴有多巨大，不會踩痛自己界限的群眾有多為他著魔。你不希望錯過任何一場這樣的經歷，一場都不能漏掉，生病了發著燒也要去聽演講，於是你在偏執中流連忘返，你在家裡就很叛逆了，現在可以說叛逆合法的攀升至不可思議的程度。

更重要者，你同時學會了聆聽，所有的話，任何場所任何時間任何人說的話，聽的時候你體會到不曾體會過的世界境界，因為這關係到人和語言，千變萬化，也許是最重要，至少是最豐富的境界。這種傾聽不必壓抑自身的感動，一旦開始聆聽，你就會退回來，只會吸收，不容許自己被成見、憤怒及心醉神迷所阻。其中重要的是那些沒有戴著聲音的面具（我後來也如此稱呼）混在人群之中，真實、純粹的角色。你不知道已經收集了多少存糧，很久很久都毫無概念，只覺得渴求表達方式，但你又與這分渴望保持清醒的距離，渴念像握在手上的一個東西，不識其相互關係的你突然想到有必要大聲的說出來；你並不驚訝自己如此圓融與盲目，藉此你把世界上駕馭一切的東西都排除掉了，所有的事物，因為它們全都只有一個特色：它們必須周而復始下去。

戴一張這樣的面具有其必要性，是所謂的想當然爾，與我從卡爾・克勞斯的書《人性末日》看來的截然不同，這本書我都會背了，我覺得，我相信，一九二六年夏天我第一次在聖阿賈塔看燕子，一看好幾個鐘頭，觀賞牠們迅疾又輕盈的動作，聽牠們一成不變的鳴叫聲時，就這麼想了。燕子的歌聲，振翅高飛時的激越雖然都一樣，但我一點兒也不厭煩，也許我後來把牠們給忘了，但接下來是教堂落成紀念典禮，兼之我看到窗下賣襯衫的人，他一再的叫嚷：「今天我豁出去了，有錢沒錢無所謂！」這是我小時候就愛聽的叫賣聲，而且我以前很希望攤販多停留幾天，不要一下就離開。這個小販在那兒一待就是兩天，在同一個地方，釘在我的窗戶下方。如果我嫌太吵搬到花園的小木桌那兒，我習慣在那兒寫作，燕子就又來了，市集上的紛嚷嘈雜牠們根本無動於衷，照樣飛來飛去，唱著一樣的歌。每一聲都一樣，反覆再三，所有的叫聲皆為重複，那些叫聲你趕都趕不走，由重複組合而成，雖然賣襯衫的小販戴著一張假面具，雖然他與我聊天時坦承自己是法律系學生，很清楚自己要的是什麼，也曉得自己在說什麼，相較於燕子一成不變但很自然的叫聲，我仍然對於他非要戴上這麼一張面具有了一個想法，那就是我以後要尋找談話方式，一回到維也納就直奔雷歐珀爾德市（Leopoldstadt）內雜遝的街道與酒館。

這一年夏天我覺得這地區不夠寬闊，我開始希望走到更長、更寬的馬路上，去看不一樣的人，但是從海德巷到費迪南街的距離太短了，我與弟弟住過幾個月的帕拉特街已經被我踏爛了。這些道路都成了例行公事。在海德巷的房間裡，我一夜又一夜等待著災難降臨，也許我因此有一些可怕的念頭，就跑到費迪南街薇颯的窗前，從她房間裡的燈光尋求寧靜。若房間闃暗無光，表示她出門去了，我於是怏怏不樂，雖然她事先告訴過我。我似乎期待她永遠在那裡，不管她是否有責任義務必須履行。

慢慢的我知道該如何控制想走近她的誘惑，不再受到激昂情緒的主宰，也曉得壓抑疑神疑鬼，免得釀成大禍的技巧。我倆必須保持距離，我得搬離海德巷，如果我們之間隔著偌大的維也納，最好的辦法就是遠離每一條通往她的路，要找到離開她的可能性，並且把這座城市內引渡我的所有巷道、大門、窗户和酒館，她的聲音，坦蕩蕩的化入我的身上，永遠敞開大門。我要在城市另一端的盡頭找一個屬於自己的地段，而且她應該，至少有的時候來看我一下，從被馴服的可惡老人的暴虐中喘一口氣，因為她老是要分一隻耳朵留心他的動靜，誰也不知道他那一天不會從他的爐火抽身，暫離他的地獄，闖入她神聖的範圍。

虛構的女生

一九二七年復活節假期我去巴黎與媽媽和弟弟會合，他們住在那兒將近一年了，適應得還不錯，弟弟們在新學校也跟得上，至於語言，他們——很小的時候——在洛桑男孩寄宿學校兩年之中所學到的，幫了大忙。他們覺得一切都不錯，尤其是最小的格奧爾格，現在變成佐治（Georges）啦，他的發展非常符合我的期望，是一位個頭高大，黑眼珠，口才辯給的年輕人，在哲學課堂上的表現特別優秀，他軒昂的氣宇令我驚喜交加（因為我的影響應該不會退步），他才十六歲，但隱然獨立自主，這些他都在寫給我的長信上，或我在巴黎期間與他聊天時顯現出來。他敏銳又機靈，在學校裡別人預估他將來會鑽研哲學，他喜歡法語一如我喜歡德語，兩者都不是我們的母語，我們互相說德語，他也是《火炬》的忠實讀者，我必須不斷的從維也納寄這本雜誌給他。他天生具有尊重的個性，每一種他熟練的語言——隨著時間已累積出不少來——，講得和本地人無分軒輊，往往講得比他們更好。

以思想上的銳利和清晰而論，他這個人十分溫和，對媽媽的照顧無微不至，媽媽在我這兒失去的，從他身上得到了補償，並且避免與她發生衝突，他知道我給媽媽的打擊有多大。他的心靈比年紀成熟，所以他曉得我們母子不和，每次都親眼目睹那些場面，耐著性子聽她激動的控訴我的不是，一句也不反駁，但也不認為她完全有理，看起來和解之路被封死了。他似乎接收了我小時候對媽媽的愛，而他所擁有我現在很缺乏的溫情，既豐富又細膩。我不住在家裡對家人是件幸事，我也覺得幸運，若要這幸運圓滿無缺，她和我都必須將深植心上的那根有名有姓的刺拔出來。

從她遷居這件事我看得出來，要減輕她的痛苦有一個獨一無二的辦法，我要保護薇颯免於媽媽的怨恨。虛構的女生。一開始我在信中敘述，然後在寫不同的故事時寫出了興趣。我的故事一定要有好多位女性，每一位我都認真對待，每一個堅稱有所害怕的人，恨意也隨之被喚醒。這些女性都擔心對我有影響力，從中產生了撒旦這個角色來，使得她們夜不成眠，輪番上場。幾經嘗試之後，我找到了一個不錯的辦法：一定要有兩個南轅北轍的女性讓我周旋其間，一位不住在維也納，另一位住得也不近，所以課業上不至於大受影響，但這兩個人誰也贏不了誰，因為距離再度賦予她危險的優勢：如同她所寫的，我被逐出家門。我滿不在乎的杜撰了這個故事，以字面上的意義來看，我不認為通篇是一則謊言，始終是我心目中典範的奧狄賽，協助我擺脱痛苦的處境。寫得好，這就是一個故事，而非謊言，做這件事的好處，頗有助益的地方，不久就顯現出來了。

最難的地方在於我必須知會薇颯，她若對此事毫不知情，或者她不同意，我編不出這樣的故事來，遑論繼續發展下去了，於是，無可避免的，我一點一點，每次都是小劑量，語帶呵護的把媽媽對她深深的敵意説給她聽。幸好她看過的小説真不少，這有助於她理解到底發生了什麼事。在我告訴她之前，我就開始動手寫我的故事，所以她也不能佯作什麼事都沒發生的樣子。她擔心媽媽會從別人那兒獲悉實情：情況將愈演愈烈。我辯解爭取時間最重要，再過幾年等到她習慣了我獨立生活，如果我出一本書，那種她毋須多讀就知道作者是我的書，她就不會對號入座了。我順利的説服了薇颯，她也想只要我不説媽媽醋勁兒大發我有多害怕，應該就没事。

確實有一點我忽略了：我那篇描述媽媽的幻想力，但並未渲染誇大的故事所引起的效果。當我復活節來到巴黎，見不著薇颯的這段期間，收到一位來自薩爾斯堡（Salzburg）的「瑪麗亞」，第二位是提琴手，名喚「愛莉卡」，住在羅宕（Rodaun），寫來的信。我站在巴黎家中的接待室，來不及參觀這棟房子，也没有誰漫不經心的與我打招呼，媽媽就問起了愛莉卡這個人，弟弟不在旁邊我倆獨處的時刻，她説：「我没告訴你弟弟，但瑪麗亞怎麼辦呢？

你是直接從維也納來，還是在薩爾斯堡停了一下？」她認為弟弟不該知曉我腳踏兩條船，會教壞了他們。她和弟弟說了愛莉卡的事，希望我不介意，薇颯的幽靈自此從我家驅逐出境，我一個人在維也納，家人不再憂心忡忡了。

就這樣我滿足了媽媽的好奇心，回答了她一連串的問題，她什麼都想知道，弟弟們是否在場，牽涉到她問的問題。薩爾斯堡的瑪麗亞變成我們母子的秘密，樂趣無窮，她勸我在親戚面前一個字都不要提，唯恐這會損及我的名譽。如果她必須告訴我，她不相信我有能力處理生活中現實的問題，聽起來還是有點兒輕浮。但也許事情就這麼簡單，她不必讚美我什麼，因為那不過是一樁意外事件。

幾天後我與格奧爾格展開第一次的長程散步——他要讓我看一些以前我在巴黎不曾見過的東西——，我們聊了一些「真正的」，亦即精神層面的事之後，他告訴我媽媽現在過得好多了。自從我與薇颯告吹之後，便似有奇蹟降臨在她身上，說到這兒，他挺嚴肅的注視我，略顯猶豫，好像要說一些不當的話。「我對那事有何看法，你不必問了」，他說。「我希望你不要老是像玩弄薇颯一樣戲耍別人。」他再次有點兒遲疑，「你應該知道她現在好不好？你難道不怕她做傻事嗎？」

我一直都很喜歡他，現在我更喜歡他了，我決定把他當成第一個告知實情的人，但目前言之過早。真糟，我好想聽聽他的意見，對於一個與我十分接近，他認識不深、並非舉足輕重的人物的命運，他的觀點為何？我壓根兒沒想到我那捏造出來的故事的觀點，我現在就面對這個問題也不壞。

每當我單獨與格奧爾格相處時，他的心頭就盤旋著這個問題。他堅信一個被人以卑鄙的手段拋棄了的人，處境很危險，特別需要關心。他以溫柔及善體人意改善了媽媽在巴黎的生活，也以同樣的態度為人在維也納的薇颯設想，不必直接談到她或給我任何建議，他的周到實令我備感溫馨。有時候我們一起去羅浮宮，他停駐達文西的「聖潔的安娜・賽爾珀德立特」（Heilige Anna Selbdritt）前面，久久注視著安娜，然後再注視我。她的微笑使他憶起薇颯，他記得她的模樣，他看過她，但是沒和她說過話。他問我——彷彿我們在談論一位畫家——我是否欣賞達文西，有些人覺得達文西筆下安娜的微笑很甜美，他則不。我說這取決於我們是否認識生活未必甜美，但有能力這樣微笑的人。他很滿意。我察覺他想知道我對薇颯真的看法，因為他覺得我的表現太差勁了；他也為她伸張正義，因為家裡一提起她，都是些不忍卒聽的話，雖然他比他們都來得清楚，但他選擇沉默。

我們接著走到我們兩個都非常欣賞的傑利柯⑬的「梅杜薩之筏」（Floß der Medusa）之前，他才十六歲，卻已被這幅畫深深吸引，我實在不敢相信。「你知道為什麼那些頭顱是這個樣子嗎？」他說，然後告訴我傑利柯畫的是死刑犯的頭顱，以便訓練他的「筏」。「我永遠也學不會」，我說，前所未見。「所以你當不了醫師，解剖課就讓你受不了了。」我知道他尚未放棄讀醫學的志願，現在哲學優先，醫學被擠了下去，其實他是高興的。他一向感情豐

---

⑬ Jean Louis Théodore Géricault，1791～1824，法國浪漫派畫家，他所畫的「梅杜薩之筏」，描繪了一八一六年震驚法國的梅杜薩軍艦在海上失事的事件。畫中的場景則是倖存者劫後餘生的情景。

富，加上對於痛苦的認知，不會一看到死人就昏倒，他的好性情以及正義感，都值得敬重——這些特質都加強我對於他以醫師為業的信心，如果我說錯了，那是因為我很尊重這個行業。

我們相互擷取縝密的思維，當我們停在一幅無所謂喜不喜歡的畫作前面時，的確有點兒怪異，因為我們其實更想去看那些我們熟悉也喜愛的畫。他禮貌周到的問我對古巴比倫文物有沒有興趣，暗示我對基爾加彌息神話的熱中。他連這個都沒忘，真是什麼都記在心上啊，拉德史基街上的紛亂並未抹掉我們的過去。我放棄了只會讓他打瞌睡的古巴比倫文物，他為了答謝我就帶我去看「四位殘者」，布勒哲爾小而美的作品，「這樣你才會再回來看我們」，他說。「你以為我不知道你離不開維也納的原因嗎？是為了卡爾·克勞斯和布勒哲爾，還有……」最後一個他以前一定會提到的人，他沒說出口來。

我倆比以往更親近，他對人的關係對我來說比什麼都重要，我因此感到寬心，因為我並未善待周遭的人。我知道我沒有錯，因為事已至此，但我仍然心懷歉疚，唯有當我和媽媽單獨在一起，看到她問起「瑪麗亞」的種種，而我也一一回答，看到她笑逐顏開的樣子時，才得以釋懷。她只對瑪麗亞感到好奇，已經開過演奏會，並且受到好評的提琴手卻引不起她的興趣。瑪麗亞必須住在距離我遙遠的薩爾斯堡，她為此感到遺憾，其實這個距離才教她鬆了一口氣呢。她對她姣美的容顏印象深刻，很高興的誇我，瑪麗亞會喜歡我她不覺驚訝，雖然與英俊的小弟比起來我還有一段距離。「你呢就是有詩人氣質」，她突然說，當此之時我正在為了她繼續瞎掰，「你會編織故事，你不像時下的年輕人那般乏味，像薩爾斯堡那樣的城市，很容易接受詩人。她眼中的你不是化學家，這可是你的幸運。」

我在巴黎哥白尼街的房子裡待了三個星期，她對瑪麗亞的好奇沒有一天停過，她打聽的方式使我難以拒絕，有些事我不隱瞞，譬如瑪麗亞懷疑媽媽一毛不拔，並對此覺得吃不消。「上好的家庭都是這樣」，我聽到她說，「想想薇颯的繼父！」——氣氛急轉直下，她應該也常常想到薇颯家中令人無法喘息的壓力吧。臨別時刻，叫計程車去火車站的前半小時，她興奮莫名，講起話來恢復以前的神態，「別對她太兇了，我的兒子！」她說的是薇颯。「她現在被重重的一拳給打到地上去啦，什麼都別跟她說，她應該知道你那兩個女朋友長得有多漂亮。別忘了她現在得一個人過日子，對女人來說，受到這樣的打擊之後還要保持自尊心實在不容易，最難的是一個人生活。她沒有對不起你，因為是你從她的網溜走了，她的網再也捕不到第二個像你這樣好的人了，因為沒有人像那個時候的你一樣純潔。我把你們教養得很好，她一眼就看得出來。讓她頻送秋波的是你，我的兒子，有的時候也去看看她，不要去得太勤，否則會加深她的痛苦，告訴她你不能去，因為現在學校比較忙——從現在起你就要為你的人生作準備，馬虎不得，不能蹉跎光陰。」

離開她的時候，這番話還留在我腦子裡，我真高興維也納國家劇院還在她心中占一席之地，更教我開心的，是她的恨與同情一夕之間改變了。我的敘述讓她滿心歡喜，一點兒都不諱言她中意那一位女生，我比較喜歡誰倒無所謂，瑪麗亞在天平上顯然較有分量。思念遠方的某一個人總是好的，太近的會彼此擦傷，一切會走味，連小提琴也對兩人的關係不利。我們愛一個人，卻未必愛他的樂器，不然去聽音樂會不就得了。但我不應該想瑪麗亞會希望認識她。在我念完大學之前的這兩年與她保持連繫，反正她在薩爾斯堡，不是在維也納，媽媽認為此計甚妙。她對她也很好奇，當然，我這個人很誇張，也許一點兒都不對她的胃口。有機會認識她的話，也許她的看法又改觀了；但她覺得不恰當。不要被套牢，康莊大道為我而開，今天誰要二十二歲就定下來，誰就是傻瓜。

眺望史坦村

在珂爾瑪（Kolmar）時我一整天都站在聖壇前，我不知道自己何時來，也不知道何時離去。當博物館關門時，我希望自己是隱形人，晚上才能留在這裡。我看到耶穌基督時並不傷感，祂的身體所承受的痛苦很逼真，我曉得祂受了那些苦，祂釘在十字架上，混淆我觀感的：是那種美感與容光煥發。「天使音樂會」⑭上的人可以神采飛揚，但十字架則不。在真實的生活中已被遺忘的恐懼，可以從畫作中知曉，讓人憶起人類的自相殘殺。一九二七年初，戰爭、毒氣瓦斯的記憶猶新，提昇了這幅畫的可信度，也許藝術不可少的責任經常被人遺忘：不要滌淨，沒有慰藉，不支配一切，好像總會雨過天青似的，因為不可能柳暗花明又一村。災禍、弊端、痛苦與恐懼——我們為災禍杜撰出更恐怖的事情來，自我安慰式的自欺在面對真相時無話可說，假象不能改變面貌，必須一直在眼前亮相，即將臨頭的禍事在這裡都被清

⑭ Engelkonzert，德國畫家 Matthias Grünewald 的作品，1460～1528。

除掉了。約翰的手指令人毛骨悚然的指著：是他，下次還是他。這個風景中的羔羊有何作用？在十字架上快要腐爛的人就是那隻羔羊嗎？牠是否長大之後變成了人，為的是要釘在十字架上，然後被稱為羔羊？

我在參觀的時候，有一位畫家在那兒描摹葛林內瓦爾德⑮的畫，他看起來心情既不沉重，也沒有成見，每一筆都經過慎重考慮。我希望他走開，那裡就我一個人，我想他可能想和我攀談；但他根本沒開口，他自己也需要安寧，他唯一引人側目的地方，就是他對我不理不睬。我試著不去想他描摹的畫，於是我站到一個看不到的地方。但是無法不去想他仿製的畫，待得這麼久，我自己也感到有些不自在了，我只是一直站在那兒，什麼都不做，和他差不多，他也像生了根似的，但他手上有枝畫筆，很認真的在描摹。他是個結實的男人，中等年紀，面無表情，不見絲毫的痛苦，在那幅畫的旁邊看到這樣的一張臉，實在很難相信兩張臉同時在那兒，在同一個空間裡，他的臉緊緊盯著那幅了不起的畫，忙著仿製。

我為複製者感到不好意思，所以時不時的就從後面消失，佯作參觀聖壇的其他地方，離開釘死十字架的複製畫有其必要性，真跡亦同，畫家應該想我是為他著想吧。也許只剩下他一個人的時候，他會有些不一樣，譬如扮個鬼臉，以平衡時時面對那幅畫的不適。當我從後面又走到前面時，他彷彿鬆了一口氣，我覺得他微微笑了一下。我觀察他，一如他觀察我。在這個現場還能看到一個活生生的人，豈不教人驚喜？我需要他，因為他沒有被釘在十字架

⑮ Matthias Grünewald，1470～1528，德國畫家，主要為教堂繪畫。

上，只要他忙著描摩，就不會出事。這是最常令我感到詫異的一個念頭。你看到一樣東西，若要保護它，眼光就不要移開，營救的方法在於頭不要轉開。這不是膽小的營救行動，不是偽造，但複製者在被營救時是否完好如初？不，他必須目睹自己被肢解，一塊一塊被救起來，但彼此相屬成一個整體的事實一再被延宕。只要他仍然在畫，肢塊就不屬於那個整體所有。它們將會成為一個整體。有的時候他無法看到整體，因為他忽略了細部，複製畫是一個表象，那不再是約翰的手指，他的手指沒有指什麼，只是在那兒動著、露出來。這裡表現得最自然的一點，是他如何看，換句話說，他沒有改變，假使他改變了什麼，複製畫就無法完成了。

好些年過去了，直到我成功的找到偉大的珂𤩽版印品⑯，並且將之掛在我的房間裡，才忘了這位複製畫家。從珂爾瑪回來後，我必須先找一個可以掛珂𤩽版印品的房間，我馬上就找到了，可以說想都沒想到底有何用途。

我想要有樹木，很多樹木，我在維也納見過最古老的大樹是在萊岑（Lainzer）動物園，報上第一個吸引我的廣告就是在動物園附近。我坐車到哈金（Hacking），一直到地圖上的終點站，穿過維也納人口中悲慘的河道，關於這條河危險的歷史有許多不可思議的故事，然後我爬上坡，横過大主教巷（從這裡沿著城牆可以一直走到上聖菲特，我一向對這條巷子頗有好感），接著拐進哈根貝克巷，一走進巷子就往右邊的坡上走，第二棟房子裡的房間就是我要找的。

⑯ 是最早的照像平版印刷之一，因多用厚玻璃作版基，又稱「玻璃版印刷」。

那家的主婦領我上二樓，樓上就只有這一間房，她打開窗户，我一眼相中：我要住在這裡，要住很久很久。窗外有一大片兒童遊戲場，大主教巷盡收眼底，再望過去就是許許多多的樹木，又高又大，我猜這些樹屬於大主教的花園所有，越過綠樹我看到了維也納山谷的另一端，瘋人城市就在對面的山丘上，史坦村（Steinhof）：一道長長的圍牆把它圈了起來，內圍是以前的城市所在，有自己的大教堂，拱頂上有奧托・華格納⑰閃亮的風格，這座城市聚攏了不少的圓亭，遠遠望去好像一幢幢別墅。自從我來到維也納，就經常聽人說起史坦村，那裡住著六千位精神失常的人，其實村子離這兒還有一段距離，但一覽無遺，我想像著從窗户望進大廳的情景。

這家的主婦誤會了我往窗外張望的用意，——她大約有六十歲，長裙拖到地板——引著我大談時下的青少年，以及馬鈴薯的價格是以前的兩倍。我聽她說完，不曾插嘴，也許我曉得以後得常常聽到這一類的話題吧，為了不使她誤會，等她說完了，我就告訴她我希望能在這房間裡接待女友來訪。她立刻說成「未來的新娘」，並且堅持是唯一一位新娘才可以。我說我必須把書搬過來，我的書可真多，她似乎很滿意，因為大學生才會這麼做。比較麻煩的是我打算掛在牆上的畫，就是那幅自蘇黎世「雅塔會館」以來一直跟著我的梵諦岡王室教堂的複製品，我可不希望與它分開，「是不是要用圖釘？」她問，旋及讓步。租金不算高，我當下就同意了，我要搬書過來，這多少挹注了她對我的信任，她不愛調漲房租，有很多書的

⑰ Otto Wagner，1841～1918，奧地利名建築師。

人會留得久。

我帶著梵諦岡王室教堂來，但沒忘記來此的初衷，我的目的在於尋找伊森海默（Isenheimer）聖壇上的珂玀版，然後盡量把所有能捕捉到的都釘在牆上。沒有花很多時間就找到了。我在這個房間一住就是六年，而且在葛林內瓦爾德的複製品的環繞之下，撰寫了《迷惘》（*Blendung*）這本小說。

那位與丈夫和已成年的兒女住在樓下的太太我很少見到：一個月一次，把房租交給她，然後她把收據送上來。有的時候我不在，剛好有朋友來，她就會在我回家時，在門口把我攔下來，詳細的告訴我那人的長相、大概是做什麼的以及來訪的目的。每一個來的人她都不信任，若有住這附近而我恰巧也認識的人來向我借書，她便語重心長的警告我這些人不安好心，還不是想看看有什麼可偷的。無論她與我談什麼，總以時下青少年的種種作為結束。

這棟房子的最下層，地下室裡住著一位女管家，是一位森林管理員的遺孀，她大部分的歲月都與她的丈夫在動物園裡度過。為我鋪床以及整理房間是她的工作，我不必去實驗室、早上留在住處時，會與她打照面，她就和我聊她那個時代在萊岑動物園的種種。席蔻（Schicho）太太是位友善的老婦人，頭髮斑白，胖敦敦的，有一張紅潤的臉，稍一使力或動一下就出汗。她來整理時，若我也在，其實沒有什麼要收拾的，房間裡卻一下子功夫就充斥著強烈的氣味，雖然門窗都開著讓空氣流通。那倒不是什麼讓人掩鼻的可怕味道，聞起來像不新鮮、但尚未酸腐的奶油。我正想走開，但那氣味已經散逸開來，席蔻太太聊起天來我無法不聽，她沒有敘述森林裡她住的管理員房舍，反而是我向她請教公豬和貓頭鷹的事，她總是很樂意、但不帶感情的講給我聽。她的思緒經常飄回那些跟隨皇帝去動物園參觀的貴客身上，引以為傲的她說起三位皇帝同時出現的盛況時，並未眉飛色舞，俄國以及德國的皇帝騎在高高的馬背上，一旁是法蘭滋・約瑟夫皇帝，停在森林管理員的房舍前，由她奉上歡迎的酒。三位皇帝就在她眼前，彷彿她還站在那兒，形容他們頭盔上的纓子，穿的制服，他們的臉，她也還記得他們騎的是什麼馬，以及用了那些詞句來謝謝她的歡迎酒。她話中並無諂媚或卑微的味道，比較像是她仍在現場，當她伸出手臂，讓我看她如何為皇帝遞上歡迎酒時，帶著幾分驚喜，因為沒有侍從到她身旁取走她的酒杯。一切都消失了，皇帝安在，怎麼做到了無痕跡的，雖然她從不說出口，也不透露她心中的遺憾，我覺得這對她和對我都是一個謎，為了這個謎，所以她要盡全力、生動的講這段故事。

我不在房間裡用早餐，也不放任何水果或麵包，我一直希望住在一個被食物釋放的地方，完全不受我覺得微不足道或糾纏不清的事物的干擾，我戲稱這是我的「房間淨土」。薇颯來的時候很瞭解這一點，從來不像一般女性那樣，想為我的房間添加雜物。她以獨到的討好方式點出我房間保持清靜乾淨的願望：基於我對預言家和女巫的尊重，他們都掛在牆上，或許也基於我對米開朗基羅的敬重，他在這兒要日以繼夜的工作，不想吃飯的事。

但這並不表示我節衣縮食或挨餓，走下坡五分鐘就到的奧村街上有一家牛奶鋪子，出售酸奶、麵包和奶油，顧客可以就著店裡唯一的一張小桌子，坐在唯一的一張椅子上，安安靜靜的享用。我就是在去實驗室之前，在這家店吃早餐。假如我待在家裡，白天也會過去一趟，那些年中，我樂得靠酸奶和奶油麵包填飽肚子，省下來的錢就用來買書。

經營這家牛奶鋪子分店的馮塔那（Fontana）太太與席蔻太太毫無相似之處，她帶著鼻音的聲音很尖，我恨不得她最好不要開口。我用餐時，關於前腳才踏出去，以及即將走進來的客人的事情，我都有所聽聞。若是這些材料都用罄了，就輪到她並非全然正派的婚姻上場，她的第一任丈夫當了俄國的戰俘，被送到西伯利亞，在那兒度過幾個年頭後因病逝世。後來他在那邊的一個朋友返回，捎來他的臨終遺言、婚戒與一張照片，那是一張團體照，上頭有她的亡夫、他的朋友以及其他的俘虜，這張照片很珍貴，擁有者不願出讓，他只喜歡拿給別人看。照片上的人都留了鬍子，認不出來誰是誰。擁有者習慣指著一位留鬍子的人，下方右邊數過來第二個，說：「就是他，您認不得啦？唉，歲月磨人！」然後他換上一個歡悅的表情，指著另一位大鬍子，下方左邊數過來第二個，說：「這是我的朋友暨前任丈夫，您儘管叫他馮塔那先生一號，當然他也可以叫別的名字，您最好問問他的妻子。她將竭力謳歌。」

因為，馮塔那太太對第二任丈夫唱不出讚美的歌來。她很早起床，牛奶鋪子清晨就開門，他則一上午都在睡覺，夜裡一點鐘才搭最後一班電車，有的時候更晚，他就走路，從城裡他愛去的咖啡館回到家中，妻子早已睡著了，而他視若無睹。當她下午在店裡忙的的時候，他才爬起床來，然後與狐群狗黨進城去。

她很容易破口大罵，他盡量躲著她，中午過後，他進城之前，有的時候他會來代班，所以我也認識了他，他會講一些西伯利亞的事情給我聽。兩年過後，這對夫妻的關係趨向惡化，她把他逐出家門。這像什麼婚姻，兩個人根本沒有交集，她的房子僅僅是他的臥榻而已，要不然他連話都不會和她說，每當她醒過來，他還在熟睡，或者她剛睡下，他就要起床了。

最後他走了，第二天她既滿意又苦惱的告訴我這則消息，他幾乎什麼也沒帶，一無所有，不過，他所擁有的都帶走了，甚至幾枚粉紅色的釘子也不留。「您想想，粉紅色的釘子他拿走了，連個釘子也不留給我。」聽起來好像她很想要保留一枚他的粉紅色釘子——當作紀念？火上加油？——，而他連一枚釘子也不願成全她。假使那些釘子是新的，然而，都是些舊的、粉紅色的釘子。

馮塔那先生非常矮小，縮著脖子走路，向前佝僂著，彷彿嚴重骨折，一根頭髮都沒有了，看起來瘦骨嶙峋又衰弱，有一種他老婆下一刻就要對他冷嘲熱諷的眼神，其實她不會開罵。若他在店裡，住在附近的伯爵夫人就會走進店裡，一位富麗堂皇且豐腴，高大又粗壯，懂得馬術、擅長狩獵的婦人——雖然我從未看過她騎馬或打獵——，她有一副大嗓門，買起東西來好像整間牛奶鋪為她一個人開似的。其實她買的並沒有那麼多，因為她身上帶的錢老是不夠，有時候她帶三個小孩一起來，你可以想像她的兒子有多出色，馮塔那先生的眼珠都快要從疲乏不堪的眼眶裡蹦出來了。他殷勤的侍候她，不懷任何敵意，否則他會對每一位上門的客人生悶氣。伯爵夫人尚未完全走出店門，他便湊近我，興奮莫名，用一種千真萬確的譏笑聲音說：「好大一匹母馬！好大一匹母馬！」

我猜他來只為了要見她一面，在這個時間——否則他會睡得更久——，而她就像約好了似的，總是同一個時間過來，只讓他為她服務。有的時候她要買的乳製品擺在她面前的櫃台上，然後——她的算術亂七八糟——開始計算。喜歡把她留在店裡以便多方面觀察的馮塔那先生，幫著她通通加起來。每次她帶的錢都不夠，差得遠哩，即使他很喜歡她也不許她賒帳，於是她要的一些東西從櫃台上一個一個消失。她不會加法，卻一點兒都不覺得難為情，又不丟臉，反正她懂馬。一樣一樣把東西退回去，她的臉上不見慍色，馮塔那先生被允許極溫柔的打開她的手掌，她身上有多少錢一目了然，他是那個她退貨時突然喊停的人，說：「現在剛剛好，您剛好有這麼多錢！」

他出走後，她悵然若失，現在由馮塔那太太為她服務，而她對於她不善於加減不怎麼耐煩，老猜想她有意訛詐。每次這位女士和她的小孩一離開牛奶鋪子，她就說她的格言：「她沒上過學呀，算都不會算，寫字也不會。您只消想像一下，這樣的人來開我的店！」對她的冷淡並非完全不查的伯爵夫人在外頭對我說：「可惜，那個好人走了！真是個好人哪！」情況很明朗，粉紅色的釘子她聽都沒聽過。

我也很懷念馮塔那先生，想念他講的關於西伯利亞的故事。事實上他還住在那裡，他愛去的那家咖啡館的哥們兒喜歡聽他說話，他們等著他回去，希望他繼續說故事。可以講的多著呢，他才起個頭而已，可以寫出一本書來，但用嘴巴講比較簡單。他的妻子第一次聽他說起西伯利亞時就睡著了，對她來說：婚戒就是一切，他的朋友，她的第一任丈夫早就告訴過他：看在上帝的分上把這枚婚戒幫我帶回去，要不然她片刻不得安寧！她認為戒指是有價值的東西，他其實可以據為己有的，但他答應死去的朋友，就一定要辦到。如果獎金高達一百萬的話，他就會把她送回去。正直坦率換來了什麼？現在，一個賣牛奶的女人取代了伯爵夫人，繞著他的頸項。

他離開後一年，這地區又出現了西伯利亞人。

死者面型的背面

伊比・葛登（Ibby Gordon）的心靈與開朗的個性我很欣賞，她想到什麼就說什麼，我從未聽她說過一個我預期中的句子，她說的總與我想的不一樣。她是匈牙利人，她曉得這可以讓人感到驚喜，每犯一個錯誤就變成天外飛來的一筆。有些字眼要透過她才恍然大悟，如果她特別喜歡某一個德文字，她就跳過去，等到賦予它新的意義才展露出來，於是，記憶中字的原意蕩然無存，得再用另一種方式去平反失去的語意。她說話的速度不快，無論說什麼聲音都不會往下沉，每個音節都各有音調，每一個字都慢條斯理，不會與下一個要說的字撞在一起，但是她想得很快，所以有很多字排隊等候，這些字在登場之前，映照在彼此的喜悅之中。很多喜悅，大部分是新的，排成一列，出現在她源源不絕的開朗之中，驚嚇、悲傷、厭惡與害怕在這兒無容身之處。與她在一起時，你不會相信天底下有悲傷這樣東西，因為她眼前所見或發生的事情都會來個急轉彎，丟掉沉重的，安上翅膀，遇到了不順她也不抱怨，當她嘲笑別人大驚小怪時，沒有人能責怪她。

她看起像馬約爾⑱雕塑出來的人物，古典農村的形象，有一張水果一般的臉，閃爍著成

---

⑱ Aristride Maillol，1864～1944，法國藝術家。

熟的光芒，所有她看到的矛盾以及稀奇古怪，都成了她的食物，有人認為她冷酷無情，她也反對自己變成這個樣子，她諷古喻今充滿了機趣，唾手可得令人佩服，健康快樂的外表下卻常常没得吃，但她什麼都不說，事情是這樣的，她說了一個故事：她總是對男人胃口，肩上的光華他們看也看不膩。

所有關於來歷、規律以及按照一定程序進行的日常生活，在她身上全無著落。談到過去，她說起來滿不在乎，猶如那些事不曾發生過，她的祖籍——馬瑪洛斯—茲哥特（Marmaros Sziget）位於匈牙利東部，就在卡帕騰（Karpaten）山腳下——我之所以注意這個地方，因為它讓我憶起大理石，而她就是馬約爾用大理石刻出來的作品。她叫做伊寶雅（Ibolya），匈牙利文小詩的意思，聽起來很好笑，幸好沒有人這麼叫她，都簡稱她伊比。我比較喜歡她娘家的姓費爾得梅瑟（Feldmesser），她自己也十分偏愛，或許這與她謎樣的家庭有關。作為女詩人的她為自己取了葛登這個姓，原因在於，這是唯一一個蒙她青睞的東西，所以她希望擁有它。

她在布達佩斯邂逅了弗里德里西・卡林堤（Friedrich Karinthy），一位匈牙利籍的諷刺漫畫家，在該國相當有名；我没看過他的作品，她敘述他的事情時讓人聯想到斯威夫特⑲。她成為他的女友，她寫討他歡心的詩，可以說她的詩和她的美讓他不可自拔。他的妻子阿蘭卡（Aranka），是個性情剛烈的人，一位黝黑的吉普賽美女，伊比這麼說，因嫉妒從三樓摔下

⑲ Jonathan Swift，1667～1745，英國小說家，《格列佛遊記》之作者。

街去，雖然身受重傷，但奇蹟般的活了下來。她了無生趣的演出使得卡林堤永誌難忘，當下決定與伊比分手，為了要挽救其妻的性命，伊比就被他從布達佩斯和匈牙利放逐了出來。

他的一個朋友帶她越過邊界來到維也納，除了一把她愛展示的牙刷之外，她沒有任何行李。命運捉弄人，但她談到這件事時沒有怨艾。她不同情阿蘭卡，一如她不同情她自己，她能感受到的，就是自己的處境真荒唐。這位著名作家託一位他信得過的朋友護送她，他得提防她越過邊境後又溜回匈牙利。他在史陀爾茲巷為她找了一個房間，她每天必須去一間咖啡館向他報到，他一看到她就立刻打電話到布達佩斯給卡林堤：「伊比在維也納，伊比沒有失蹤。」然後她才有東西吃，房租已經付妥，此外她身無長物，他們擔心她有了錢就會買前往布達佩斯的車票。如果她沒有出現，這位朋友會到史陀爾茲巷找她，以便監控，這麼一來她就沒有東西可吃了。我第一次看到她時，她站在我面前：普慕娜[20]女神，手上一把牙刷替代了蘋果。

過了幾個星期，伊比結識了一幫維也納的紈絝子弟，這個圈子是兩個兄弟吵出來的產品，圈內的人都衝著她來，因為為數眾多，每個人又都對她展開追求，她於是使盡渾身解數，很成功的讓那些人彼此為敵，巧妙的擺脫了所有的攻擊。那兩位兄弟給她帶來不少煩惱，兩個人都很認真。她在維也納待了將近一年，那段期間我經常看到她，我們在咖啡館裡見面，她以她安靜、事不關己的風格，冷淡、光芒四射又怪誕的方式，告訴我她的遭遇。我必須傾聽，而她必須說出來，我並非純粹的聽她敘述，這一點她很感激，她說在我這兒她獲得了平靜。

---

[20] Pomona，羅馬神話中專司水果之女神。

她的美是無辜的，她察覺我以同樣的方式感受她的美麗，那是一種負擔，我面對花容月貌唯有束手就擒一途。

兩兄弟中的一個開了一家頗具規模的書店，是他已逝的父親遺留下來的，另外一位公認更聰明、知識更淵博，則在上大學，什麼都學，他喜歡更換科系，當時正就讀於哲學系。當書商的叫做魯道夫（Rudolf）是個微不足道的小人物，很瘦、不引人注意，花不少心思在講究的服裝上，在稀疏的頭髮上大作文章，希望藉此讓人留下印象，但他乏味、缺乏幻想力，比諸他喜歡聽人說話、有點兒口吃，但點子一個接一個的兄弟，實在很難勾起她的興趣。需要建議，但從來沒有人給他出主意的魯道夫，只好寄情於書本，尤其是他書店裡現成的藝術書籍，他用那些書來討好伊比，讓她不得閒。有一次他給她《永遠的面容》（*Das ewige Antlitz*），一本收集死者面型㉑的書，才剛出版。伊比正準備要打開書的時候，我也在場，才翻了幾頁，她和我都震懾住了，啞口無言，這在我們乃前所未見。我們坐在一起，無法忍受這份沉默的魯道夫把書留給我倆，逕自他去。

我以前不曾看過死者面型，對我來說這是樁新鮮事，我覺得那一剎那間，我與我最沒有概念的事物有了密切的接觸。

這本書的書名叫做《永遠的面容》，我未作多想就接受了，人之種種總是令我眼花撩亂，但我從來沒想過死亡的當下那千變萬化又升了一級，有這麼多死者面型被保存下來，也教我

㉑用石膏或蠟印作成。

吃驚。人死了就消失了，我從小就深感痛苦，保存其姓名與作品對我而言是不夠的，我也想知道他們的肉體怎麼了，臉上的樣貌與牽動我都想一探究竟。當我聽到耳熟的聲音，我便徒勞無功的在夢中尋覓他的臉，如果我不希望看到他，但也不至於存心將他驅逐。即使我鮮少仔細——觀看，原來那是另一張臉，臣服於死亡的規律之下。現在，我看到了創造我賴以生存的思想與作品，我喜愛他們的作為，憎惡他們的罪行的人，在我面前恆常的閉上了他們的眼睛——彷彿還會再睜開，似乎可以死而復生——，他們的生命到此為止，如果和他們單獨說話，還聽得到嗎？我跌跌撞撞從這個面型到下一個，好像要一個一個抓起來，再保存起來。我沒想到這些死者面型在書中一起呈現，我怕他們會從不同的方向立了起來，走路，每個面型各走各的方向。若不看姓名的話，我認得的面型很少，他們無助的以無名的身分被逐出，一旦將他們與某個名字連繫在一起，想必會覺得要崩解了。我一直看下去，然後意外的又往回翻閱，他們都還在，每一個都在，沒有那一個潛逃，沒有那一個反對保存的序列，這本書裝訂成冊，他們其實挺體面。

最終的瓦解之前：好像這是他最後一項本事，施展在自己身上，按照他的意願展示出來。但並非每個面型都同意這麼做：也有揭露開來的面型，頗令人驚訝。這些面型揭露的是一樁驚悚的事實，它們存在的意義就蘊藉於其中，務必要注入這個特定的統治者身上：瓦特・史考特的負荷，老斯威夫特的低能，傑利柯可怕、形銷骨毀磨人的病症。你可以在所有的面型中看到駭人的東西，死亡的恐怖，有若凶殺—面型。但這又歪曲了：其中還有些什麼超越了謀殺致死。

稟住呼吸，好像一息尚存，呼吸是人類擁有的珍寶，到了最後時刻更是彌足珍貴，而這最後一口氣保存在面型裡，如同一幅畫。

但是呼吸怎麼可能變成畫呢？我打開，尋找，一再找到的面型是巴斯卡㉒的。

痛苦在這裡趨於完整，痛苦在這裡找到了它走遍千山萬水的意義，不可能再有任何想法了。如果死亡的另一端是抱怨，在這兒要面對的痛苦，慢慢的靠近死亡，以小得不能再小的步伐走著，根據意願跨過它的門坎兒，以便贏得它背後的未知數。我們可以讀到很多虔誠信徒以及殉教者嚮往他鄉，企盼從現世解脫的故事，如果我們看到這些面型中的一個，當此之時他達到願望了，雖然他也是一個清儉過日子的人，但遠遠超過了想像中的清心寡欲。所以，所有他抵拒現世生命的，都反映在他的思想中。他的面容我們可以稱之為永恆，因為永恆被表達了出來，這是他該得的。他在痛苦中安息，他不願離開那痛苦，他希望受苦，當他準備好了要接納永恆，當他獲致完好無缺的永恆時，他把痛苦呈獻給永恆，然後進入永恆。

七月十五日

搬進新的住處幾個月之後，發生了一件對我後半生影響深遠的大事，這件事與那種經常

㉒ La Pascal Richard，1623～1662，法國數學天才。

發生、席捲全城，然後這座城市不復從前的事件不太相同。

一九二七年七月十五日早上我沒有像往常一樣去威靈爾街的化學研究所，而是待在家裡。我在上聖菲特街的咖啡館看早報，當我讀著手上的《帝國郵報》（*Reichspost*）時，尚未感覺到胸中的怒氣，報上的標題很大：「一個公正的審判。」布爾根蘭（Burgenland）槍擊事件，工人身亡，殺人犯被法庭釋放。執政黨稱此釋放為「一個公正的審判」，但是嘲笑其公平性的聲音沸沸湯湯，比釋放殺人犯還要轟動，在維也納工人團體引爆激烈的反應，維也納每一區工人的遊行至無公正可言的司法部，這是一次自動自發的行動，我覺得自己也要跳起來了。我飛快的騎著腳踏車進城，也加入遊行的行列。

工人團體素來紀律嚴明，信任他們社會民主黨的領導人，而且很滿意他們領導協會堪稱模範的風格，但這一天的行動並未由領導主持。當遊行隊伍在司法部點火的時候，賽茲（Seitz）市長站在一輛消防車上，高舉右手指著右邊的路，沒人理會他的手勢：司法部著火了。警察獲准開槍，有九十個人喪命。

事情已經過去三十五年了，當天激動的情緒至今仍留在我的骨子裡，我在自己身上所體驗到的，逼近一場革命。從那次以後，我不需要閱讀相關書籍，就曉得因暴動被關至巴士底獄的來龍去脈，我是群眾中的一分子，全心全意支持他們發起的行動。在這種情況下我居然還能夠理解所有在我眼前發生的事情，而且未忽略細節。其中一項我想在此敘述一下。

火勢熊熊的司法部附近有一條街，群眾陣容尚未延伸到那兒，有一位揮舞著手臂的男人，兩隻手無可奈何的在頭上呈交叉狀，一次比一次淒厲的喊著：「檔案著火了！檔案著火了！」

「比人著火要好！」我對他說，但他沒聽進去，腦袋裡只裝著他的檔案，我突然想到那些檔案也許就是他的工作，一位管資料的公務員，他很絕望，在這種情況下，我甚至覺得他很荒謬。但我也很生氣：「他們開槍打死了人！」我火大的說，「您居然只在乎檔案！」他看著我，彷彿我不存在似的，再一次淒慘的叫著：「檔案著火了！全部的檔案！」——雖然他站到一邊去，但不能說絕無危險，人人聽得到他的哀嚎，我也聽到了。

這以後的那幾個星期氣氛消沉到了極點，你不可能想別的事情，那件你目擊並參與的大事不斷的搬演——一夜又一夜跟蹤著你入睡——，另外尚有與文學的合法關係，就是卡爾・克勞斯。彼時我對他的崇拜到了無以復加的程度，要感謝這次的公開行動，我不知道曾經對誰這樣感激涕零過。目睹那天的大屠殺之後，他到處在維也納張貼標語，控訴下令射擊的警察首長約翰・蕭伯（Johann Schober）要為九十條人命負責，要求他「下台」。這些他都獨自扛下來，公眾人物中他是唯一一個採取行動的人，其他的名人，維也納一向不缺名人，沒有一個出面，大概不希望受到奚落吧，只有他有勇氣面對自己的憤怒。他的標語是那些日子中唯一留在人們心中的東西。

前一陣子我寫下了七月十五日那天及其後果的報導，現在我逐字援引，也許簡短的文字可以為當日發生的事增加分量。

從那時候以來，我經常試著重返那一天的現場，爸爸過世後影響我的人生至深的就屬這件事了，我必須說「重返」，因為要掌握這一天困難重重，這天延展得很遼闊，整座城市都受了驚，這天的群眾運動我也有分兒，因為我在當天穿過了大街小巷。我對這一天的感覺繫於一個方向，我記憶鮮明的一天，鮮明的是對它的感覺，它進行的同時卻定定的留了下來。

我不知道誰安排維也納各區的工人前往「司法部」，我傾向於是大家主動去的說法，不過這不太可能，總要某一個人率先說出「去司法部」，但誰說的並不重要，因為聽到這句話的人會傳給下一位，每個聽到的人都不猶豫、不多想、不考慮、腳下不停也不耽擱，前往這個方向。

七月十五日的本質也許已經有「群眾與權力」的意味，所以要重返現場，若想體驗那一天中的每一個具體的要素是不可能的。

騎單車進城有一大段路，但我記不得騎過的街道，不知道在那裡與大家會合，這天的情景我不太記得了，但我仍然感受得到那股激動，向前跑以及逃跑，群眾運動的流暢性，藉由「火」這個字，然後是藉由火的本身，場面沒有失序。

頭被撞了一下，我不想看到警方發動攻擊，這應該是個意外，但我真的經歷了很多人被槍殺、倒下去的場面，子彈的聲音像極了鞭子，跑進巷子的人立刻重新出現，再度形成群眾。我看到有人跌倒，躺在地上的屍體，但並非靠得很近，死人讓我顫慄不已，靠過去，一旦接近了些，我又避著他們，惴惴不安中他們似乎變得更龐大，直到救護隊來了，才把他們搬起來，他們的周圍淨是些空曠地帶，彷彿在等待下一波射擊。

騎兵小分隊給人驚駭的印象，或許是因為他們自己也很害怕吧。

在我前面的一個男人吐了，右手的拇指無力的往後指，「那兒吊著一個人，褲子被剝了下來！」他為什麼吐呢？為那些被殺的人？或者因為殺人？我看不到他指的東西。我前面的一位婦人震耳欲聾的尖叫：「佩琵！佩琵！」她閉上眼睛搖晃著身體。所有的人都開始邁步跑，那位婦人摔倒了，她沒有中彈。我聽到馬匹奔馳的聲音，我沒有走向倒在地上的婦人那兒，我跟別人一起跑，我覺得我必須和他們一起跑，我可以逃到一扇大門下的，但無法與逃跑的人分開。一個高大又強壯的男人跑在我旁邊，用拳頭搥著胸，一邊跑一邊咆哮：「又射中了一個！那裡！那裡！那裡！那裡！」轉眼他就不見了，他沒有摔倒，他在那兒？

這大概是最陰森恐怖的一點：你看見人也聽見人的聲音，表情激動，有排山倒海之勢，剛好就是這些人從地面上消失了。一切都在往下塌陷，到處是看不見的洞，然而整體的關係沒有中斷，即使你突然隻身在某處，你依舊感受得到別人正在被撕扯、活生生被拖走。因此，你在任何地方都聽得到聲音，那是一種空氣中的節奏，一種凶惡的音樂。你可以稱它為音樂，在這音樂聲中你覺得自己高貴了起來。我不覺得雙腳在走路，好像置身在簌簌的風中，眼前出現一個紅色的頭，在不同的位置，上和下，上和下，抬起來、垂下去，有若在水中游泳，我的眼睛搜尋著他，猶如跟蹤他的偵探，我當它是紅色的頭髮，然後我認出了那是一條紅色的頭巾，就不再繼續尋找了。

我一個熟人也沒遇見，講過話的都是陌生人，為數很少。我聽得多，每當一排子彈掃射過來，有人應聲倒地，空氣中總有些如刀割的憤懣之聲。咻咻的呼喊聽起來很無情，尤其是清晰可聞的女人的聲音，我覺得好像在點召奴隸，但又未必正確，因為我注意到無論聽得到聲音與否，奴隸兀自繼續向前走。射擊聲處處可聞，傳得很遠，鞭子一次又一次劈下來。

不屈不撓的群眾瞬間擠滿了巷弄，火勢阻止不了他們，司法部延燒了好幾個鐘頭，群眾的情緒也在這幾個鐘頭中到達沸點。那天天氣很熱，即使看不到大火，天空也是火紅一片，空氣中有紙燒焦的味道，幾千個檔案被燒掉了。到處都看得到的救護人員穿著防風夾克，戴著臂章，他們與警察明顯的區別在於沒有攜帶武器。擔架就是他們的武器，上面躺著受傷的人與死者，他們奮力救人的形象印入眼簾，與四周怒氣衝天的呼喊截然分明，似乎他們並不屬於群眾。他們到處執勤，有他們身影的地方，就表示那裡有我們尚未獲悉的傷亡。

司法部著火的那一剎那我沒有親眼目睹，但在我看到火苗之前，從群眾聲音的改變已經聽出一些端倪，大家互相高聲通報最新消息，剛開始我還不解其意，傳呼的聲音聽起來很興奮，既不刺耳也不貪婪，有一種被釋放的感覺。

火是凝聚力，你感受得到熊熊大火，以雷霆萬鈞之勢出現，在看不見火的地方它就存在你的腦海裡，火的魅力與群眾合為一體。警察奴隸消滅了憤懣之音，是從新的奴隸口中發出來的：置身於奴隸的影響之下，表面上看來像是在逃竄——端看所在的場所，或公開或秘密的與其他人一起發揮影響力，迂迴曲折，最後因為沒有別的可行的辦法了，人們只好從控制火的陣營中退下。

這天的感覺前後一致——唯一一個襲捲整座城市的驚濤駭浪：當浪頭漸漸平息下去，城市依然屹立，真使人不敢相信——，這一天由不可勝數的細節組合而成，銘刻在心版上，一個都不曾消褪。它們獨立存在，記憶猶新，歷歷在目，每一個皆為驚濤駭浪增添力道，缺了這些細節，巨浪將空洞且無意義。我們需要瞭解的是巨浪而非細節，這件事情發生過後的歲月中，我經常嘗試要這麼做，但都宣告失敗。不成功的原因在於，任何事都不及群眾神祕、不可理解，若我能全盤掌握，我就不會三十年來念茲在茲，希望解開這道謎，像其他男性傑出人物一樣，將之完整呈現並領悟其意義。

即便我把那天自己收集到的細節一一排列出來，殘酷、不經修飾，不縮減也不誇大——公平談不上，因為實際上的細節還有很多，巨浪的聲音每次猶在耳畔，在表面上可以感覺到那些細節，而唯有讀得到巨浪也看得見它的模樣時，才可以說：真的，沒有縮減。

不再設法逼近每一項細節，我可以談談那一天對我日後思想所造成的影響。我在那本討論群眾的書中深入探索的知識，要感謝這一天的經歷，我在不同領域的參考書籍中尋找、援引、審查、寫出來，閱讀、日後再次用快速攝影機閱讀，於是能夠反抗這樁中心事件的回憶，回憶時清晰無比，每次以及日後回憶如同返回放大的現場，有更多的人被牽扯進去，而它對這世界的影響則更鉅大。七月十五日這天的孤絕獨立，維也納受到的箝制，讓他在往後年月中不斷觀察，高張情緒與憤怒的衝擊力不再一致，有若類型—特色：一件劃定了地點與時間的大事，源自無可爭辯的動機，其過程清澈、明朗。

我在這裡一次就經歷到後來我稱之為廣袤的群眾的東西，由四面八方湧出的人形成，長長的、堅定、不容改變的遊行隊伍，方向由名喚司法的建築物的所在位置來決定，使它具體成形的，則是那個不公不正錯誤的宣判。我體驗到群眾必須瓦解，而這瓦解之勢有多令人顫慄，所有的人全力以赴不讓它崩潰；置身他們點燃起來的火中，火若導致崩解，他們就竭立規避。群眾抵拒每一個滅火的行動，火勢持續多久，他們也就能活多久。因此，他們遭受攻擊逃跑時被毆打、驅散、趕走，雖然被打的人、死者與傷者都在光天化日下躺在街上，雖然他們手上沒有武器，但他們再度聚集起來，因為火還在燃燒，火光照亮天際、廣場與巷弄。我看到群眾逃亡時並不驚惶失措，群起逃亡和驚慌並未混淆，只要群眾在奔逃時不致於散逸成只為自己煩憂、腦子裡只為自己著想的個體，群眾就繼續存在，逃亡時亦同，一旦群眾站了起來，就可以再次發動攻擊。

我見識到毋須領導人群眾照樣形成，有違截至目前為止的理論，一整天我都看得到沒有領導人的群眾。很少有人或演講家能說得出箇中道理，他們的解說微乎其微，隱姓埋名，對於闡明意義毫無作用。每一個證明中心地位的呈現，事件的真實性便隨之減少一分，若有什麼能成功的闡釋群眾，一定是司法部著火的剎那。警察奴隸並未分別揚起鞭子，而是一起抽下去，街上哀嚎的人們只是一個假象：因為他們在跑的當兒領會到更多，跌倒的人不會再爬起來了。

在這個明亮、駭人的一天，我獲得了一個本世紀群眾的圖象，之所以獲得這個圖象，是因為我強迫也是出於自願重新審視的結果。我不斷的重返現場，仔細觀察，現在我依舊感受到與之分離時的煎熬，我計畫要做的，只完成了極微小的一部分：關於群眾的知識。

樹上的信

發生了這件事之後的幾年，一切都受到了很大的影響，直到一九二八年的夏天，我的思想總是圍繞著它。我比以往更堅決，一定要找出群眾征服我，包括內心與外在，究竟是那些東西。表面上看來我繼續在化學系上課，著手進行博士論文，但教授分配給我的工作實在無趣，一點兒都搔不到我精神層面的癢處，一得空我便轉而從事我真正認為重要的事物，我在截然不同、狀似距離很遠的路上，試圖找出接近我在群眾中體驗到的特質。我在歷史中尋覓，所有文明的歷史，古中國的歷史與哲學愈來愈使我著迷，在法蘭克福上學時，我就接觸過希臘的歷史與哲學，現在我潛心研讀古代史學家的著作，尤其是修昔底德（Thukydides）。自然而然的，我讀起了革命史，法文、俄文的，闡述宗教中群眾的書也慢慢的開悟我，我饑渴似的汲取每一種宗教的知識，從那以後到現在未嘗改變過的愛好，就是在那段時期中培養出來的。看達爾文寫的書的時候，我希望能在他書中找到動物形成群體的理論，此外我也讀一些昆蟲王國之類的基礎書籍。我睡得很少，因為徹夜都在看書，有些我抄下來，試著寫了幾篇文章。這都是在為那本關於群眾的書作摸索性質的準備，但尚未成氣候，因為我的知識太貧乏了。

事實上從這兒擴展出不同的方向，很好的一點是我沒有劃定界線，打算做某件事情的時候，我就在所有的生命領域中尋找形成群眾及其效果的證據，但沒有注意到那些證據過於貧瘠，而我能得出的結果卻與群眾無甚關係。不久，我就熟悉了中文與日文的姓名，我開始悠游其間，和在學校時讀希臘人的著作一樣，在中國古籍的譯本中，我對莊子情有獨鍾，他是我在哲學家中的知己，看他的書的心得促使我提筆寫了一篇關於道家的文章。我偏離主修科系的正軌，必須找個正當理由，我於是試著要別人相信，若是我缺乏徹底孤絕的經驗，我將永遠不瞭解群眾。中國哲學奇異的方向真正吸引我的原因在於它的意義，以及其中蘊含的變化，但當時我尚未認知到這一點。今天的我認為，推動我鑽研其變化的，出自一種好的直覺，因為研讀了這些典籍，我對世界的看法便不至於崩塌，我一直停留在那些看法的邊緣。

避開的抽象的哲學真是太美妙了，聰明機巧之外，我想不到其他的說詞，我意欲尋求的群眾也正是一種具體、有潛能的奇特現象，然而這在哲學中了無痕跡。在某些哲學中也找得到的群眾的外殼和形式，我要過了很久以後才心領神會。

我不相信，經由向前推擠、狂風暴雨的方式所獲悉的許多東西，還停駐在表面上，它已連根拔起，蔓延到毗鄰的地帶，南轅北轍的事物被移送到陰間。這些事物的優點長久以來隱蔽在我心中，幾年後才以更壯大的聲勢與確定性嶄露頭角。我不認為對這些產生興趣會有危險，生命的過程中本來就少不了狹隘，如果無法完全阻止狹隘，不妨抱持開放的態度，抵抗狹隘，據此才可能遷移到更遼闊的地方。

七月十五日這天之後，驚愕導致麻木所產生的沮喪消沉，有的時候會在我工作的當兒，一個浪頭打上來，一攪和我便無法繼續，這情形維持了六到七個星期左右，一直到九月初為止。那個時期卡爾・克勞斯到處張貼的標語，對我產生了一種內心淨化的作用，於是我從麻痺中恢復了生機。我豎起耳朵聆聽群眾的聲音，每天耳畔都有呼嘯的怒吼，一聲聲怒吼有致命之虞，回應它的是咻咻的子彈，當有人應聲倒地，那聲音就會拉高。某些巷道裡聽不到這股聲浪，在某些地方它又強大無比，在大火現場附近則完全無法壓低音量。

不消多時，這股聲浪便移植到哈根貝克巷的附近，距離我的房間不到一刻鐘的路程，山谷另一端的胥特村（Hütteldorf）有一座拉琵特（Rapid）運動場，舉行足球比賽的地方。每到假日，不願錯過著名球隊的觀眾蜂擁而至，我極少注意到這現象，因為我對足球無所謂喜愛或著迷。但是，七月十五日之後的一個星期天，像平常一樣炎熱的日子，我正在家裡等朋友來，窗户開著，我驀地聽到群眾大聲呼喊，我以為他們在怒吼，那天體驗到的恐怖頃刻充溢我的胸懷，一剎時我竟迷亂了起來，向外找尋發出亮光的火的蹤影，但那不是火，是史坦村教堂的圓頂在陽光下閃閃發光。我想了又想：應該是運動場那兒吧，我立刻從聲音中獲得了證實，稟氣凝神的傾聽，那不是怒吼，而是群眾在呼喊。

我住在這裡已經三個月了，居然聽若罔聞，在這之前，這聲浪傳到我這兒來時，應該也是這般強而有力又奇妙，但我的耳朵接收不到這些訊息，直到七月十五日才恢復聽覺。我在座位上動都不敢動一下，仔細聽著進行中的比賽，射門，踢進了，便傳來得分那一方勝利的歡呼，有時也聽得到失望的嘆息。我的窗户外有樹和房舍作為屏障，距離太遠了，什麼都看不到，但我聽得到群眾，只聽得到他們的聲音，彷彿一切就在隔壁進行。我無法分辨呼喊發自那一方，也不知道是哪兩隊在比賽，我從來不注意球隊的隊名，也無意知道，看報時一向跳過這些報導，這個星期中我没有與誰談起這件事情。

住在這房間的六年之中，我不曾錯過傾聽這股聲浪的機會，在城裡的電車站我看到觀眾人潮，若白天的人比平日多得多，我曉得有比賽，就回到房間裡窗邊的座位。很難描寫我遠距離追索看不見的比賽時的扣人心弦，我没有為哪一隊加油，因為我根本不認得他們。我僅知道一共有兩隊的群眾，兩方的激動情緒不相上下，使用的語言也相同。那個時候，因為我不在現場，未受到不勝枚舉的細節的干擾，對於我稱為雙重—群眾的這個現象有了感覺，能夠理解並且在日後寫了下來。有的時候，如果我受到某個東西強烈的召喚，就會在事件發生的當兒，坐在房間中央的書桌旁，一一寫下來。但拉琵特廣場的聲音沒有被我寫進去，我不習慣讓群眾發出的每一個單音在我身上產生作用，那個時期打的草稿我保存了下來，我今天仍然相信，草稿的每一個段落都能找出類似的聲音，如同一種神祕的譜號。

可以確定的是，這地方性的活動喚醒了我原定計畫的興趣，就算我正埋首別的事情也一樣，藉由這種方式我隔著不遠的距離吸收了許多養分。我刻意要住在城市的邊緣地帶，在維也納那幾年中我一直很喜歡這種氛圍，即使我未必熱中與那些擾人、混沌不清、謎一樣的奇特現象保持連繫。它經常出其不意的和我說起話來，我就重返原定的計畫，否則我早就懈怠的將之束之高閣了。

時序進入秋天，我每天都去化學實驗室寫我那乏味的博士論文，我覺得這像副業，我之所以寫，是因為我已經動筆了。所有已經開工的事情我都想要完成，這屬於我無以名之的天性，即使是那時我百般瞧不起的化學，也不打算中途放棄，因為我已經上路了。我對化學懷有一份我不願坦承的尊敬，極其秘密，巴肯羅特死後，他的身影盤踞在我的腦子裡，每一次走進實驗室都想到，誰都可以弄到氰化物，簡直易如反掌。

實驗室裡有一些人嘴上雖不明說，但立場很清楚，認為戰爭乃無可避免的人士，抱持這種觀點的人並不僅限於那些贊同國社黨的人。支持國社黨的人這時已經不在少數，包括實驗室周遭那些滿懷怒氣與敵意的人也都是，他們從不在每天的工作場合發表意見。我個人察覺到一種保守的氣氛，但若有人注意到有關金錢的想法有多令我作嘔的話，有的時候就突變成另類親切。同學中有一些來自鄉下，竭盡所能省吃儉用，不這樣大概就上不了大學，如果有人給他們什麼東西，不需要他們付錢，便快樂得有若飛上了雲端。看鄉下來的同學臉上困窘的表情，我覺得真好玩，他不認識我，於我而言——我自以為是——他把牲口販賣商的性格隱藏得很好。

我認識的同學中，某些人的坦率與純真至今我想起時仍然嘖嘖稱奇，上一堂演講課時我看到一位年輕的小伙子，他亮晶晶的眼睛，壯碩又謹慎的舉止在人潮中特別引人注目，我們聊了起來，有的時候也相約見面。他的父親是律師，與乃父不同，一如他告訴我的，他支持希特勒，他有充足的理由抱持這個信念，立場完全公開，不妨說他在表明立場時態度甚至優雅高尚：絕不容許再次發生戰爭，戕害人性莫此尤甚，世界上唯一有能力防止戰爭的人，非希特勒莫屬。我若持相反的論調，他就堅稱他聽過希特勒演講，他自己說不要戰爭的。所以他支持希特勒，沒有人能夠勸阻。我大感驚訝，因此又和他見了幾次面，談一樣的問題。他要不把說過的話重複一次，或者用美麗的詞藻敘述和平的願景，我看著眼前這位臉上閃爍著和平之光的使徒，祝福他不會因為這個信念付出生命的代價。

化學是我生活的一部分，看到的人、講的話無一不與它有關，我之所以準時來到實驗室，定時去聽相關課程，大概是因為我不必分別拜訪，一次就可以與很多年輕人碰面吧。那段時間裡，同學們的想法等等我很自然的略知一二，不需要刻意去研究，一般來說，彼時極少有人真的想到戰爭，即使有也是已經結束的戰事。一九二八年時，大家對有可能爆發新的戰爭漠不關心，使我非常吃驚，這突發性的有志一同與群眾的特質有關，直覺促使我想識破這種特質的詭譎。我在實驗室裡學到了言不及義、無關緊要的閒聊技巧，當時我並不十分明白。我承載著當時對世界產生作用的所有思想，自以為是的為所有具體的事物敞開胸懷，我其實可以從這些言之無物的空談中贏得許許多多重要的知識，但是我對於書本以及通往書籍之路的敬重仍然高過一切，與周遭的人來往密切我還做不到。

自從我住在哈根貝克巷以後，去薇颯那兒可遠了，我倆分別住在維也納的兩端。星期天午後她到我這兒來，然後我們一起去萊岑動物園，我們聊天的基調不變，像往常一樣我交給她新的詩，她通通仔細的收藏在一個小草袋內，接下來的那個星期，她寫給我的可愛的信上就會提到那些詩，我保存信件的方式不如她細心。天地寬廣，可以做的事真不少，我們開始膜拜動物園的樹木，選出幾棵會辨認的樹，一棵比一棵蒼鬱，我們就坐在這些樹下。

其中有一棵樹非比尋常。我透過伊比・葛登，這位天底下最開朗的人，對死者面型有了一番認識。這些面型在我腦海揮之不去，所以我就把那本書送給了薇颯。想都沒想到此舉頗欠周詳，因為所有涉及死亡的事情，是薇颯專屬的領域。當我把那本事先提過的書拿給她時，她擠出了一個可怕的烏鴉臉，立刻很生氣的把書摜到地上，我把書撿起來，她再丟，拒絕打開它。這不是她的書，這本書屬於另外一個自稱是詩人、對一切都幸災樂禍、帶我接觸死者面型的人所有。她真的用「幸災樂禍」這個詞兒，她不認識伊比，我和她說過伊比的性情樂觀，而這正是薇颯最欠缺的一部分，她認為我僅僅基於這個理由就把伊比當作詩人，只因為喜歡她的開朗，更過分的是，我還硬把這本死者面型的書塞給她。

我手上拿著那本書，她威脅著要把書從窗户扔出去，而且打算言出必行。我從來没看過她吃醋的樣子，覺得真有趣。我什麼話都對她說，没有秘密，她知道也相信我和伊比只是聊天而已。我們天南地北聊的時候，伊比用匈牙利語朗誦她寫的詩，有一天我很興奮的去找薇姵，完全拜倒在美麗的匈牙利語之下，在這以前我卻一點兒都不喜歡那種腔調。我告訴她，匈牙利語無疑是世界上最美麗的語言之一，還向她報導伊比用她滑稽的德語翻譯詩的情形，我把錯誤連篇的德語一一改正過來，伊比再把修訂過的譯稿抄一遍。那些詩都很好玩，不像我寫的那麼粗野瘋狂，冷靜又兼俏皮，有一定的風格，但角色多元富變化。薇姵專心的聽我說這些，雖然當時我明白表示，這些作品還不能稱作詩，但實際上我又挺喜歡聽她朗誦、幫她修改。

這樣過了一段時間，直到發生死者面型的事情，要繼續描述對我來說實在不是個輕鬆的任務。我要敘述有一次薇姵到哈根貝克巷，上樓進到我房間的那一幕——我不在家——，她知道我把她的信放在什麼地方，一舉通通拿走，再轉往萊岑動物園。她走得很遠，一直走到她找到了城牆的一個缺口，她不必多費力氣就可以翻過牆去為止。她挑中了一棵枝椏與她的眼睛齊高、有洞的樹，就把裝著她的信的大盒子塞進去。然後她折返哈根貝克巷，這時我也已經回到家了。我注意到她相當激動不安，不一會兒就問出原委來：她的信不見了，她承認是她取走的；她說全都扔在森林裡。我慌得不知如何是好，逼她帶我去森林，應該没有人去過那邊吧，因為今天動物園不開放，我們一定能找到並搶救那些信。看到我慌張她十分怡然，這下子我重視她的來信的程度毋庸贅言，她終於心軟，馬上帶我上路，走在那條通往動物園長長的馬路上時，我心急如焚。我們爬過牆，她很快的就找到了那棵樹，叫我伸手去探枝椏，我的手指果然觸摸到紙張，當下我即知道那是她的信，把信拿出來之後，我又是擁抱又是親吻她的來信，翻過牆走在街上時，我與這些信箋跳起舞來，就這麼一路舞回哈根貝克巷。薇颯一路跟著我，但我沒多加留意，失而復得的信才是我注意的焦點，我像小孩一樣用手捧著盒子，跳著上樓進房間，把盒子放進原來的抽屜裡。整個過程中她頗受感動，醋意消褪，現在她相信我有多愛她了。

這以後我當然就比較少看到伊比，但每當我們在咖啡館見面，我仍然問她有沒有新寫的詩。她喜歡談她的詩作，我總愛先聽她用匈牙利語唸一遍，就在我深深陶醉在那旋律之中時，我們才推敲翻譯的字句。有的詩篇名為〈橋上的自殺人士〉（Selbstmörder auf der Brücke），或〈變態的吃人老闆〉（Der kranke Kannibalenchef）、〈竹搖籃〉（Bambuswiege）、〈潘美拉〉（Pamela）、〈環行路的移民〉（Emigrant am Ring）、〈城市公務員〉（Städtischer Beamter）、〈似曾相識〉（Déjà vu）、〈有鏡子的女孩〉（Mädchen mit Spiegel）。慢慢的，她打下一些德文的基礎，但只要她留在維也納就不會有任何發展，因為只有我倆喜歡這個遊戲。若這些詩不是由我一個字也不懂的語言寫出來的，也許我就不覺得有多重要了，但我愛解決疑難雜症，把錯的改過來，以臻更高更深的境界，用我從前從未試過的，輕快、出乎意外的筆法來寫敘事曲。我不敢拿自己寫的詩給她看，我們的談話風格即興又色彩斑斕，所以她決定要增加稀奇古怪且雅俗共賞的風味。她以為這麼做純粹是為我著想，要保護我，我不希望她受窘，她想，我感激涕零與她談論笨男人的故事，這個舉動雖然使她芳心大悅，但她未受到絲毫的攪擾。

這情形一直持續到隔年春天，她才覺得受不了，那對兄弟為了她已經點起了戰火，情勢頗緊急，為此她深感困擾，因為實在無聊，有一天她從維也納失蹤了。將近兩個月的時間沒有她的消息，就在我幾乎要放棄時，收到了一封她寄自柏林的信。她很好，她的德譯詩稿帶給了她幸運。我不知道誰勸她去柏林，後來她也堅持不肯透露，驟然之間她置身於一個有趣的圈子，結識了作家布雷希特（Brecht）、杜柏林（Döblin）、班（Benn）以及喬治・葛羅茲，《綜覽》（*Querschnitt*）與《文學世界》（*Literarischen Welt*）錄用了她的詩，就快要登出來了。她又寫信來，遊說我也去柏林，起碼這個暑假要在那兒度過；七月至十月間我應該有空，整整三個月的時間。她一位出版界的朋友將邀請我去，他需要人幫他收集寫書的材料。我會和那邊的人打成一片的，而她還有好多好多話要告訴我，三個月恐怕說不完呢。

夏天即將來臨，她的信愈寫愈勤，語氣也愈顯得急迫。我是否像以前一樣，非要到山裡去不可呢？那座山我不是早就熟門熟路，況且，還有什麼比山更乏味的嗎？山有一種令人無法消受的特質，恆久都不改其貌，不會跑掉的。但是，柏林是否能一直保持她現在的趣味，這個問題值得玩味。萬一她不再寫詩，要做什麼呢？沒有人比我更擅長寫詩了，得來全不費功夫，我們在一起聊著聊著，自然而然就賦詩一首。若她無法再靠詩過活的話，難道我真的狠得下心腸，看她在那兒挨餓？

幫她翻譯詩或許是她真正的考量，但我認為聊天占的成分較多，因為我倆無話不談，可以興之所至開起所有人的玩笑，而不得罪她在那兒的朋友。現在她不得不閉上嘴巴，很多話都不能隨意說，如何是好？一次她寫道，我將會在報上讀到一則可怕的消息，一位寡言的女詩人在柏林爆炸了；如果我還不快去的話。

她來信的內容經過調配，在某些段落刻意保持緘默：不能用寫的，等我到了柏林再告訴我，那兒有引人入勝的人事物，我將不相信自己的眼睛看到的東西。

我的好奇心隨著她的來信日益擴大，沒有人比她提過的那些人來得有名氣，那些詩人的作品我幾乎都沒讀過，但我和每一個人一樣知道他們是何許人也。所有的詩人當中，我最欣賞喬治・葛羅茲，我的確很想親眼看看他。

一九二八年七月十五日，就在學期結束的那一天，我啟程前往柏林過暑假。

第四部

名字的窘境

柏林

1928

兄弟

維蘭德·赫爾茲菲德①在療養侯爵堤七十六號租了一間閣樓，周遭人聲鼎沸，噪音比較不會侵入位於樓頂的房子，顯得安靜一些。夏季時他住在尼可拉斯湖（Nikolassee）的家中，城裡這間屋子的一部分就租出去，另一部分則留給我用。我有一間小小的臥室，隔壁有一間書房，那張漂亮的圓形書桌也歸我使用，桌上堆著我寫作需要的資料，我喜歡這個不受干擾的環境。我不必去那既擁擠又吵鬧的出版社，他從出版社過來找我聊了好幾個小時，告訴我他的計畫，他要寫剛度過五十歲生日的厄普頓·辛克萊②的傳記。瑪立克（Malik）出版社以出版喬治·葛羅茲的繪畫打響名號，但對俄國文學也極有興趣，而且不局限於新的作家，高爾基全集之外，又出版了托爾斯泰全集，接下來要出版革命以來崛起於文壇的作家的書。我個人覺得最重要的一位非依薩克·巴貝爾③莫屬，我對他的激賞不亞於喬治·葛羅茲。

瑪立克出版社現在有了好名聲，經營成績很幸運的相當不錯，這要歸功於主力作家厄普

① Wieland Herzfelde，1896~1988，德國作家、編輯、出版人。
② Upton Sinclair，1878~1968，美國小說家暨社會主義評論家。
③ Isaak Babel，1894~1941，俄國猶太裔作家。

頓・辛克萊，自從他揭發芝加哥屠宰場的真相之後，便躋身美國暢銷作家之列，他寫得很多，以總是能挖掘並公開譴責新事物著稱。他的文思泉湧，靈感不虞匱乏，筆耕不輟且勇氣十足，每年都有新書上市，一本比一本厚。一談到他，尤其在歐洲，人人都豎起大拇指。在他過五十歲生日這年，已經著作等身，畢生的事業差不多到達了巔峰。他寫了那本芝加哥的書之後，當地屠宰場的弊端因此革除，這是已獲證實的事。與他響亮的名氣同樣重要的一個事實是，眼看著就要征服全世界的美國現代文學，彼時仍處於開拓階段。厄普頓・辛克萊的名聲建立在「題材」上，他寫的是美國題材，而這也並非毫無道理，偏偏是他這個對幾乎所有的人事物發動攻擊，即「扒美國糞坑」的人，才會發展出對他自己的國家廣泛的興趣，成為當時在柏林正流行的「美國」時尚，布雷希特與喬治・葛羅茲等人為之傾倒，對於助長這股風潮出力最多。美國作家多斯帕索斯（Dos Passos）、海明威、福克納（Faulkner），這些文壇泰斗要到日後才大放異彩。

維蘭德・赫爾茲菲德把厄普頓・辛克萊當成非等閒之輩，甚至要為他寫傳記，這在一九二八年夏天乃正常現象。出版社的業務很繁忙，所以他需要人幫他做這件事，伊比向他推薦我，所以他邀我這個夏天走一趟柏林。

我到了柏林，走在街上一個大紅大紫的名人也沒遇見，維蘭德認識每一位名作家，為我一一引見，我在這兒是無名小卒，這我心裡很清楚，兩手空空，二十三歲的我對未來一點兒信心都沒有。我受到的待遇使我驚喜交加：沒有輕視，而是好奇，最特別的是沒有莫名其妙的偏見。四年以來我受到卡爾・克勞斯的影響，他目空一切以及詛咒凌駕在我之上，除了自私自利、貪婪與輕浮之外，不識其他。這些被詛咒的事物都出自他的筆下，你不可能用自己的眼睛去看這些東西，因為他都幫你張羅也裁決好了。在維也納過的是一種精神上消過毒的生活，那是一種極特殊的衛生學，禁止任意混合，鮮少有放諸四海皆準的東西，報紙尚且來不及披露什麼，那個消息已遭撻伐並且被封鎖了起來。

現在我在柏林的所見所聞大異其趣，可以不斷的藉由各種管道經營自己的生活。我好奇不已又不自覺，原來我喜歡這種方式，天真爛漫的投入其中，反正不久返回維也納之後，我又得在專政的深淵中閒逛，美麗的誘惑不會來沾惹我，在柏林的這幾個星期中，這些罪惡的溫床我索性來者不拒吧。況且我不會獨自行動，我有兩位作風完全不同的嚮導：伊比與維蘭德。

在那兒住了很久的維蘭德認識每一個人，戰前他就搬到柏林，那時他才十七歲，與愛爾莎・拉斯克—徐樂④結交，透過她又認識了許多詩人和畫家，尤其是《風暴》⑤雜誌的人，他欠她的還多著吶，才二十一歲他就與葛羅茲和哥哥合開的出版社也是，許多人與我都認為，這家出版社充滿異國情調的名字瑪立克在打響名號上不無貢獻。維蘭德脫胎換骨變成優秀的商人，大夥都嘖嘖稱奇，他的幹練與青澀的經歷形成強烈的對比，有點兒教人不敢相信。他並非冒險家，但性喜冒險，而別人也信得過他，因此獲得不少好處，他很容易贏得別人的信賴，像個小孩一樣，但不至於落人股掌之間，而且輕易就脫身。你不覺得他專屬於某個人所

④ Else Lasker-Schüler，1869~1945，德國猶太裔女詩人。

⑤ *Der Sturm* 是有名的印象主義文學雜誌，一九一〇年 Herwarth Walden 所創辦。

有，好像隨時都有可能起身離去，你會認為他是個無拘無束的人，不知打哪來的那股勁兒。他總是摩拳擦掌，敏捷、生氣勃勃，多餘的知識無從侵擾他，拒絕泛泛的教育，靠靈敏的嗅覺掌握資訊，並非靠抽象的多方面閱讀，然而一旦有什麼東西呼之欲出，他就突然固執得有若一位老人，出手既快又準。這兩種特質，青澀少年與經驗豐富的老手，同時集中在他身上，他覺得有適合他的，就會一躍而起。

有一個和他很親近的人，和他就像臍帶相連一樣，其實沒有什麼大不了，但你過了好久也不見得會注意到這兩個截然不同的人，他倆焦不離孟卻猶如來自兩個不同星球的人：約翰・赫爾特菲爾德⑥，大他五歲的哥哥。維蘭德心軟、易被感動，別人以為他多愁善感，其實他只是偶一為之。他的多重個性端視場合而定，每一種都是真性情，唯有感動這一項拍子較慢。約翰劍及履及，他的反應通常迅雷不及掩耳，個子瘦小，當他福至心靈時，可以跳得很高，說話又急又快，像來勢洶洶的馬蜂嗡嗡作響。我第一次見識到他這德行是在療養侯爵堤：我滿不在乎的在維蘭德與約翰之間來回踱步，試著向他們解釋螞蟻之類的翅目昆蟲：「牠們完全看不到」，我說，「只會在地底下活動」——約翰跳到我身邊，對我齜牙裂嘴，彷彿我把螞蟻目盲這件事都怪到他身上，或者也像我正在控告牠們眼睛看不見：「你這個翅目昆蟲，你！你自己就是一隻翅目昆蟲！」從這以後，他就管我叫翅目昆蟲。過了一段時間我才搞清

⑥ John Heartfield，1891～1968，德國畫家、版畫家、攝影師、舞臺佈景設計師。兩兄弟均依自己的意思重新拼自己的姓，所以拼法略有不同。

楚，原來他對所有新鮮事物的反應都是這個樣子。要學著認識他，他好逞強鬥狠，而且我想他喜歡表現出來，這是他性情總和的秘密。他把他各種面貌的性情聚攏起來，一一對質，當他一躍而起，這跳躍的動作就收歸他性情的綜合體所有。

約翰的草率馬虎無人能及，在瞬間爆發出來，假使他只用一個剪輯的版本來思考的話，不像別人那樣千迴百轉，所以他精神煥發但易怒。他對事物的反應的確是某種程度的惱怒，但又非只想到自己的那種惱怒，唯有遭受攻擊時，他才會學到一些東西，為了要吸收新的知識，他必須視之為一種攻擊。當別人與新玩意兒擦肩而過，或者像吃楓糖一樣盡情吸吮，約翰非得大發雷霆搖撼一番，才能不減一分的保有它。

我漸漸明白這兩兄弟為何缺一不可，維蘭德從不出言批評約翰，也不為哥哥不尋常的行為道歉，連解釋也嫌多餘。他覺得這渾然天成，直到他談起童年的事，我才明白是什麼讓他倆緊密相連。他們四個孩子是孤兒，兩男兩女，被住在薩爾斯堡附近的艾根（Aigen）的養父母接回去。維蘭德與養父母相處融洽，他的哥哥赫姆特（Helmut，改叫英文的約翰之前的名字）卻沒這個好運。他們一直很清楚自己的父母已經不在了，所以手足之間很親，維蘭德的力量即源於和哥哥的關係，兩人一起在柏林站穩了腳步。基於反戰的理由，赫姆特正式改名為約翰・赫爾特菲爾德，彼時仍為烽火時期，這樣做需要點兒膽子。那個時候他們巧遇葛羅兹，三人成了知心好友。創立瑪利克出版社的時候，約翰是設計封面的不二人選。他倆各有各的家，並不住在一起，不會形影不離到令人喘不過氣來的程度，但是在柏林嘈雜、活潑的圈子可以看到他倆同時出現。

布雷希特

布雷希特首先引起我注意的，是他的服裝。中午時分我正要去不少知識分子造訪的史利西特（Schlichter）餐館，那天來了好多演員，這位那位被帶去介紹給某人認識，他們在舞台上飾演的角色定格成一幅肖像，使他們成了公眾人物，但我要說，當他們出現在餐館裡，彼此打招呼、點菜、把食物吞嚥下去、付帳時，與一般人無異。的確是一幅令人眼花撩亂的畫面，只是缺了舞台上的繽紛多采，這些演員當中唯一一個吸引我目光的，而且是因為他那一身古羅馬貧民的服裝，便是布雷希特。他非常瘦，有一張渴求的臉，一頂便帽把他的臉拉歪了，他說的話顯得生硬又凌厲，與他四目交接時，你會覺得自己價值不菲，事實上你不是，而他這位當鋪老闆正用銳利的眼神打量著你，他的話不多，至於你到底值多錢，不得而知。真教人不敢相信他年僅三十，他看起來不若未老先衰，而是一向就這麼老成。

其後的幾星期中，這位年老的當鋪老闆的身影一直緊跟著我，這個身影緊迫盯人，那是因為箇中的荒謬。於是，這個身影被吞噬掉，布雷希特不再高高在上、足堪一用，怎麼樣都引人矚目，因為「高尚」的思想他嗤之以鼻。他認為的可堪一用是實際、結棍的那種，有著美國遊戲規則的英國式的實用。崇拜美國彼時沸沸湯湯，尤以左派藝術家為甚，柏林與紐約的霓虹燈與汽車招攬著相同的顧客群。布雷希特對任何東西都未展露溫柔的一面，對待他的汽車亦同。厄普頓・辛克萊揭發黑暗的書，引起了一體兩面的效應，抨擊弊端的人支持他的看法，但豢養這些醜聞的生活基礎也同時被人像養分一樣的吸收了進去，並且把希望寄託在它的繁殖力上。適逢卓別林在好萊塢，即使處於這樣的氛圍之中，他的成就也值得人們心安理得的鼓掌。

布雷希特出場時的矛盾還有另外一點，那就是他的外觀有若苦行僧，饑餓也可以被視為禁食，好像他刻意要保有他渴望的東西。他不是享樂至上的人，現下他不可能滿意，志不得伸。能到手的（他從右到左，從後向前匯集有用的東西），他必須小心使用，這是讓他能夠不停生產的素材，他是一個時時刻刻都在忙碌的人，而這才是真正的他。

有一次我與布雷希特談到，我們應該永遠都不要為了錢寫作，這在當時的柏林想必引起哄堂大笑。他很清楚自己追求的是什麼，有明確的目標，壓根兒沒想到是否能賺進鈔票，度過一段困苦的日子之後，他認為如果他賺了錢就是一種成就。他當然知道金錢的價值，重要的是誰賺到了錢，而不是錢從那裡來。他的目標泰山不移，誰想對他伸出援手，支持他即可（或者他自食其果）。柏林多得是贊助的人，就像舞台上的佈景一樣，他不喜歡這些人，但他利用他們。

我找他聊天，即使他覺得被打擾，程度也相當輕。伊比也每次都在場，淨說些對他而言玩世不恭的笑話，他注意到伊比對我很尊敬，她從不聲援他；每當她當著他的面問我一些事情時，他就心癢癢想嚇嚇我，或者嘲弄我一番。過程大致如此，他閒聊時說錯了什麼，她不會被他牽著鼻子走，把我給她的正確資訊穿插進去，眼皮眨都不眨一樣，也無任何諷刺他的意味。因為她不當面給他難堪，他應該心知肚明，她絕對是在乎他的，她運用自己的那一套，繞著他打轉，喋喋不休，當一名先遣部隊。

他不太在意別人，但願意容忍她，他尊重那些對自己絕對有好處的人，也看重那些能強化他在這世上一意孤行的人。當他著手寫詩，詩中的活潑生動勝過同儕及後輩，劇作的特質也由他的個性捏塑而成——這與此事無關——他汲取了中國人的智慧。

如果我說，我對於從他身上感受到的敵意其實感激不盡的話，聽起來大概有些莫名其妙。同一個時間，就在——幾乎每天——都與他針鋒相對時，我讀了他的詩集《聖經注釋》（*Hauspostille*），那些詩我由衷的欣賞，我一口氣讀完這些詩，卻沒有想到他這個人，詩集裡也有讓我不好受的，譬如〈一位陣亡士兵的傳說〉（Legende vom toten Soldaten），或〈抵拒誘惑〉（Gegen Verführung），其他如〈回憶瑪麗·A〉（Erinnerung an die Marie A.）、〈可憐的B·B〉（Vom armen B. B.）。許多詩都正中我的下懷，而我自己寫的詩皆已灰飛煙滅。如果說我因而感到羞愧，或許有些誇張，但我手上一首都沒有，沒有一首被保存下來，羞赧亦復無蹤。

三年以來我的自覺啃囓著我寫的詩，除了薇颯以外我沒有拿給其他人看，薇颯差不多每一首都讀過，她鼓舞了我的信心，我也信賴她的意見。有些詩曾溢滿我的胸襟，覺得自己與宇宙遙遙相對。不僅作詩，我還寫過各種各樣的東西，這些是我有意寫一本有關群眾的書的同時的作品。是的，我有過這個企圖，希望寫它個幾年詩，但現在當年寫的詩幾乎蕩然無存，僅餘筆記若干以及習作，有些我想學的技巧經實驗後卻並不獨特，不是我希望得出的結果。

我保存了許多獨特的詩作，或短或長，現在一下子也全都毀了。我不覺可惜，棄之如敝屣，不過是一堆廢物，而且我不讚美那位寫出真正的詩篇的人，從他強迫自己穿的衣服到生硬的語言都没辦法讓我喜歡他，但我愛極了那些詩，真是理不清啊。

因為我對他這個人挺反感，以至於我看到他時，對他的詩隻字不提，他的眼神，尤其是他說的話，每一次我都覺得被激怒。我盡量不顯露這樣的情緒，一如我掩藏對《聖經注釋》的欣賞。一句玩世不恭的話才從他嘴裡說出，我立刻用嚴厲、高標準的道德反擊回去，有一次我說——柏林人聽了會忍俊不住——，一位詩人應該下定決心做些事情，在他需要留在以及遠離這個世界的時間內，如此才產生對比。布雷希特說他的電話總是放在書桌上，唯有電話鈴聲不斷響起，他才能振筆疾書，又掛了一幅很大的世界地圖在書桌前的牆面上，為了不使自己遠離塵世，他就看一下那張地圖。我不讓步，像毀掉我那些一無是處的詩時一樣卑鄙，在這個寫出最出色的詩的人面前，我堅持自己的主張，道德是一回事，但這件事情不能相提並論，若他只能為那件事情作保，對我來說這不道德，我指謫污染柏林街頭的廣告，他不認為那些廣告礙眼，剛好相反，廣告有它的優點。他曾經為史黛爾（Steyr）汽車寫過一首詩，因此獲贈一輛車子。我覺得好像在和鬼說話。他坦承一切，簡直像在自吹自擂，把我徹底的打垮了，於是我沉默了下來。才離開他不久，伊比就說：「他非常喜歡開車」，似乎之前什麼事也没發生。我——偏激如我——認定他是殺人兇手，我還記得〈一位陣亡士兵的傳說〉這首詩，而他居然為了獎金替史黛爾汽車鼓舌！「現在他也拍起汽車的馬屁來了」，伊比說，「提到他的愛車時，就像在談他的情人，為什麼他不之前就對那輛車大獻殷勤，說不定也可以贏得芳心？」

他喜歡伊比，她風趣、大而化之的性格與如花似玉、質樸的外貌完全不搭，但他不在乎。他一點兒都不覺得她煩人，她不與任何人競爭，以水果女神之姿在柏林現身，隨時都有可能消失。我的情況不同，我從維也納帶著自以為是來到這裡，腦子裡裝滿了卡爾・克勞斯的純淨與嚴格，去年七月十五日我看到了他張貼的標語之後更加神往，我必須承認我並不欣賞他闊綽的排場。我擺脫家中那樁金錢爭執有兩、三年了，但時間尚未讓那個爭端的陰影完全抹掉：沒有一次我看到布雷希特時，不表達我對金錢的蔑視。我必須高掛我的旗幟，公開我的觀點：不要為報紙寫稿，不為錢寫稿，每一個字都象徵作者完整的人格。布雷希特有成打的理由覺得我不可理喻：我不曾發表過文章，我的名字他之前聽都沒聽過，我的論調之於他，背後卡著許多漠視現實的地方。從未有人找上門，因此我也無從拒絕，沒有報社向我邀稿，所以毋須與任何報紙對立。「我只為稿費寫作」，他不帶感情的說，醜陋極了。「我曾經為史黛爾汽車寫過一首詩，因此獲贈一輛車子。」又來了，次數頗為頻繁，他以那輛被他開壞了的史黛爾汽車自豪。出過一次意外之後，他知道如何透過廣告再弄一輛新車來。

但我的情況要比別人想像來得複雜，因為那個全世界我最崇拜、傳授我信仰與思想的人，若無他的憤怒與熱情我將失去生存的憑依，但我沒有勇氣接近他（唯一的一次是七月十五日的事件之後，我曾為他祈禱，不是祈求，而是謝禱，甚至不敢奢望他聽得到）——卡爾・克勞斯這時也在柏林，交了布雷希特這個朋友，經常與他見面，透過布雷希特，「三分錢歌劇」（Dreigroschenoper）首演前的幾星期我結識了他。我沒有與他單獨見過面，總是夾在布雷希特以及對這齣歌劇感興趣的朋友之中，我沒和他說過話，要讓他知道他對我有多重要，想了就覺得不好意思。自從一九二四年春天我初抵維也納以來，出席每一場他的演講，這些他當然無從得知，即使布雷希特猜得到他在我心中的地位，和他說起這件事時，想必玩笑的成分大於一切（可能性微乎其微），所以他渾然不察。七月十五日之後，我寫了一封熱情奔放的信，感謝他費心張貼標語，這封卻不曾引起他的注意，他對我的名字一點兒印象也沒有，這一類的信他接多了，數不勝數，大概都丟了吧。

我寧可他不認識我，一群人當中，我安靜的坐在伊比的旁邊，與一位神同桌的想法沉重的壓在我的心頭。我隱約覺得自己神不知鬼不覺潛入這個圈子，他與我在演講會上看到的判若兩人，不再如電光火石，也不詛咒誰。很特別的一點，座中——約莫十或十五個人——，屬他最彬彬有禮，把每個人當成特殊的個體，語調充滿了關懷，彷彿在向對方保證給予庇蔭。你覺得他重視每一個人，於是，他無所不知的美名持續遠播。但他刻意有所保留，平和的隱於眾人之中，把每個人的感受放在心上。他笑起來無拘無束，我幾乎以為那是裝出來的，我聆聽過他朗讀時扮演無數的角色，所以我知道要他偽裝易如反掌，但是，我現在目睹他的演出遠遠超過我的期待，他恪盡其職，一個鐘頭或更久都沒有更換角色。我期待他無與倫比，但只體驗到殷勤客氣，他對這一桌的人都很溫文儒雅，充滿愛意，好像對待自己的兒子，而布雷希特這位年輕的天才——就是他精挑細選出來的兒子。

話題以「三分錢歌劇」為主，劇名尚未決定，是這群朋友出的主意。大家提了一堆建議，布雷希特安靜的聽著，談話中，似乎那不是他的作品，而他才是有權拍案定奪的人。提出的劇名實在太多，我記不清誰建議了什麼，卡爾．克勞斯輕描淡寫的提了一個名稱，布雷希特疑惑的與他展開辯論，好像不相信他，一會兒功夫，被另外一個更好的劇名給擠了下去，但他一點兒也不堅持。我不知道是誰想出最後的劇名，是布雷希特自己說出來的，也許這個點子出自一個不在現場的人，而他想聽聽看在座的人的意見。他所擁有的劃定界限以及勢力範圍的自由，看得我目瞪口呆。

看哪，這個人！

「現在我們上葛羅茲那兒去」，維蘭德說，我不太相信事情有這麼簡單，他要去他那兒拿出版社要用的東西，他希望給我留下深刻的印象，他早就看出葛羅茲是我等不及要認識的人物，而他也喜歡把柏林的種種介紹給我，不在意我的青澀生疏，缺乏閱歷的我讓他憶起自己初來此地時的模樣。他不若經常有門徒環繞身邊的布雷希特那樣有統御的欲望，布雷希特希望所到之處萬人空巷，顯然很早就是如此，要比實際年齡老成，千萬不可看起來過於年輕，純潔天真他多少有些瞧不起，狀極無辜於他而言等同愚蠢，為他所深惡痛絕。他不願為任何人賣命，即使他已經不必證明自己出類拔萃，為了展現他的世故，是學校裡第一個抽雪茄的學生，其他人受了他的鼓勵，都圍繞在他身邊。維蘭德卻對純真的童年念念不忘，視為一首田園詩歌，他在犬儒主義盛行的柏林保持自我，實在不容易。他並非手無寸鐵，隨時有因應的對策，證明他擁有這場所謂的生存競賽中不可或缺的才幹、堅毅以及滿不在乎，後者尤為重要。他只消保有無辜的孤兒形象即可，他述說往事時，彷彿現在的他仍然是個孤兒。工作時我們偶爾談到柏林的生活有多匆忙——如果我們恰巧坐在他閣樓房間的圓桌旁，話題就從工作的重點厄普頓・辛克萊轉到年少時的他，現在的他看起來也不像三十二歲，但又與十五歲時的他有明顯的不同。

他帶我認識柏林所有檯面上的人物，好像他自己新來乍到似的，每當我驚訝萬分，他就開心得不得了，但他並不仔細觀察我的反應，我不是重點，焦點是他自己，他正在觀看他在我這個年紀時的反應。他從不貶抑我，真好：他到處對人說我是他的「朋友兼工作人員」，其實我倆認識才幾天而已，什麼事也還沒做呢。他沒有要求我提出任何證明，無意看我寫過的文章（想來不無驚奇，我與身為出版人的他交情深厚，但他卻不曾看過，後來他成為我的出版商時，也沒有看過我寫的文章）。他認為我們聊聊天就夠了，我的事有些他從伊比那兒得知，有些我自己告訴他，他覺得最重要的一點在於，他在他的柏林向我傾訴他的純真，他熱愛的少年時光，而我一心一意聽他敘述。藉著傾聽我贏得了他的友誼，不能說我投機取巧，我喜歡聆聽，一直都愛聽別人談他自己，狀似平靜被動的傾向其實激烈非常，形成了我對生命最深刻的概念。那一天若有人講他自己的故事，而我不再傾聽，我一定已經死了。

我為什麼對葛羅茲抱著很高的期望呢？他有多重要？自從我在法蘭克福青少年書店的櫥窗看過他的書以後，那是六年前的事了，他的繪圖令我激賞不已，在腦海裡揮之不去，六年在青春歲月中可說是一段很長的時間。第一眼看到那些繪圖，就在我的心裡生了根，洪恩巴赫先生來訪過後，我們周遭發生了什麼事，媽媽一概充耳不聞，處於通貨膨脹的我很嚮往他的作品。我喜歡那些嚴厲、沒有顧忌的畫，你在他的畫上看到了無情與恐怖。凡是極端的，我都視為真相；業經居間調停、被削減過，需要額外解釋及道歉的，對我來說不是真相。小的時候在曼徹斯特，當我把食人魔當成敵人，從此未嘗改變，就知道天底下有這等人了，不久後我在維也納聽到卡爾・克勞斯的演講，也有一樣的效果。如果我開始模仿卡爾・克勞斯那樣鼓起如簧之舌，從他那兒我學到的特別本事就是傾聽，以及某種程度（並非得來全不費功夫）指控的雄辯術。我從未模仿過葛羅茲，繪畫我一竅不通，在真實的生活裡我尋找、也找到了他畫中的人物，但與另外一種宣傳媒介總有一段距離，他的本領我望塵莫及：他說另一種語言，我雖然明白，但永遠學不會運用自如。這表示他不會成為我的典範——佩服得五體投地，但絕非典範。

第一次到他那兒，維蘭德用他慣用的方法介紹我，「朋友兼工作人員」，這麼一來我才不顯得過於渺小。沒想到葛羅茲認識維蘭德的所有朋友，而且很熟，所以他應該知道我稱不上是他的朋友。我突然之間冒出來，在這之前沒人談過我這個人，唯一的訊息是伊比告訴大家我即將從維也納啟程。不久我就擺脫這種不安的感覺了，因為我們互相展現實力，我趨向新崛起的事物，葛羅茲習慣把他的畫拿給維蘭德看，由他刊登出來並且為他打知名度，他倆一起挑選，維蘭德負責為他的畫想題目。現在也是，一個個畫題脫口而出，維蘭德喜歡很快的下標題，毋須討論，葛羅茲已經學會了接納他取的畫名，因為那些畫名為他帶來了好運道。

他穿著一襲粗紡棉紗，與維蘭德耐穿、發黃的衣服大異其趣，吸著他的煙斗，神似年輕的船長，但不是英國籍，他說了很多話，比較像美國人。他非常坦白又真誠，那一襲民族風的服飾我就不覺得是一種偽裝，在他面前我不會拘謹，聽其自然，尤其他給我看的作品都令我讚賞不已。他很高興，似乎我的讚美激起了他的好心情，我對著畫紙發表些意見的時候，維蘭德有時點頭表示同意。我想我應該說中要害，有布雷希特在場我一開口就是嘲諷，此時卻喚起葛羅茲的興趣與歡心。他問我有沒有看過「看哪，這個人！」──厚紙夾，我說沒有，那是違禁品。他走近一口箱子，打開蓋子，取出一個厚紙夾，像遞一個再平凡也不過的東西給我，我想他要讓我欣賞一下，就打開那個厚紙夾，但旋及改變了想法：我可以在家欣賞，這個厚紙夾是送我的禮物。「不是每個人都有喔」，維蘭德說，他曉得他的朋友一向感情衝動，其實不用他說我也能想像，我沒有碰過像他這樣慷慨的人，我被他征服了。

我把厚紙夾放好，免得欣喜若狂而顯得可笑，尚未說完感謝的話，又有一位客人上門：是我此刻最不想在此地遇見的人，布雷希特。他滿懷敬意登門，有點兒謙卑，為葛羅茲捎來一分禮物，一枝鉛筆，他慎重其事的把那枝稀鬆平常的鉛筆放在繪圖桌上。葛羅茲收下了這分樸素的禮讚，把它變得非比尋常，他說：「我正缺這樣的鉛筆，剛好用得著。」我覺得被這位客人打擾，但也很高興能在別的場合與布雷希特相處。這就是他，當他再三說明為何自己送來這分微薄的小禮物時，可真令人大開眼界。我問自己葛羅茲覺得他如何，他會喜歡他嗎？布雷希特沒有待很久，他離開時，葛羅茲隨口對維蘭德說，好像不是說給我聽的：「忙哪，這個歐洲滷味。」聽起來並不刺耳，沒有敵意，也許懷疑的成分居多，彷彿他不巧被他對這個人的不同意見給絆住了。

與葛羅茲道別後，我們分道揚鑣，維蘭德去出版社，我回到閣樓上的圓桌，厄普頓・辛克萊的資料正等著我整理。相較於他「扒糞坑」，專門揭發醜聞的表現，他私下的生活實在乏善可陳。這與生活環境無關，他也掙扎過，主要是他直線條的觀點，他極端拘謹，比清教徒有過之而無不及，雖然我自己也道貌岸然，與他沾親帶戚，雖然我打從心眼兒裡贊成他對弊端、卑微以及不公不義發動攻擊，但他的突襲行動欠缺挖苦的光芒。毋怪乎我沒有立刻整理他的資料，反而先打開「看哪，這個人！」——厚紙夾：厄普頓・辛克萊缺乏的特質，這兒都找得到。

這個厚紙夾因過於猥褻而被禁止，不容否認一眼就看得出來，我觀賞時既震驚又同意，一種奇特的混合，畫面上是柏林不堪入目的夜生活，正因為不堪入目，我想，才要畫下來。我看畫時的厭惡，應該與藝術家的厭惡不相上下。對此我的了解有限，來到此地不過一個星期，葛羅茲是我拜訪過的幾個人之一，布雷希特是我在史利西特餐館透過伊比認識的，因為他是詩人，她覺得柏林屬他最有意思，值得為我介紹。我們每天都去這家餐館，伊比喜歡看到他，但每次都拖著我，或許他因此把我當成他嘲笑的箭靶子。維蘭德喜歡成全別人，因為我重視葛羅茲，我抵達的第六天就帶我登門拜訪。

現在，我把「看哪，這個人！」——厚紙夾帶回家裡，它橫亙於我與柏林之間，對我的許多觀點有所影響，尤其影響我在夜裡觀賞到的東西；若沒有這個厚紙夾，恐怕要好長一段時間才會闖入我的心扉。現在，我一躍而入放肆、冷酷無情的畫面，認為它是真的，從未起過疑心，如同有些人只透過幾位畫家的眼睛觀賞風景，柏林之於我是透過了葛羅茲的眼睛。

第一次凝望這幅畫我呆住了，同時也嚇了一大跳，伊比來的時刻，我正把在厚紙夾裡發現的水彩畫攤在桌上觀賞，簡直難分難捨。她没看過我這樣心蕩神馳，只覺得滑稽，「你馬上就變成柏林人啦」，她說，「在維也納時你為死者面型瘋狂，現在——」她伸出手臂遮住那些圖片，好像我故意先把畫放在桌上似的。「你知道」，她說，「葛羅兹一喝醉就愛談『火腿』，他說的是女人，看到火腿就想到女人。我佯作不懂，然後他唱起一首讚美『火腿』的歌。」我氣急敗壞，「不對，他討厭這些東西，所以才畫得維妙維肖，妳以為我無緣無故看這些畫？」「你不喜歡這些畫」，她說，「我知道，我知道，所以我可以告訴你。但他很喜歡！等等，那次你看看他醉酒，然後開始談『火腿』就曉得了。」

這就是伊比，能說出這些話來。她用了「火腿」這個字，不可誤解者，她其實要說的是：葛羅兹喝醉了，企圖親近她，唱一首稱讚她身材的歌，别的女人可能覺得深受侮辱，至少大為光火。那個字說的就是她，她反複說這個字，聽起來好像與她毫無干係。她完全不洩露她的情緒，彷彿他根本從來没有靠近過她，而她只關心一件事，那就是她要一五一十告訴我實情。

她要我來柏林的目的就是要和我聊天，無話不談，男人對她緊追不捨，所到之處不乏影射嘲弄。若三、四個男人一致展開追求，總有一個會成功；不知她怎麼辦到的，没有人追得到她。深奥的理論此起彼落：她不是女人，只是外表像而已，她很另類，也許雌雄同體。最多疑的要屬布雷希特的一位友人，名叫包夏特（Borhardt），說她是間諜，「她從那裡來！突然就這麼出現了，她是誰？任何場合都看得到她，說什麼她都聽得很專心。」她一笑置之，心情不受影響。她覺得荒唐透頂，但她一個人在柏林，能說給誰聽呢，那些人隨心所欲，把性以及伊比的譏笑奉若神明，除了嘲諷世人之外她一無所有，她非常氣惱。不愚弄别人她就活不下去，開一點兒玩笑，言在意外向那傢伙表示抗議，箭在弦上不得不發，這是她的本性，因此她靜不下來，直到她成功的把我引來柏林。

我倆對各式各樣的人有百看不厭的樂趣，臭味相投。她看人時用笑話來潤色，她以這則報導盛情款待我，我高興極了。但我自己不覺這有何荒唐，使我不安的是這些不同的人物，這些人費盡心機要互相瞭解，但他們彼此其實陌生得很。每個人都只為了自己，即使有一個人，不理會所有的錯覺假象，仍然片刻不得安寧。我聽她說了所有一眼就識破的誤會，其中有不少是我的寫照，但是她為我的世界引進我身為男性無法經歷到的特殊的證詞。美麗的她被男人包圍著，男人向她求婚時卻可笑到了極點，好像她這個人其實並不存在，只是一個虛有其表的雕像，而他們就對著這個雕像示愛。至於她的答案根本無人聆聽，那些話灌不進求婚者的耳朵裡，求婚者只想著自己要表白的話，並且希望盡可能滿足她的需求。但是他們不明白為什麼沒有達到目的，因為即使她回答了，他們也無從理解。知己知彼、百戰百勝的道理他們也不懂，雖然他們的目標一致，彼此卻很陌生、費解。這些精明且堅定的人雖然知道應該有那些計畫，採取什麼手段，卻看不出自己不夠客觀。

依薩克．巴貝爾

依薩克．巴貝爾是我在柏林時一段頗具分量的回憶，他不是老柏林，但我卻覺得那幾個星期當中似乎每天都看到他，一小時接一小時，並非每次都談得很多。我在那兒見過的人多不勝數，他是我最喜歡的一位，一回首就伸展開來，我很想把柏林九十日的回憶題贈予他。

他從畫家妻子師事安德烈・洛特⑦門下的巴黎過來，曾經住過法國好幾個地方，法國文學是他的歸鄉，認定莫泊桑是大師。高爾基發現了這位作家，推薦給他，並且給他不少如何淬鍊自己更聰明、視野更廣，運用各種可行辦法以及批判的建議，但絕非自私的只想到自己，態度要嚴肅而非嘻皮笑臉，又告訴他，年輕、軟弱、沒有知名度的人往往深藏不露，切莫扼殺他們的才華。

待在外國很長的歲月之後，巴貝爾返回俄國，柏林是他的驛站。我想他九月底到了柏林，停留時間不超過兩週。兩本使他揚名立萬的書，《騎兵團》（*Reiterarmee*）、《敖得薩的故事》（*Geschichten aus Odessa*）的德文版皆由瑪立克出版社發行，我讀過後者。我欣賞他的文筆，感覺上他近在眼前，孩提時代我就聽過敖得薩這個地方，這個地名屬於我早年生活中的一小部分，雖然我在瓦那（Warna）只停留了短短的幾星期，卻很懷念黑海。巴貝爾寫的關於敖得薩的故事，有聲有色、充滿野性和力量，與我童年的親身經歷十分吻合；我莫名所以的把他形容的那個小地方的首都當成多瑙河下游的某一座城市，如果敖得薩位於多瑙河口的話，我也不反對。這樣一來，童年時的夢幻之旅就會成真，上游下游，從維也納到敖得薩，敖得薩到維也納，再往魯斯特舒克，路程十分遙遠，應該在路上找一個正確的所在。

⑦ André Lhote，1885～1962，法國立體主義畫家。

我對巴貝爾很好奇，因為他來自我一知半解的地區，讓我心安的，是那些對世界敞開門户的地方。敖得薩就是這樣一個地方，巴貝爾敘述故事時的感受也是如此，小時候我住的那棟房子的窗户全部朝著維也納的方向，現在，其中的一扇窗的方向改變了，朝向敖得薩打開。

他的個子小而粗壯，頭顱非常圓，厚厚的鏡片很醒目，也許是要告訴大家，他望得很遠的眼睛也是又圓又大。有他在的地方，你會覺得他一下子就把你收到他眼底，為了酬謝他的注意，你將立刻誇他身材結實，一點兒也不文弱，雖然那副眼鏡多少製造了這樣的印象。

那是在天鵝角餐廳，對我來說很豪華的餐廳裡，很多人晚上在劇院看完戲後喜歡造訪這裡，許多有名的劇場工作人員喜歡聚在這裡。眼尖的人剛探到一位明星，另一位名氣更響亮的正從他身旁走過，劇場的全盛時期到處都看得到演員，過不久你就會放棄辨認一張張面孔。作家、畫家和贊助者，評論家與高級的記者也來這家餐廳，每次我和維蘭德一起去，他為我解說誰是誰的時候，聽起來好像很不得了。這些名人他耳熟能詳，不覺其光芒四射，當他們的名字從他的嘴皮吐出來時，不顯得超凡入聖，反而像在否認他們的名聲，被高估了，不消多時就會從螢幕上消失。他有自己的路線，在公開場合碰到他自己發掘、並出版他們著作的作家，他既周到又殷勤，當然喜歡談到這些作家，而且滔滔不絕。夜幕低垂時，他不會把自己隔離在天鵝角餐廳的一隅，與忠誠的友人挪到外面的座位去，他喜歡加入較大、朋友與敵人兼容並蓄的團體，挑選一個挑戰的對象。從詆毀入手，不採防禦戰術。不久我即得知，他不是唯一一個愛用這種侵略手段的人，有的逢人就訴苦，也有人來得比較晚，在吵鬧不堪的環境裡不發一語，另外有極少數的人非常引人側目：沸騰的風景中沉默、佈滿皺紋的島嶼臉，你不得不打聽起這個人，因為任何問題都激不起他的反應。

到了晚上，巴貝爾第一次現身，馬上坐在天鵝角最前面的座位，與一群人坐在一張長桌旁。我來得晚，靦腆的坐在長桌的最尾端，很靠近門，坐在一張椅子的邊緣，隨時準備滑下或逃逸。座上客之中「最俊美」的要屬萊昂哈德・法蘭克⑧，他有一張陰沈、令人畏懼的臉，好像他經歷了所有的高低起伏，欣欣然把所見所聞寫在臉上，頎長、強壯的身上穿著一件優雅的合身外套，彷彿整裝待發；他一躍而起，矯捷如豹，撼動了整張桌子的長度，那件外套使得他這個動作不落痕跡，什麼也沒被壓碎或滑落地上。雖然皺紋很深，他卻一點兒也不蒼老，是一位正處於黃金時期的男人。年輕時，語氣中含著敬意，他是鐵匠（或者不那麼詩情畫意：鉗工），難怪他如此孔武有力，身手又靈活。我想像著他在鐵砧板旁幹活兒，沒有穿上這件礙眼的外套的樣子，不容否認的是，他在這裡，天鵝角餐廳裡，愉悅非常。

這些形容也可以套到同一桌的俄國詩人身上，那時節俄國詩人經常遊走四方，很喜歡在柏林落腳，這裡熱鬧、無憂無慮的生活與他們的性情頗合拍。他們與自己的出版商赫爾茲菲德很熟，他不是唯一一位為他們出書的人，但是最具有影響力的一位。他旗下的作者都不可小覷，光看那個他哥哥設計的封面就很搶眼，坐在那兒的安雅・阿庫絲（Anja Arkus）是新秀詩人，也是我見過最漂亮的女人，也許你不太相信，因為她有一個猞猁般的頭顱。她的名字我沒有聽過第二遍，或許她用筆名發表，或許她很早就去世了。

⑧ Leonhard Frank，1882～1961，德國畫家、作家。

其他同桌的人，我也要說一說，尤其是那些今天已被遺忘，但他們的長相仍然留在我的記憶中，卻記不清姓名的人。不是這個地點，而是那天晚上一樁很特別的事情，相形之下別的就黯然失色：那是巴貝爾，一個與天鵝角毫無干係的男人，光臨的晚上：他不像明星出場，雖然柏林對他很有吸引力，但他與其他以「柏林人」自居的人又有幾分不同，他是以「巴黎人」的姿態登場。名人的生活他不感興趣，一般人的生活也引不起他的注意。置身星光閃閃之中他覺得很不自在，巴不得拔腿就跑，這說明了為什麼只有他加入我們這桌，雖然他一個人也不認識，也不屬於這個圈子。第一眼看到巴貝爾我覺得很安心，他的眼睛以及明朗的態度在在訴說他經歷過的事情。

一開始說了那些話我已不復記憶，我想讓位給他，但他還是站著，似乎尚未決定要留下來。他站立的樣子，如同面臨他熟悉而且要動手封鎖的裂口，所以穩如泰山。我之所以對他有這個印象，大概與他的寬闊的肩膀擋住了我望向入口的視線有關，有沒有人走進來我都看不到了，我只看得到他。他的臉上略有不豫，扔了幾句話給同桌的俄國人，我聽不懂，但心中湧起對他的信任。我確信他說的是關於這家餐廳的事，他和我一樣不怎麼喜歡這裡，但他比我有資格說這話。這家餐廳不合我脾胃，也許我是從他那兒才領悟過來的，因為有山貓臉的那位女詩人坐得離我不遠，而她的美貌抵消了一切不快。我在意他的去留，把希望放在她身上；誰不是因為她的緣故才留下來的呢？她向他示意，可以坐到她旁邊的位子，他搖了搖頭，用手指著我。他想說我已經幫他找了座位了，這份禮貌讓我驚喜又迷惘。換作是我，再尷尬也會二話不說坐到她旁邊去，但他不願讓我難受，所以推辭了。因為我等於力邀他坐過來，就要找一把椅子，我走過一張張桌子，但一把空椅也沒有，有那麼一會兒我徒勞無功的在餐廳裡打轉，等到兩手空空的回座位時，巴貝爾已不見縱影。女詩人告訴我他不想占我的位子，所以走了。

第一次與他打照面，狀似無關緊要，但我必須擴大這個印象。他站在那兒，結實魁梧，使我聯想到《騎兵團》中美妙又恐怖的故事，都是他在俄國—波蘭戰爭期間於哥薩克（Kosaken）的親身經歷。我猜他並不喜歡這家餐廳，這也符合他的調調兒，對他這樣有過粗獷、嚴酷經歷的男人，柔情與體諒是年輕人的玩意兒，他已不識其滋味，此時此刻他的特質特別凸顯。

他很好奇，想要一探柏林的全貌，所謂「全貌」指的是人，而且是各式各樣的人，那些在藝術家以及名流出沒的場合看不見的人。他最喜歡去阿馨恩（Aschinger），我們站著慢慢啜飲一客豌豆湯，他藏在厚底鏡片之後的圓眼張望著四周的客人，一個一個看，有什麼看什麼，看也看不厭。湯盤見底了，他不無苦惱，巴不得再點一客取之不盡的湯，因為他只有一個唯一的願望，就是繼續觀看，客人進出頻繁，夠他看的。我從未遇過如此專心觀看的人，他安靜非常，不停的玩著以眼珠來表情達意的遊戲。看的時候他不篩選，無論是誰他都認真以對，尋常或不尋常的人等同重要。天鵝角或史利西特那些揮霍無度的人才會讓他覺得乏味，如果我在這兩家餐廳裡，而他剛好也走進來，目光一搜尋到我就會靠過來，但也不會坐太久，很快就說：「我們去阿馨恩吧！」不管當時我和那些人在一起，我總視他邀我去那兒是柏林最大的榮耀，立刻起身走人。

當他說「阿馨恩」這個字的時候，並非在譴責高級餐館的奢侈，主要是對藝術家的自鳴得意很反感。每個人都想引人矚目，玩花様，冷酷的虛榮自負硬生生把空氣都給凝結住了。為了要盡快趕赴阿馨恩，即使只是一小段距離，他也大方的招來計程車，到了付錢的時刻，他閃電似的拿給司機，然後極其溫雅的說出他支付的理由。他剛收到了一筆錢，他說，反正帶不走，必須在柏林通通花掉，雖然我的直覺告訴我這話不是真的，但我要自己相信他的話，因為他的慷慨把我給迷倒了。嘴上從不說，但他曉得我的情況：我是學生，大概鮮少有收入。我坦承自己尚未發表過文章。「没關係」，他說「還早得很哩」，太早發表作品恐怕不太妙呢。我想他之所以接納我，是因為他對我置身自吹自擂的名人當中的不自在感同身受。我很少和他說話，比與別人說得少得多，他的話也不特別多，寧可觀看人們，除非我也在場，而話題轉到法國文學時，他才會加入討論。斯湯達爾與莫泊桑兩位他佩服得無以復加。

我原本以為他會愛談偉大的俄國作家，但這太理所當然，或許他也想吹噓一番，宣傳他自己同胞的文學成就；也許原因不僅於此，這一類的談話往往流於膚淺，所以他有些卻步：他自己深受偉大的文學作品中的文字所感動，我則希望透過譯本見識一下。我們各說各話，他對文學的態度很認真，到了痛恨所有似是而非的程度，我的靦腆也不見得少一分：就是開不了口和他討論《騎兵團》以及《敖得薩的故事》。

但是，當我倆聊起法國作家，諸如斯湯達爾、福樓拜以及莫泊桑時，顯然他已察覺到我對他的小說的喜愛，因為我問東問西的同時，都會注意關於他的問題。他能夠詮釋我的意在言外，就給我直截了當且精準的答案。他看出我困惑得解的欣喜，也許也希望我繼續發問呢。他談起他的畫家妻子住了有一年的巴黎，我猜他才在那兒接她，渴望重返巴黎。他對莫泊桑的欣賞勝過契訶夫⑨，然而當果戈里的名字從我嘴裡溜出來（我愛他甚於一切），他說了讓我驚喜萬分的話：「法國沒有，他們出不了一個果戈里。」他思索了一下，剛才那兩句話有吹牛的嫌疑，為了平衡一下，他補充說道：「難道俄國就有斯湯達爾？」

我注意到我與巴貝爾說的話不夠具體，但他仍然是我那時認識的人中最重要的一位。我看到的他，其中有很多成分來自我讀過的他的書，數量少但很專心，所以見面的每一時刻都受到影響。他在這個陌生的城裡遊逛，用另一種語言體驗新奇的時候，我也在一旁。他不會語驚四座，避免引人側目，最愛看可以隱藏起來的地方。別人如何他一概接納，不適合他的，尤其不願錯過，深深折磨他的，更要任其長久發揮作用。從哥薩克人人暈染沾血的光采，卻不陶醉於浴血之中的故事，我知道他是這樣一個人。他在這裡目睹柏林耀眼的一面，當別人自鳴得意、夸夸其談的時候，我看得出他有多麼不在乎，面有慍色但毫無反射的走過那些人的身旁，然後用他饑渴的眼睛觀望不計其數正喝著豌豆湯的人。他認為天下沒有唾手可得的事，文學之於他神聖不可侵犯，他不保護自己，也不想寬恕什麼。他不識玩世不恭為何物，這與他對文學滴水不漏的嚴謹有關，他認定的佳作，卻永遠無法像那些自鳴得意的人，到處摸索好不容易搞清楚之後，就隨意運用。他認為文學無法靠讚美來提高身價，他為文學的本身，而非隨文學而來的榮耀心醉神迷。我相信我看到的巴貝爾是真實的，因為他與我說話，我知道假若沒有遇見他，柏林將像強鹼一樣把我溶蝕掉。

⑨ Anton Tschechow，1860～1904，俄國醫師、作家。

善變的路德維希・哈爾特

我在一個星期天觀賞了路德維希・哈爾特⑩的早場表演：一位讀出詩人心靈的朗讀者，是公認的佼佼者。談到他的時候，沒有人擠眉弄眼，連布雷希特也不會冷硬的批評，這可不是他的習慣。換句話說，路德維希・哈爾特是唯一一個橫跨古典詩與現代詩領域，獨領風騷的人，大家都誇他有轉變的本事，他其實像演員，出類拔萃的一位。他的演出都經過精心設計，絕不會有人感到無聊，在人人自求多福的柏林，很多人持這種意見。以我當時對農奴制度的觀點而言，還有另外一個重點：他曾經是卡爾・克勞斯的朋友，以前也朗誦過《人性末日》，這導致了兩人不和乃至決裂。現在他推出的節目中幾乎包羅萬象，以重要的現代詩為大宗，唯一的禁忌是：卡爾・克勞斯。

我與維蘭德一起去聽的早場，托爾斯泰是中心人物，哈爾特計畫朗讀瑪立克出版社發行的托爾斯泰的作品，否則維蘭德不會去的。他對於表演一向不熱中，除非必要，鮮少去欣賞，這是他對柏林浮濫的節目表達抗議的一種方式。他告訴我，人在柏林消耗得有多迅速，不懂得安排自己的人，很容易迷失。要節制自己的好奇心，把心力花在自己的工作上，畢竟我們不是幾個星期以後就要拔營的過客，應該要順應時勢，年復一年還住在這裡，所以要培養堅強

⑩ Ludwig Hardt，1886～1947，德國演員暨著名朗讀者。

的殺力。即使路德維希・哈爾特廣受歡迎，他也只為了向托爾斯泰致敬，才遊說我一起去聽。

我去了，而且覺得不虛此行，永遠忘不了的，是他在這個場合說的話，以及後來在柏林藝文贊助之家，他的話語引發每個人暗叫一聲慚愧，我們從中習得侮辱的藝術。八年後在維也納，他成為我的朋友。

他的個子矮小，矮到讓我訝異的程度，頭顱很窄、黝黑兼有南方情調，有本事在頃刻間轉變，轉變得如此之快、之劇烈，前後判若兩人。看起來他像遭受雷擊，他朗讀的那些角色與詩歌倒背如流，彷彿都屬於他，天生具有多重面貌。他一刻鐘也安靜不下來，剛開始認識他時，他讓我聯想到托爾斯泰《哥薩克》中那個行動遲緩、好逸惡勞的角色，葉洛西卡（Jeroschka）叔叔。他的腦袋瓜子圓圓乎乎，身材寬闊又結實。他擅長把玩一臉的大鬍子，直到你看到他為止，我願意發誓鬍子是戴上去的（但他後來堅稱自己從來沒留過鬍子，也從未在口袋裡放著一付鬍子到處跑，我不相信）。這位哥薩克是我心目中托爾斯泰斯最生動的一個角色。目睹這位又瘦又小的路德維希・哈爾特變成高大、壯碩的哥薩克，實在很神奇——沒有離開座椅和桌子，不需要一躍而起，也用不著藉助某些動作。他朗讀的那篇文章很長，但是好像愈來愈短，你擔心他就要停下來了，接下來是幾則民間故事，尤其是〈人需要多少土地？〉，我深受感動，確信這是托爾斯泰最精華、最傑出的作品。日後我捧讀過的托氏作品，相較之下失色許多，因為不是路德維希・哈爾特唸給我聽的。因他之故，壞了我對托爾斯泰的一些興趣。他朗誦《哥薩克》中的葉洛西卡，在我心中永遠是個足堪信賴的人物，從那以後，時正一九二八年，我認為自己很瞭解他，比我其他的好朋友還要瞭解他。

他對於我和托爾斯泰的關係所產生的影響還有下文，當我於戰後重讀〈伊凡・伊里奇之死〉（Tod des Iwan Iljitsch）時，我的感動一如往昔，與一九二八年聽到民間故事時一樣強烈。我的心飛了出去，飛到那間病房裡，然後，我驚訝萬分的發覺，路德維希・哈爾特朗誦的字句傳到了我的耳朵裡。我置身於半明半暗的劇場房間內，他在房間裡講話，他已不在人世，但節目持續進行下去，輪到民間故事上場時，比我當年聽的篇幅更長的〈伊凡・伊里奇之死〉也出現了。

這是我對於這場早場節目最強烈的意見，日後你的心仍然被它占據，為了報導那不可思議的一面，我願意多作些補充，那就是往後幾年我又聽了不少路德維希・哈爾特的朗誦會。當我倆在維也納交上了朋友，他經常到我家來，只要我們想聽，他就朗讀個數小時之久。他寫了一本把他的節目收錄進去的書，書中還提到他如何表達那種美妙或壯闊，我們盡覽全貌。我聽過他扮演各種角色的聲音，我們也經常聊到我益發感興趣的轉變的問題，在柏林聽過他轉換角色成為年老的葉洛西卡的那個早場，是第一個觸動我這方面興趣的引子。戰爭結束之後，當我獲悉他的死訊，我取來〈伊凡・伊里奇之死〉，彷彿在為他舉行葬禮，記下他我不曾聽過的聲音。

我還沒說完，要回到第一次與他打照面的那一幕。少了色情狂的表演，而我最後變成那位極力忍耐的犧牲者。早場節目過後，朗讀者與一大群人一起受邀到一位柏林的律師家中做客，他們受到盛情的款待，賓至如歸，所以大部分的客人都留到午後。他們經常如此，倒不一定是因為豐富的招待。牆上掛著大夥兒正在談論的畫家的作品，桌上攤著最新出版、獲得他們青眼或白眼的書。萬事俱全，說到什麼，主人忙不迭搬出來，遞到某人的面前，打開書，然後只消張開嘴批評或讚美即可。沒有人刻意優雅，名人散坐在四周，不是在開懷大嚼，就是打著嗝，然而，勤快的主人勉力張羅一些富含機智或有煽動力的談話。最感到舒適暢快的莫過路德維希・哈爾特，他是唯一一位比主人還要積極活躍的客人，跳上桌發表著名的朗誦，米拉波⑪或尚・保羅⑫的文章，絲毫不見疲態，他可以一直表演下去，最使人矚目的一點，是他對陌生人的興致，跳躍之間休息的時刻，他就去找不認識的人聊天，沒搞清楚眼下誰是才智之士之前，他會坐立不安。就這麼誤打誤撞他找上了我，他的張力感染了我，於是我毫不保留的把我對他的激賞一股腦兒說出來。

他以獨特的方式向我道謝，順便提及他饒富趣味的來歷。他的父親在荷蘭的菲仕蘭省（Friesland）養馬，所以他從小就與馬廝混在一塊，他還記得兒時一匹叫做喬基（Jocky）的馬。我明白了為何他總愛跳來跳去，因而滿懷敬意⑬。每一句能讓他覺得快意的話，他都要懷著精挑細選的希望拋掉，他突發的奇想源源不斷，當古怪荒誕的念頭浮現時，他神似霍夫曼⑭，他曉得自己像他，但同中有異。除非說出那句話出自某人之口，他不太隨意班門弄斧，我感到既慚且愧——這才是我的主題——始於省略：他從霍夫曼談到海涅，靈活有致，你很

⑪ Honoré-Gabriel Riquetti, Come de Mirabeau，1749～1791，法國作家。
⑫ Jean Paul，1764～1825，德國詩人。
⑬ Jocky 又意為賽馬的騎師。
⑭ E. T. A. Hoffmann，1776～1822，德國音樂家、畫家、作家。

快就會意到：海涅是他極看重的作家之一。想到這裡時，我稍微停頓了一下，意見交流的步驟慢了下來，他迅即明白發生了什麼事，突然改口抨擊海涅，而且藉助我倒背如流的卡爾・克勞斯的話，他說這些話的時候，有若在飾演一個角色，信心滿滿，我掉進他的陷阱，逐字逐段引述，卻没留意他其實是在笑我。過了一會兒，我覺得自己像在參加考試，考題是我對《火炬》雜誌有多麼熟稔，直到他突然打斷我的話，切換到別的話題，讚美起克勞迪伍斯、內斯特洛伊、魏德金德⑮時，我才恍然大悟自己成了笑柄。我試著說一些表示歉意的話：「您對海涅的看法與我的略有不同。」「没錯！」他說，這一耳光打得我不無歡喜，如同朗讀會上海涅那幾首膾炙人口的加演詩篇。

我猜，這是他第一次對我如此信服卡爾・克勞斯感到震撼，他與同行相較量，因為他倆都是千錘百鍊的吟誦家。他朗讀〈灰鼠〉和〈西里西亞織工〉⑯的時候，聲音中的雷霆萬鈞與暴怒遠非卡爾・克勞斯能企及，他猶如私闖禁地，儘管這首詩遭禁、受到威脅與詛咒，我的感受仍屬健康正常，就是不要受他支配。之前他一一細數他不喜歡海涅的理由時，效果有增強之勢：四分五裂、消失無蹤。我感到內心正在崩解，必須要承擔這種後果，卡爾・克勞斯為我築起的堤防是用來抵禦柏林的，我覺得比先前還要虛弱，困惑益增。我在兩個地方均被敵人施以火刑，我的上帝與那位為汽車寫了一首詩，換來交相讚譽的布雷希特坐在一起，

---

⑮ Matthias Claudius，1740～1815，德國作家。Johann Nestroy，1801～1862，奥地利名演員。Johann Wedekind，1864～1918，德國表現主義劇作家、抒情詩人。

⑯ Wanderratten、Schlesischen Weber 皆為海涅的詩作。

而曾經與他相知相惜的路德維希・哈爾特，在我心中狠狠一擊，我對海涅的好感再也無法修復。

虛無的邀約

這就是柏林，容得下任何影響或作用，只要願意，不羞於展現自己，人人可以引人側目。想要引起別人注意並非易事，紛擾嘈雜，就在吵鬧與推擠當中，你非常清楚其中有值得親身經歷的事物。柏林無奇不有，各地都不缺禁忌，德國尤其俯拾皆是，在這兒一一枯竭而死。從古老的首都維也納來到此地，你覺得自己像鄉巴佬，努力撐大眼睛，直到雙眼習於張開。這城市有一股辛辣、尖刻的氛圍，刺激你的同時也使你甦醒，你敞開胸襟，不打算採行任何防衛措施。葛羅茲畫中傳達的可憎的並存並立與亂七八糟一點兒都不誇張，是這裡自然的面貌，新的自然景觀，沒有人能少得了它，大家皆習以為常。誰要是試著把自己隔離起來，想必有些反常，而這也是唯一被人們視為不正常的事，如果這僅是短暫的現象，不久你的心又動了，縱身投入喧囂之中。所有的人事物都具有透光性，沒有私密，若有，也只是一種愚弄，著眼於另一種隱密性，而非親密的本身。

獸性與理智一覽無遺，無限飆漲，形成變化多端的風暴，雜沓的交相演出。誰要是在來柏林之前對自己的動物性產生興趣，他的動物性必須到達最高點，才有能耐橫眉冷對千夫指，若他不夠強韌的話，勢必短時間內就消耗殆盡。對自己的理智深具信心，對動物性則不假寬貸的人，其精神層面必須被豐富多采的獸性所屈服。處於多樣化與對立矛盾之中的人唯有被圍毆的分兒，沒有時間去進行瞭解，除了恍惚以及昨日的傷痛尚未痊癒之外，你只覺得又有新鮮的接踵而至。你鬆垮垮的行走於柏林的大街小巷，老覺得自己腐朽得不夠徹底，期待新的拳擊落在身上。

留給我難以磨滅的印象的，莫過於延伸至今日的我的生活，亦即滲入我內心的互不相容，每一個有名有姓的傢伙，很多有頭有臉的人物，與自己叫陣開打。其他人能否瞭解他，始終是個謎，他努力傾聽，而別人千方百計傾聽的同時，他不覺被打攪。一旦他被人聆聽，他就具有影響力，於是他必須繼續向自己開火，以便一般事物的聽覺不至於被排擠掉，究竟會創造出什麼東西，也許他根本沒有詢問的閒情逸致。無論如何不會創造出透明的生活，反正這不是我們的目地，從中衍生而出的，有書籍、畫作、戲劇，一個槓上一個，漫無目標的交叉縱橫。

我總是與別人在一起，維蘭德或伊比，不曾獨行於柏林的街頭——這不是認識一座城市的好方法，但以當時的柏林而言也許恰到好處。你置身於團體、宗派之中，否則難以忍耐生存的嚴苛。你不斷聽到名字，大多為名人：有人被期待隨時出現，有人大駕光臨。何謂鼎盛時期？有許多響亮的名號，互相熟悉，而且有才華的人雖然彼此競爭激烈，但不會自相殘殺的時期。重要的是凸顯那光彩的連繫與撞擊，每天持續不斷，不曾稍減，凡與擦撞出火花、渴求以及接受這些事物有關的，皆缺乏一定的靈敏性。

這些人彼此摩擦，為的是暗自觀察神秘的滲透現象，在其中尋找一個具有同樣光度的名字，然後火速找另外一個，以便重複那個光亮。彼此試探或互相擺脫，這個名字顯得既倉促亦任性，箇中的趣味便由此產生，因為你永遠不知道下一個冒出來的人是誰。這取決於偶然，希望幸運之神降臨的人從四面八方湧入，沒有什麼是不可行的。

對意外的驚喜、不期然或可怕的事物的好奇心，讓人有微醺的感覺，為了不使自己陷入混亂迷惘，以便承受一切，並且擇善而固執，在這裡長住的人已經習慣了不要太認真，尤其是在看待名人的時候。首度讓我見識到不把名氣當一回事的，是一個我時不時就遇見的人，他嚴詞抨擊每一個出過風頭的人，這可以作為他政治立場的表白，但實際上這是一場生存競爭。透過這個方法，想必最微不足道的東西，將從各個方向鋪展開來，讓自己出頭。不諳往四面八方鋪展的人，形同迷失，可以立刻下台，柏林不是他要的。

非常重要的是，你要不斷的露面，每天、每星期以迄每個月。去羅馬咖啡館（登上史利西特與天鵝角的階梯），雖然是一種享受，但顯然並非為了單純的享受，也基於自我宣告的必要性，沒有人能忽視這一點。不希望被人遺忘，就必須露面，每個領域、每個階級都一樣，羅馬咖啡館裡沿桌乞討的叫化子也不例外，只要他們成功的扮演想像中的角色，絕不容許走樣扭曲，就討得到東西。

彼時柏林的生活有一個不可或缺的現象，支持贊助藝術的人。這樣的人比比皆是，散坐在各個地方，焦急的等候顧客上門，有些人老是守在那裡，有些到此地一遊，經常有從巴黎轉過來的。我在羅馬咖啡館認識了——留著大鬍子，有一張圓胖的臉以及嘴唇，使人彷若看到好廚藝的男人——第一位這類的贊助者。我與伊比同行，咖啡館高朋滿座，我們這一桌還有一個空位，這位留鬍子、嘴唇很圓的先生坐了過來，沉靜非常。我們再度搬出伊比的詩來討論，有人向她邀稿，她唸了幾首給我聽，我們商議著該交出哪幾首。那位先生豎起耳朵，聽著聽著朗聲笑了起來，好像聽得懂似的，在此同時他正在看上頭有一堆法文名像菜單一樣的東西，他咕噥了幾次，似乎想發言，但旋及默不作聲，大概在找適當的字句吧。他終於找到了，掏出一張名片作為橋樑。他有一間煙草工廠，住在巴黎，就在布隆森林（Bois de Boulogne）附近：那裡的人可以監看工人的鍋子，每個人都知道鍋子裡該有那些的東西，絕不能作假，否則就有爆炸之虞，伊比與我嚇壞了。他因此風度翩翩表示要請我們吃飯，我們婉拒，因為有重要的事得商談，他很堅持，有話要和我們說。他如此急切，搞得我倆好奇心大起，就和他一起去吃飯。

他帶我們去一家我們都沒聽過的昂貴的餐廳，輕鬆的聊著法國美食，提到了他的故鄉巴登—巴登（Baden-Baden），非常客氣的問我，可否以每月兩百馬克的酬勞與這位年輕的女詩人簽一年的約。這酬金實在很微薄，不值得一提，但絕對是發自他內心的請求。關於詩，他一個字也沒提剛才聽到的詩，他不懂她寫的詩，但已非常滿足。一個鐘頭以前他才認識了伊比，她長得很標緻，的確，而且當她讀自己的詩時，帶著匈牙利口音的德語誘人極了。我懷疑他是否有這個細胞。但她無視於我的反對，準備接受這個建議時，他感激得吻了她的手，但也僅止於此。正處於人生黃金階段的他，並非只會盯著菜單想自己要點什麼，他也希望支持與贊助，這就是他要和我們談的事情。他很守信，因為他根本不在柏林，也就從來没有機會糾纏伊比。

我把贊助人分成大嗓門與安靜兩種，這位屬於安靜的那一類。是否要拉開嗓門，端視他們能不能加入談話：他們必須能夠嫻熟的使用所贊助的藝術的術語。在葛羅茲以及瑪立克出版社那個圈子，經常可以看到一個我已忘記名字的年輕人，富有且吵嚷不休，巴不得大家都當他是專家。他喜歡加入談話，也愛辯論，也許有些東西他是瞭解的，但我第一次聽到他說話，他談的是「杯水主義」⑰。這個主義當時正流行，整個柏林沒有比這個話題更平凡的了，但他說話的同時，手上真的拿了一個玻璃杯，把空杯湊進嘴巴，佯作是他喝光的樣子，然後一臉不屑的放回桌上：「愛情——一杯喝乾的水，如此而已！」他金色的小鬍子神氣得翹了起來：每一次他大放杯水主義的厥詞，小鬍子都會翹起來。這位年輕男士出手極大方，有可能他也資助瑪立克出版社，至少他是喬治·葛羅茲的一個靠山。

真正沉靜，不一起聊天，因為他懂得很多，以至於不希望多說多錯的贊助者，是一位名叫史塔克（Stark）、更為年輕的一位男子，從事與歐斯朗（Osram）燈泡有關的行業。他經常也在場，專心聽別人講話，不發一語，需要提供協助時，他就發揮用處，但一點兒也不會引起舉座嘩然，都恰到好處。他或他的朋友所擁有的一幢宅子裡的正中央有一戶三個漂亮房間的空屋，他請伊比住幾個月，再久一點恐怕沒辦法。房間裡都鋪了地毯，空空如也，他讓她放一張睡覺用的長沙發，此外無一物，其他都是她自己的東西。

她有個優雅的想法，就讓屋子空著，絕不買一件家具，什麼都不要，邀請朋友進入空蕩蕩的所在。「他們應該變出家具來」，她說，「我的客人要有想像力。」居中房間的綠色地

⑰ Glas-Wasser-Theorie，性解放，即縱慾主義。

毯上放了一隻陶塑的驢子，用來增加她的創意。那隻驢子很可愛，她在一家古董店的櫥窗看到了它，走進去與老闆交涉，用一首詩來換驢子。「布雷希特得到一輛汽車，我呢是一隻毛驢，你比較喜歡那一樣？」她問我，對於我的答案很有把握。古董店的女店東接受了這筆買賣，在柏林居然有這樣的人，伊比真是驚訝極了，以至於獻出她「最好的詩」，現在找都找不回來。

喬遷進去時，她舉行盛大的派對，每位客人都被帶去和毛驢認識，然後被請到他喜歡就座的地方。整間屋子裡沒有一張椅子，大家或站或蹲，供應有人捐贈的飲料。被邀請的人全部到齊，聽說有這麼一間空屋的人都不願錯過，怪的哩，大家都留了下來，無人離去。伊比要我留神葛羅茲，她擔心他一喝醉就會對她發動攻擊，酩酊之餘口沒遮攔，說出連我也不敢置信的話來。他到達時頗有一股魅力，他以一貫紈絝子弟的作風帶著一個人，專程送酒給伊比。「可惜我沒有愛上他，今天他真討人喜歡，不過，等著瞧！」

用不著等多久葛羅茲就醉了，一掃來時的高尚，他坐在沙發床上，伊比坐在離他不遠的地板上。他的手臂伸向她，她縮了回去，所以他碰不到她。然後他爆發了，再也無法忍耐：「您不讓任何人登堂入室！沒有人一親芳澤！什麼意思嘛！」靜默了一會兒之後變得更糟，他高歌一曲〈火腿〉：「火腿，火腿，你是我的享樂！」我第一次去葛羅茲那裡，帶著他送我的「看哪，這個人！」──厚紙夾回到住處，佩服得五體投地，他銳利的眼光、嚴格批評柏林社會的惡習，贏得我滿心的敬意時，她就告訴過我他唱歌的事了。現在他坐在那兒，滿臉通紅，醉醺醺，無法控制自己亢奮的情緒，伊比當著所有人的面前甩開他，誰也沒受到干擾，而他正肆無忌憚的破口大罵，剎那間我竟覺得他從自己的畫中走出來一樣。

我再也受不了了，沮喪得很，對伊比則感到萬分惱火，因為是她讓他如此不堪，但我一方面也很清楚發生了什麼事。我很想離開，當唯一一位拂袖而去的客人，躡手躡腳走出去，但我走不成，因為伊比整晚都盯著我，此刻已經站在門口封鎖住我的出路。她很害怕，這一幕是她掀起來的，為的是要證明給我看他的德行，她的報導所言不假。他一發作就很嚴重，為時又久，現在她也怕他了。一向面無懼色，歷經不計其數的危難的她——她都講給我聽過，我都知道詳情——如果我不留下來保護她的話，她可不敢待在高朋滿座的屋子裡。我因為無法丟下她一人而恨她，現在我得待在那兒，就像那個我只能望其項背，而他也對我慷慨大度，完全符合我對人的期望的人，這種人在柏林誠然罕見，但我此時此刻卻必須眼睜睜看著他剝去自尊的外衣，還得留心伊比躲得遠遠的，以免再度落入他的懷抱——我寧可她跟著他走了，聽他咆哮不止真是受罪。看來沒有人覺得莫名其妙，但沒有人發笑，大家都習以為常，此地每天都會上演這一幕。我想走，只想離開，因為我無法走出這間屋子，就希望遠離柏林。

逃走

九月末了，八月下旬我和伊比看了「三分錢歌劇」的首演，一場精彩絕倫的演出，一切在掌控中，精準的詮釋柏林。觀眾的歡呼聲不歇，因為那是他們自己的故事，所以他們喜歡這齣戲。他們先狼吞虎嚥，然後面臨道德的責難，自己都沒法淋漓盡致說明白，每一個字都是他們的寫照。話已說出口，天殺的也沒過得這麼快意舒適，有人想好了如何廢除刑罰：騎一匹真馬的信差，隨這場表演而擴散開來的自滿，刺耳且毫無遮掩，唯有欣賞過的人才會相信。

如果這部諷刺作品的任務在於鞭笞人們，點醒人們所從事的不公正的事情，卑劣的行為，雞鳴狗盜之徒由此豢養蔓生的話，我們所看到的卻反其道而行，你滿懷羞愧恨不得藏起來的汙垢，在劇中被歌功頌德：直搗心臟而且最具嘲弄效果的是同情。當然劇情反映真實面，用一些新穎的粗俗野蠻略作調味，這個粗糙正好呈現的箇中的原味。這不是一齣歌劇，亦非原來設想的諷刺歌劇，其中唯一不作假的地方，等於一齣輕歌劇。較諸觀眾自得其樂的維也納甜美的輕歌劇，這兒的觀眾的期待有些差異，柏林的表現形式加入了冷酷無情、無賴行徑以及平庸的自我辯白，觀眾希望看到這些，似乎勝過甜美可愛。

陪我一起去的女士對此毫無感應，觀眾爭先恐後，在舞台前沿磕頭碰腦，陶醉之餘就算被踩扁或踩碎也心甘情願，驚訝的程度不亞於我。「浪漫主意的罪犯」，她說，「都是假的」，我感謝她的評語，與她有同感，若要我評論也會用「假的」這個詞兒，但畢竟我倆的觀感有天壤之別。她的想法比劇情的本身還要獨特，她說每個人都希望是劇中虛擬的乞丐角色，因為膽小不敢以此面目出現；她在劇中看到完美的偽善形式，可資運用的傷春悲秋，這些都要握在手中，一一校準，然後置於總指揮之下，總指揮以此取悅於別人，但不打算負起責任。我想的簡單多了：每個人視自己為馬奇・麥瑟⑱，終於可以對外宣布，獲得同意也使人讚賞。我倆對此劇的理解擦肩而過，既然沒有交集，也就不互相干擾，於是各持己見。

這天晚上我覺得與伊比十分親近，沒有什麼事嚇得了她。尖叫狂喊的觀眾群對她而言並不存在，她從不覺得置身群眾之中，一次也不考慮公眾的意見，彷彿根本沒聽到，無動於衷的走過柏林可以淹死人的廣告中，當她需要日常用品時，記不起來任何一項「商品」的名稱，不知道那叫什麼，在那裡可以買到，得到商店歷險一番，才打聽到兩者的下落。她看過一場十萬人遊行的場面，打從她眼前走過，她既沒有被吸引住，也不覺厭惡，這之後與之前說的話不分軒輊。她真的專心觀察那場遊行，比其他人還要明瞭更多的細節，但並未組合成一個方向，一個意志或一種強迫。在充斥著激烈的政治鬥爭的柏林，我不曾聽她吐露半個與政治有關的字眼，也許這是因為她從不拾人牙慧。報紙她不看，雜誌也是，假如我看到她手上有報章雜誌，我知道：上頭登了她的詩，她要拿給我欣賞。沒有一次例外，若我問她還有其他消息否，她搖搖頭說她毫無概念。這常讓我覺得不舒坦，怪她極端自戀，她的行為讓人以為普天之下唯她是人。這個說法並不公平，因為她引人注意——而且是各式各樣的人——甚於任何人，她不屬於那一個群眾，我始終覺得是個謎，我喜歡「三分錢歌劇」，經常拿這個指摘她。

---

⑱ Mackie Messer，「三分錢歌劇」中的主角，一個強盜。

在柏林的很多經歷令我目瞪口呆又大惑不解，每個地方的頻率都不盡相同，留在我腦海中的，都成了我日後寫作的素材，讓初始的樣貌面目全非，或者還原動機，都有違我的本意，因此我只挑選停留柏林三個月期間少數幾件事，尤其是我記憶猶新，並未在錯綜複雜的途徑中消失無蹤，我必須重新讓它們出土並加上襯飾的那些樣態。我與許多臣服於囉唆的心理學的人不一樣，不認為充滿痛苦的回憶、弄人的造化會威脅我們，或者應該剔除精心設計的誘餌效應，讓我敬佩的回憶，就是每個人的回憶。我希望我的回憶完好無損，如同人所擁有的自由一樣，需要藉外科手術切除的部分，我不隱瞞自己的憎惡，直到我的回憶與其他人的一致為止。在鼻子、嘴唇、耳朵、皮膚以及頭髮上操刀，盡量切割縫補，有必要的話，嵌裝不同顏色的眼珠，進行心臟移植，讓它多跳個一年，記憶探索一切，到處磕磕絆絆，磨光，與所有的東西一模一樣，但回憶保留原味。

作過這些聲明之後，我想談一談始終在我眼前出現，而且往後也不會沉入暮色中的那些人。

這是個總和的時代，「三分錢歌劇」以向全世界的道德觀宣戰為樂，所有矛盾衝突的力量都擁戴它，當此之時我也正在組織自己的反抗力量。到那時為止，柏林吸引我留下來的力量反而變大了，人們在紛亂中活動，難以估量，每天都有新的東西冒出來，衝擊著三天前才以新秀姿態亮相的舊事物，這些東西像漂浮在紛亂中的屍體，人們因而變成了物體，稱之為新的客觀精神，這是長久以來表現派吶喊呼籲的成果。無論如何人們都曉得是否要繼續吶喊，或者追求美好的生活已經變成了一件事情。新來乍到，過了幾個星期仍然不露出慌亂迷惑神色，反而展現清晰思維的人，就是有用的人，將獲致引誘他留下來的大好機會。人們倚賴新事物，因為新事物的新鮮度都不長久，當人們伸開手臂迎接的同時，也四下張望別的新鮮事，處於這個偉大的時代，生存與繁華取決於源源不斷的新鮮感。身為無名小卒，但你仍然有作用，在曾經簇新的事物中活動。

有「正當」職業的人士被視為古人，並非在我眼中——以醫師的眼光看來，也是最正派的人。杜柏林與班都不算一般人，他們的工作抽離了不停的扮演自我的例行公事，對於他倆我的敘述很不嚴肅，更讓我注目的，是他們說話的方式。與誰都沒有關連的布雷希特，說起杜柏林這個人時充滿敬意，有幾次我看到他有點兒躊躇，他說：「關於這個我要和杜柏林談一談」，聽他的語氣似乎要向徵詢一位智者的意見。——伊比很欣賞的班，是唯一沒有騷擾她的男人，她把他寄來的賀年卡送給了我。他祝她新年如意，年輕漂亮的她心想事成，並且一項一項列出來，但伊比自己希望達成的願望一項也沒有出現在卡片上。他對待她的態度由她的外表來決定，印象持久不變，因此這張卡片與她一點兒關連也沒有，彷彿由一位行有餘力、對自己的感官極有把握的人捉刀。

我可以以「新人」的身分留下來，以外在的進步觀之，我應該會過得不錯。熙熙攘攘中含有一種特定的慷慨，被熱切的挽留時，逸興遄飛的你很難拒絕。我的處境很不合宜，不僅通往某人之路對我敞開，透過伊比的敘述，我對某些人的情況略有所聞，而大部分的人還不得其門而入呢。這些人以她的觀點而言，顯然都很荒謬，她觀察人通常冷酷無情，但又準確無比，鮮少看走眼或言不及義，除非她親眼目睹或親耳聽見，否則一概不算數。她是最貪得無厭的目擊證人，證詞比誰都多，因為置身度外是她最主要的閱歷。

看完首演後的那幾個星期，我渴望逃離這個世界，開始很清楚的發聲時，我待在她身邊。我必須返回維也納參加考試，明年初就要讀博士班了，這一直是我的計畫。接下來，明年夏天我可以再次來柏林，看看能否作出新的決定。伊比不見任何感傷，說：「你永遠不想受到束縛，你不要被約束，這方面你與我看待愛情的態度是一樣的。」她的意思是沒有什麼能夠說服她，她既不會被引誘也不會被強迫。她覺得我還要參加考試的這個主意不賴，「他們會諒解的，這些藝術家！在實驗室裡受苦四年，卻沒有成為博士，他們會以為你瘋了。不行！」

她毋須擔心寫詩的問題，我幫她翻譯了很多首，遠超過一年所需，那位我倆商討譯詩時在一旁聆聽的煙草商，一年之內每個月提供她一筆金額，她已經領過兩次了，每次錢都伴著一張禮貌又有敬意的卡片寄到。

一如我期待她會有的反應，我倆的關係讓我了無負擔。我們並非情侶，從未互相親吻，周遭那些血肉之軀全都如此，但我們的感情有若一座持續生長的森林，她那廂或我這方都沒有枯萎之虞。她或我都不愛魚雁往返，當然有時她寫給我，我也偶爾捎信給她，但次數實在少得可憐，以至於這些信不值得一看，也不值一提。

首演過後的三星期，她在空蕩蕩的屋子裡大宴賓客，宴會最後演變成一場驚嚇，毀了她故事的魔力。

我開始為從她那兒聽到的一些事情感到難為情，發覺她擅於勾引男人，只為了要說故事給我聽。當我終於明白，何以她的報導清新、奇特且準確，其實都與她勾魂懾魄，讓男人出醜，她好有得抱怨有關——，當我終於承認，我從未想過，一次也沒有，把這些說給別人聽，原因是實在太無聊了，就在這個時刻我察覺到自己突然對她心生反感，寧捨她的尖嘴利牙而就巴貝爾的寡言。

在柏林的最後兩星期我天天都看到他，我與他單獨見面，覺得和他相處自在多了，我猜他也喜歡只有兩個人的場合。我從他那兒學到不必知道什麼，但長久注視的要訣，等過了好久以後，換句話說，等到我們與那個人失去聯絡時，才曉得我們是否瞭解他；儘管我們一無所知，仍然可以仔細觀察，只要不濫用自娛，我們的所見及所聞，都不受限制，也不會變質。我還學到了比我長期以來研讀的《火炬》更為重要的事情，那就是以私心為出發點的批評與詛咒有多麼可鄙。我依照他的方法看人：長時間，能看多久就看多久，萬萬不可把看到的說出口，隨意發個音也不行；慢慢蘊釀，態度保守，沉默，這才具備把所看到的寫下來的意義，因為他貪看無厭，這是他唯一的貪婪，但也是我的，只不過我的未經訓練，所以眼睛所見還稱不上有憑有據。

每當我想到他的時候，也許有一個字很適用於我們，雖然誰也不曾說出來，但我倆一直朝這個方向去做。這個字是學習。他全身上下充滿了學習的莊重，我也一樣，早期的經驗培養出他對學習無以復加的尊崇，他與我的精神都很清醒。他將所學貢獻予人類，學著認識一個人，不需要拓展知識領域、實用性、某個目的或打算之類的藉口。這段時間我也認真的看待人，而且從這以後我大半的時間都用來瞭解人。我還要說明一點，無論是認識這個或那個人，我也想多瞭解自己。如果所有的託辭都潰不成軍，我唯一的理由是這樣對別人以及我自已都比較好，因此我不放過任何一個細節與詳情，都要一探究竟。閱歷豐富的巴貝爾不過大我十一歲而已，早就跳過了這一點：改善人類的願望並非他掌握人的知識的藉口。我覺得這個願望滿足不了他，同樣也無法使我滿意，他從不走偏鋒欺騙自己。他對人的認知與他是否高興、受苦或意志消沉完全無關：他就是要瞭解人。

第五部

火的果實

維也納

1929～1931

瘋人館

一九二九年九月我二度造訪柏林後返回維也納，終於展開我稱之為「迫切」的生活，那是由內心需求決定一切的生活。化學生涯結束了，六月間我通過博士考試，就此畢業，這段學業除了耽誤我的人生之外，別無其他作用。

如何維持生活的問題迎刃而解：我獲得一份翻譯兩本美國出版的書的合約，其中一本的交稿日期已經訂好了，所以我每天要工作個四到五小時，我也答應接別的譯書工作。稿酬相當優渥——住在哈根貝克巷我撙節開支——，希望自由自在過他個兩三年。賺取麵包的翻譯工作我做得很認真，一點兒都不難，書的內容不太能打動我，譯書時我常走神，猛然發現自己在想別的事情。

我從與柏林截然兩分中找到了外在的寧靜，歸來的地方並非如詩如畫，我滿腦子問題和空想，懷疑與不祥之感，十分畏懼災難，但同時也有極強的意志，想要理出個頭緒，把這些東西一一分類歸納，確定它們的方向，以便看個透徹。兩次停駐柏林收集到的印象，沒有一個被排擠到一旁，日日夜夜輪番上陣，沒個順序，不具意義，我當是變化多端的窘境，如同葛林內瓦爾德畫中的妖怪，我房間的牆上就掛著祭壇的畫面，足以證明我接收的比實際上看到的來得多。「抑制」這個當今的新名詞顯然不是專為我而發明，沒有東西被排擠壓抑，全部都在這裡，無時無刻，清晰無比，好像用手就抓得到它。驚濤駭浪隨著我無法控制的潮汐打過來，旋及被另外的大浪推到一邊，每一次我都感受到大海的遼闊以及豐富，所有已知的怪物都在浪花中奔騰。令人不寒而慄的是每個怪物都有一張臉，盯著人看，張開嘴巴，說了什麼或者想說什麼，扭曲的臉壓迫著人，正盤算著，有自己的目的，折磨著人，他們需要一個人，你覺得自己有必要出列。你好不容易鼓起勇氣之際，他們已被擠壓到旁邊去，但需求並未因而減少。如此繼續下去，重複上演，他們或你停留的時間都不夠長，無法理解這一切，更無法解決問題。你徒勞無功的伸出手與臂，太多東西在那兒，到處都是，根本克服不了，於是你迷失在其中。

柏林幾星期的經驗沒有一滴滲出來，通通保存了起來，這並非不幸，應該可以寫下來的，變成一篇繽紛有趣的報導，但他直到今天才寫出來，在心裡一放就是很長的時日。但一篇報導不足以掌握其本質：那些經驗所負載的威脅，被吸進去的反方向。一個能理解、表面看來似乎包含一切的個人，其實是一幅幻象。他保存起來的經驗因而產生變化，因為他保存的時候還摻雜了其他的東西。實際上這些東西具有離心的趨勢，掙扎著要脫離彼此，要以最大的速度離開對方。在約束所有事物的中心找不到真相，只因為還有許許多多真相都在外緣，彼此相隔遙遠，彼此之間完全沒有連繫，嘗試求取均衡的，是偽造者。遙遠的外界，一個圓圈之上，接近世界的邊緣，堅硬的水晶透露著新的真相，那就是我要去的所在。這些水晶球有如探照燈，從內心照向世界，以便一併研究。

探照燈才是悟解的方法：有了它們才製造得出一團混亂，唯有一團亂才能達到目地。收集到足夠的探照燈，一個個設計好，混亂方能拆解開來。任何東西都不許遺漏，不容放棄任何為了營造和諧應運而生的噁心的技倆，仍然深信這世界盡善盡美的人，應該再把眼睛閉緊一點兒，在盲目的心醉神迷中尋找自己的樂子，而且他不需要知道我們即將面臨什麼事情。

把我所見聞到的綜合起來，必須找出保存、而非削弱這些印象的形式。看人及其行為舉止的時候，若僅就自己的感知，但沒有探索這個人必然會走的路的話，就是一種削弱。當人們面對新事物，不斷發出共鳴的潛力，感受雖然強烈，但並未用言語表達出來，狀似準確無誤的呈現會徹底的失焦。事實上所有的事物僅有一個方向，持之以恆的增長。擴張是人與物的主要特質，要理解這一點，我們必須將事物拆解開來，有若身處交纏蔓生的原始森林中，為了開路，就要為一株又一株的植物劃定範圍，而且不能隨意傷害或毀壞，在高張的氣氛中進行觀察之後，任其生長，但再也不會與之失聯。

歸返安靜且克己的環境中，你攜帶回來的經歷會變得更加緊迫，你嘗試著放慢腳步，縮小範圍，但你體驗過的東西不讓你有片刻的安寧。我藉著走長路，盡量不接觸張牙舞爪的街景，試圖讓自己平靜下來。我走在長長的奧村街上，從哈金走到希琴，然後走回去，規定自己不能走太快，要自己習慣另一種節奏。走在這一帶，我不會突然與某個街角撞個正著，只是沿著低矮的平房走路，很像在上世紀的郊外散步。我悠閒的踩在這條路上，沒有任何計畫，也不去想待會兒可以上那一家餐館坐坐，除非是想要寫稿子。盤踞在我心中的，唯有走路這件事，既不向右，也不往左，不要因為東張西望扭到脖子，不大呼小叫——一個上古時代行走的生物，我希望自己當一個不必逃跑，也毋須往赴奔波的生物，不會蹣跚跌倒、磕磕絆絆，不慌張，沒有必須履行的事情，有充裕的時間無所事事，為了保護自己免於這些干擾，我謹慎的戴著手錶上路。然而，我愈是營造空無，出發時愈是輕鬆自在，襲上心頭的也就益發不容抵拒：眼睛被刺了一下，一顆石頭打在腦門兒上，推都推不掉，因為它們全部發自內心。這段時間中我試著思考一個緊緊纏著我的角色，那是一個我不曾見識過的角色。它剛剛才形成，雖然我知道它的出處——由它自身的迫切性捏塑而成——，儘管它不留情的將我撕成碎片，但它之於我是個嶄新的東西。我尚未與它邂逅，它陌生到嚇人的程度，向我撲過來，蹲在我的肩膀上，把我兩腿交疊在胸前，只要它高興，就以迅雷不及掩耳的速度操控我。走在奧村街上，那和氣、僻靜的氣氛是我中意的，我卻忽然間喘不過氣來，彷彿在逃亡途中，我想不出可能發生的危險就在我的肩上。我陷入恐懼之中，另一方面又心知肚明，當下唯一會發生的事，就是逃脫我自己帶來的這場混亂。

助我脫困者是一個角色，有輪廓，不斷生長，把無意義的斷簡殘篇通通蒐集起來，然後賦予它一個形體。那個形體令人不忍卒睹，但是它活著，而且威脅著我，它僅有一個方向。我眼睜睜看著它走出來，我的恐懼有增無減，但它同時也激起了我的好奇。它有哪些本事？要去哪裡？費時多久？一定要結束嗎？一旦這個角色的第一個輪廓被認了出來，整個情況就會顛倒過來，於是，究竟誰被誰迷惑住，誰在支使誰，再也無法百分之百確定。

每當我在這種情境之中來回奔走，反覆行走同樣的路程時愈來愈恓惶，直到我隨遇而安，看到餐館就進去坐下來，才結束這種狀態。我立即拿出簿本與鉛筆，動手寫稿，把方才發生的情節化成文字。

如何描述這永無休止的情境？一開始前言不搭後語，有上千個情節。先寫一個大綱，以便下筆時有個條理，然後再分配角色。我主要的任務是一項充滿憤怒的嘗試，藉由變化來觀照自己。我勾勒獨具風格的角色，不是滿街都是，而是唯有某些特定的波段才能接收以及思考到的那種：當別的角色登場幾次即告消失之時，有幾個角色卻反覆出現，我害怕得不敢為它們取名字，它們不若我們熟稔的那些各自為一個個體，每一個都是從主體繁衍而生，然後在主體中不斷的活動，脫離其他的角色。它們對事物有十分獨特的看法，主宰著它們的世界，無與倫比。重要的是，一切一切都要得到它們允許才能堅持到底，它們的世界容不下的東西，篩選時一絲不苟的態度，才是萬萬不可忽視的重點。那是一根把我從混亂紛擾中救出來的繩索，永誌難忘。它銘刻在我的心上，與唐吉軻德的烙印一樣深，所思所言，他人均望塵莫及。它對這世界的觀感如此鮮明，少了它世界將貧瘠不堪，不但更荒蕪也更為虛假。

其中一個是告知實情的角色，一五一十說出幸與不幸的真相，所謂的實情有一定的特色：須與自己協調一致。有幾個，不算多數，沉沒下去以後，還有八個仍然活著，長達一年的時間之中，把我迷得團團轉，不讓我停步休息。我要用一個代表主體或特色的大寫字母來稱呼每一個角色：W，我稱之為告知實情的人。Ph，幻想家：希望離開地球，遠赴太空，只想著如何離開地球，日常生活所見皆激起他的反感，而他強大的發現嗜好則由此被強化。對「此間」的憎惡，滋養著他追求新奇以及不尋常事物的興致。R，宗教狂熱分子。S，收集者。還有浪費的人和死亡之敵，我指的是視死亡為仇敵的人。另外則有Sch，可以生活在迅即變化中的演員，以及B，與書有關的人。

如果書頁的上方冒出一個這樣的字母，我立刻覺得行動受到限制，滿腔怒火的開拔至唯一的一個方向。我滿載一大堆東西，數不勝數的群眾各自分類，這是為了——我已經用過那個字了——製造水晶，要先擺脫這荒蕪的混亂才行。我兩手空空，除了從柏林帶回來的震撼與可怕的概念之外一無所有，若沒有那場恐怖的火災，這些會變出什麼來？我感受到生命的冷酷：人們彼此擦肩而過，沒有誰願意與別人交換意見，躍入眼簾的不僅是誰也不瞭解誰，尤有甚者是無人希望瞭解別人。

我試圖幫助自己，因此要製造繩索，把我與人們牽繫在一起的少數幾根繩子，始於群眾經驗中初始的一覽無遺。我一會兒寫這個角色，一會兒寫另外一個，沒有特定的規則，端視我心中渴望什麼，有的時候一天有兩根繩索把我綁在它們的邊界，我動彈不得，無法掙脫開來。

素描這些角色時所受到的束縛，不斷增加它們往新方向前進的活力，——生意盎然的一人火箭，——它們對千變萬化的環境持續性的反應，它們所使用的語言很獨特，——固然明白易懂，但沒有第二個人說這種語言，——它們完全跨越了界線，在界線內用同樣的語言創造出冷靜、驚喜有加的思想，——我說的都不是空泛的話，要塑造出他們無可辯駁的形象。一整年之久我忙著勾畫這八個角色，那是我生命中最豐富、最為所欲為的一年。我覺得自己懷藏著《人間喜劇》①，因為那些角色非常極端、走偏鋒，互相排斥，我就稱之為人間瘋子

① *Comédie Humaine*，巴爾扎克（Honoré de Balzac）的作品。

喜劇。

我在家中寫作的時候（我不僅在散步途中寫稿），史坦村的瘋人館就在眼前，我想到那兒的病患，把他們與我的角色連結在一起，史坦村的圍牆同時也是我所從事的活動的圍籬。我選定看得最清楚的一間館，想像那兒有病人的廳房，我的角色都在聚集在大廳上，他們並不視死亡為結束。在勾勒角色的這一年之中，我對被稱為瘋子，過著與世隔絕的生活的人日益尊敬，而且我無意扼殺任何一個我創造的角色。這些角色尚未完成，我無法預知它們的結局。但我不打算以死亡作為結束，我塑造的角色都待在我為它們挑選的大廳裡。我想，他們珍貴又奇特的經驗應該保存在那裡面，我盤算著結束時要讓他們彼此交談，離群索居的他們創造出句子，這些句子會因為他們特立獨行而有巨大的意義。治癒他們，無異是侮辱他們，他們之中任何一個人都不該重新去過無足輕重的平凡日子，他們要削弱自己才能適應我們，因此我才會認為他們獨一無二的經歷是無價的。我覺得他們對彼此的反應有極高、永不下跌的價值，如果這單一語言的使用者知道要與別人說什麼，而且那些話在他們看來是有意義的，我們這些缺乏瘋子所具有的尊貴崇高的普通人，就升起了一線希望。

這是我寫作時的臆想，雖然史坦村始終近在眼前，在幻想中有時卻也離得老遠。角色仍在拿捏中，它們的命運各不相同，任何轉變都有可能，但我排除為它們安排最終的結局，彷佛我藉由別人存在的權力，把我認為最急迫的那一位交給了死亡之敵，無論它們變成什麼，都會保存起來。從我的窗户望出去，可以看到它們身處館中，不久這個或那個現身於裝了柵欄的窗户前，傳給我一個信號。

馴服

去維也納的途中，我上位於哈金南端的一家小咖啡館，這家咖啡館的營業時間很長，夜幕低垂時我才注意到一個年輕男子，他與看來與他不怎麼合拍的一群人坐在一塊。他的個子很高，神采奕奕，眼睛亮晶晶，喜歡喝酒，也喜歡把酒分給別人，他那桌的人有點兒粗魯，突然爆發口角，然後是一長串咒罵，但他置身度外。我想起來了，我看過他的照片，他是柏林一家出版社的作者亞伯特・塞爾（Albert Seel），曾經在俄國當戰俘，寫過一本這方面的書，我沒看他的書，只是記得書名有「西伯利亞」這個字。我坐在他隔壁這一桌，隨口問他是否就是亞伯特・塞爾，他神采依舊但有點兒尷尬的回答，是他沒錯。他邀我坐到他那桌去，介紹我與他的朋友認識，我還記得其中有兩位叫做曼迪（Mandi）和波爾帝（Poldi），其餘的名字不復記憶。我說我在大學讀書，雖然我已經畢業了，目前從事翻譯，這引起了塞爾的朋友一陣哄堂大笑。

他們觀察我的方式是我不曾見識過的，似乎打算與我進行了不得的活動，打量著我，看看是否適合。他們都不是知識分子，所使用的語言未經修飾、土氣又猛烈，每一句話都在為自己辯護，好像我批評他們什麼似的。我一點兒也不認識他們，不曉得他們是何許人也，一位名不見經傳的作家和他們在一起，給了我一些信心，回到維也納幾個月了，我沒有再與作家打照面。我不覺他們可怕或心中起疑，但我注意到他們面對我時的隱約不安，還有他們對於體能的重視程度教我吃驚。塞爾盡情喝酒，過不多久就對我與文學相關的話題沒了反應。

「現在不適合談這些」，他說，像揮趕討厭的蒼蠅一樣把我的問題推到一邊去。「和朋友在一起的時候，我想和他們聊天。」他避免談與文學有關的談話，也許是他得體的地方，因為他的朋友顯然沒辦法談這個題目。過了一會兒，我也以聽他們閒聊自娛，很快就獲悉原來他們聊的是「英雄行徑」，但我想要進一步知道何謂英雄時，卻得不到答案。座中尤以高大魁梧的波爾帝最愛示範如何用他的巨掌摺倒別人，沒有人反駁；個頭最小的曼迪有一張猴臉，看起來非常靈活敏捷，繪聲繪影的敘述他最近成功的挑釁一棟別墅的幾條狗的故事。我不明白他為什麼要激怒那些狗，像無知的小孩聚精會神的聽著，當他用粗大的手掌一拳打在我的胸口，問我是否認得那幢他們想進去的別墅時——那是，有人說出來了，女伯爵的宅第，牛奶鋪子的「謀殺母馬事件」的女主角。我開起玩笑來，當它是私闖民宅，他們大概走錯門了，「伯爵」家裡根本沒有值錢的東西。我的胸膛又挨了第二及第三拳，波爾帝語帶威脅與諷刺說：因為我想，他們不應該闖入這種人的家裡！在哈金人人認識他們，他們並不笨，曼迪只是嚷嚷而已。

我發覺我開的玩笑很不恰當，我也不明白波爾帝為什麼發火，索性沉默下來。他們繼續聊，氣氛愈來愈熱烈，聲音也愈來愈大。這張桌子除了我之外，不過另外坐了五、六個人，卻是全咖啡館最野蠻的一桌，這兒平常十分寂靜：幾位年老的退休人士，幾對戀人，沒有呼朋引伴來的。今天咖啡館顯得特別安靜，好像別人不敢與我們這一桌的聲浪比賽。畢博（Bieber）先生，這家店的老闆，站在吧檯後面，我坐的地方可以很清楚看見他，他似乎頗感困惑。平素他手上老是有活兒在忙，筋疲力竭，但今天他動也不動，一直盯著我瞧，我甚至覺得他悄悄的向我示意，但又不那麼確定。我們這桌的情勢益發火爆，波爾帝和曼迪吵了起來，罵人的話我聽了都覺得下流得可以。塞爾不為所動，仍然精神煥發，試著指點我一下，生怕這場爭吵壞了我對他們這些人的好印象。兩位爭吵的人達成協議，惡狠狠的瞪著我的當兒，就這點而言是有些影響。塞爾說，該回家啦，咖啡館要打烊了，但他的朋友沒有起身，我倒是站了起來，而這正是他希望的，他要保護我不受他愈來愈粗暴的朋友的欺負。於是我站起來，告辭，這些百分之百另類的傢伙道別時的真誠讓我感到錯愕，波爾帝說：「我們每次都坐在這裡。」狡猾的曼迪補充：「您儘管來！我們需要一位大學生！」

我走到吧檯付帳，畢博先生用壓低的陰沉聲音對我說話，我從未聽過如此晦澀的語調，遑論聽清楚他說的話了。「看在老天的分上，博士先生，留心這些啊，這些人很麻煩的，不要和他們同桌！」他很害怕，這番警告會讓那桌的人起疑心，所以他對我耳語時，還刻意扮了個鬼臉。我也學他壓低嗓門兒：「那可是位作家呢，我知道他寫了一本書。」他大感意外。「他不是作家」，他說，「他每次都跟這些人一起來，幫他們忙。」他說話時打著哆嗦，真的為我擔心，也為自己感到憂慮，因為第二天早上我獨自到他這兒來，與他詳談後一切便水落石出，原來我新交的朋友是一幫竊賊，每一位都是牢裡的常客。像貓一樣能爬樹的曼迪才剛剛出獄，他先和波爾帝一同蹲監，然後被分開。他們都是這附近的人，畢博很希望把他們趕出去，但那樣太冒險了。當我問他，那幫人能拿我怎麼樣，我又不是一棟有東西可偷的房子，何況除了書以外我一無所有，他當我是瘋子似的看著我：「唉，您不懂，博士先生，他們要摸清你的底細，從你這兒套話，看看那裡有可下手的。您還沒和他們說到這些吧？」「我怎麼會曉得那裡有東西可偷，這裡的人我一個也不認識呀。」「但是您住在上區，有別墅的哈根貝克巷。要注意囉，下次就有人跟著你回家，一直跟到門口，向你打聽每一棟房子的事情，誰住在那棟？誰住在這間？您什麼都甭說，博士先生，看在老天的分上您什麼都甭說，否則發生什麼事的話，您就成了共謀了！」

我還是無法完全相信他，不久後的某天晚上我又來到這家咖啡館，與舊識，一位老畫家同坐一桌，佯作完全沒注意到坐在遠遠角落裡的「發光體」②。這次座上不見塞爾的人影，曼迪也沒有出現，只有當波爾帝把手舉高，展示什麼東西時，才引起我的注意。一定有什麼不對勁兒，聽不到任何吵嚷，每個人都輕聲細語，我幾乎以為畢博先生說的那番晦氣的話子虛烏有，沒有人注意我，沒有和我打招呼，更無人邀我坐過去。畢博先生送咖啡過來時，說：「今天您別待到打烊，博士先生，您今天早一點兒回家。」聽起來好像他曉得我有意待到很晚似的。他的叮嚀讓我覺得有點兒煩，但我要休息，過了一會兒就真的離開了。

出了咖啡館，沒走幾步路就有一隻手用力拍我的肩膀，「我同路」，波爾帝說，立刻跟了上來。「您也住在那一區嗎？」「不是，但我要走這條路。」他沒有再解釋為何「要」走這條路，我並不喜歡與他一起走在這道只通往哈根貝克巷的昏暗斜坡上，但我不動聲色，只

② 指這群人引人側目。

問他：「塞爾今天沒來？曼迪也是？」這下我可闖了禍，一發責罵的重炮落在曼迪的身上，接著吐露一串關於「公益」人的故事（他這樣稱呼他，指責他自私自利）給我聽。這傢伙最好永遠別出現在他面前，他和他永遠也處不好，雖然塞爾莫測高深，他寧可與他來往。他到底寫了一本什麼撈什子的書？與戰爭俘虜有關的，我說，他在西伯利亞當戰俘時認識的人的故事。「西伯利亞？」他冷笑了起來，敲一下我的肩膀。「他從來沒有去過西伯利亞，關是關過，但不是在西伯利亞。」「對，更早以前，他很年輕的時候。」「您是說他毛頭小子的時候？」總而言之，他不願承認塞爾犯下案子，只是以戰俘的身分被關起來，另外他要我知道塞爾滿口謊言。他們都不相信他說的話，他總是杜撰捏造事實，但他出過一本書，還是自己動手寫的，這個倒沒聽說。他擅於保護自己，否則他們會說他又在扯謊了。我如何看待這些說謊像喝水一樣自然的人呢？他就不會，說的一定是實情。

快到別墅區了，根據畢博先生的預言，我等著他向我打聽，但他專心聊著塞爾的謊言以及他自己如何誠實等等，無暇問我。我的運氣不錯，即使我願意透露消息，但他若有意探聽別墅主人的種種，我實在無可奉告，大部分屋主的姓名我甚至叫不出來，我又想到遇到緊急情況時這樣比較無傷大雅，也許這對他毫無意義，或者有如塞爾扯的謊。

我們沿著大主教巷走，他插播了一段他誠實納稅的事，我利用這個空檔指著右邊：「您認識這位馬瑞克（Marek），大主教巷七十號，他母親推著他到處跑的那家人？」他沒有概念，我有點兒驚訝，到處都看得到小馬瑞克坐在車裡的畫面，他的母親不帶他去散步的時候，他就在屋子裡曬太陽。無論他是否一個人在家，都是躺著，他無法行走，手臂與腿動彈不得，頭部斜斜抬高，一旁的墊子上放了一本打開的書，有一次我剛好經過，看到他伸出舌頭去翻書頁。我簡直不敢相信，雖然我全程收看，他的舌頭長而尖，又紅得不得了。下一次我又經過那兒時，刻意放慢腳步，好讓他有時間看完一頁，然後我盡量靠他近一點兒，觀察他伸出舌頭翻下一頁的樣子。

搬到哈根貝克巷兩年以來，每當他的母親推著他的車出來時，我就會注意這位年輕人，我禮貌的向他們兩位點頭致意，咕噥一聲「日安」，但從來不見他們回答。我猜要他說話大概和走路一樣費勁兒，所以不好意思嘗試與他聊一聊。他有一張長又黑的臉，頭髮濃密，一雙棕色的大眼，有人迎面而來時，他就盯著人家看，但都走開了還察覺不到他在看你。有時候他躺在陽光下，沒有看書，眼睛閉了起來，風吹草動時他會睜開眼睛，這個動作十分好看。他似乎對腳步聲特別敏感，即使打盹兒時有人從他旁邊走過，很難不教他張開眼睛，躡手躡腳不想吵醒他，但走在鵝卵石路面上的腳步聲逃不過他的耳朵，他絕不錯過注視行人的機會。

我知道總有一天要與他談談話的，我希望在這裡住上很長一段時間，所以有耐心等待。這一帶的人就屬他最讓我好奇，我問別人關於他的事，有些聽來的不足採信。有人說他在上大學，而且是哲學系，因此枕頭旁總放著厚厚的書。他天賦極好，維也納大學的教授為了他專程到哈根貝克巷來，私底下為他講課。這些我都當作廢話，直到一個星期天的下午我看到完全符合我對希臘犬儒學派的人的想像，留著長鬍子的貢珀茨教授坐在他的車旁為止。當我看到他真的坐在年輕的馬瑞克一旁，用誇大、緩慢的手勢對他說話時，我嚇了一大跳，轉身繞路而行，免得靠得太近不得不和他打招呼。於是我有了認識這位殘障人士最佳也最崇高的動機。

現在，午夜時分的天空一片漆黑，我在斜坡的盡頭伸了伸手臂，往他家的方向走去，我問我高我一個頭、粗魯的同行者是否認得這位殘障人士。波爾帝對我指的方向感到有些吃驚——斜坡的右方，他以一貫緩慢的速度伸出他的大手掌，指著我說的方向以便確認。「那裡什麼也沒有」，他說，「那邊沒有房子。」不對，有一棟，唯一的一棟，七十號，一間低矮、與路面齊高，很不起眼的房子，不是別墅；唯一使他產生興趣，而且他知道位於何處的唯一一幢別墅，就在山丘的左上方，也就是哈根貝克巷，我住的地方。

他想知道那位殘障人士怎麼啦，我談起了他，傾囊相授我僅知的。我才開始敘述不久，忽然想到這兩個人長得非常像，馬瑞克的臉較窄，像極了苦行僧；波爾帝的臉胖乎乎，也許在黑暗中我看得不夠分明，才會覺得他們相貌相似吧。但是我一直記得那晚在咖啡館與他聊天時他的模樣，他那雙黑得似在懇求的眼睛曾引起我的注意，與他粗笨的手掌大異其趣。

「你們看起來很像」，我說，「但只有五官像，他癱瘓了，手和腳都動不了，您不要以為他悲傷度日，他勇敢得很，真是教人難以置信呢。他走不了路，卻在讀大學，教授們特地到大主教巷來為他上課，他不必付鐘點費，也付不起，他根本沒有錢。」「他很像我？」他問。「是呀，眼睛一模一樣，就是這對眼睛，如果您那一次看見他的話，您會以為自己在照鏡子。」「但他是個殘廢啊！」他說，有點兒不高興，我覺得他不喜歡與這個人作比較。「但腦子好得很！他的腦子和我們一樣好！那兒也去不成卻在唸大學！教授到他家來，讓他繼續學業，前所未見，他一定聰明絕頂，否則教授不會來的，您知道什麼！我對他佩服得五體投地！欣賞得無以復加！」這是我第一次熱情洋溢的讚美湯瑪斯・馬瑞克，事實上我還不認識他哩。當我日後成了他的朋友，就没法這般振奮了。

我倆站在那裡，自我指出那棟房子的方位以後，就没有移動腳步。波爾帝很慢才稍微瞭解湯瑪斯・馬瑞克的身體狀況，問了幾次他是否真的不能動。「一點兒都不行，一步也走不了，送不了一小塊麵包到自己的嘴裡，無法把杯子湊近嘴唇。」「但他可以喝水吧？咀嚼呢？吞嚥，他吃的東西會嚥下去嗎？」「會，會，他會，也會看書！您不知道，他睜開眼睛的畫面有多動人！」「他跟我長得很像？」

「對，但只有臉像！如果他的手掌和您的一樣，一定很開心！若他和您陪我走路，也能與人同行的話，不知多高興哪！但這些他都辦不到，永遠也辦不到！還是小男孩的時候就辦不到了。」「您喜歡這個人！這個殘廢！」這個詞兒令我氣憤，我都説了這許多話，他不應該用難聽的詞兒來形容他。「對我來説他不是殘廢！」我説，「我覺得他真了不起！如果您聽不懂，我很遺憾，我還以為您會理解。」我氣急敗壞，忘了自己在跟誰説話，情緒愈來愈激動，繼續歌詠他，停不下來，就是無法停下來。當我説不出具體的事情來時，便開始杜撰一些情節，而且我相信他豎著耳朵聽，只是偶爾來那麼一句：「他長得像我？」「我説過臉長得像，他的臉和你的是一個模子刻出來的。」

於是我立刻興起好幾個點子，可以繼續編故事。女人遠道而來，只為了見他一面。「她們站在他的車子前面，盯著他看，他的母親搬了一張椅子出來，好讓她們坐下來。我打賭她們都愛上他了，滿心期待他看她們一眼，他無法撫摩她們，什麼都不能做，但是可以看她們，用眼睛看。」我所言非假，雖然都是我那天夜裡虛構出來的。當我不久後與湯瑪斯・馬瑞克變成了朋友，親眼目睹女士們與女孩紛至沓來，至於我無法親睹的部分，則由他說給我聽。

那天晚上我的同行者與我沒有繼續結伴走路，他變得三緘其口，再也不說「殘廢」這個字，還忘了要陪我走到我住處花園的圍籬，以便詳加觀望。別墅的事也忘了，腦子裡只裝得下這位長得像他，既不會站也不會走路的年輕人。直到我疲於歌詠讚美之時，才伸手向他，他猶豫的順勢握住我的手，不若平常重重的捏擠一下。他轉身沿著我們剛走過的路下斜坡，我對他的恐懼蕩然無存。

供養者

那天晚上我赫然發覺自己畏懼馬瑞克，我說了一堆他的事情，躲也躲不掉，在我的歌頌之下他變得很可親，我也注意到，那晚與那位粗壯的小子一起走過大主教巷，我熱勁兒十足的報導把他給馴服了。從那以後我就失卻了對他以及他的夥伴的興趣，再上咖啡館時，我鮮少留意他們，只隔的遠遠的點一下頭，而他們也不再對我感到好奇。我不清楚我那天夜裡的舉止傳達了他們什麼訊息，他們之後一定會對這件事進行評估與調查，從與那位可憐蟲打過交道的人那兒得知，他家一無所有。然而他們原本的興趣並未轉換為蔑視或痛恨，他們不來犯我，完全不打攪，到了我有點兒喜歡他們的程度，我盡量掩飾對他們的好感，不明顯但足以表達心意，免得咖啡館老闆怏怏不樂。

老闆當然曉得那位結實、桀驁不馴的小子那晚跟著我一起走，很好奇到底發生了什麼事情。沒事，我說，他失望不已。「他不是一直陪您走到家門口嗎？」他說，語氣不無威脅的味道。「沒有，只走到大主教巷而已。」「接下來哩？」「然後他轉回去。」「什麼也沒問！」「什麼也沒問。」「換了別人，博士先生，誰也不會相信您說的話。」他認為我藏了話，沒錯，因為我一個字也沒提我們聊的主題，這位打破沙鍋問到底的咖啡館老闆與我的交情還不夠深。或許我不希望聽到他——尤其是他——妄加批評一位無法站立也無法走路，最後只會成為納稅人負擔的人。「他啞了似的走在您旁邊，這可不像他。」「我沒說他不發一語，但他沒有拼命的問東問西，反正問我也是白問。」這句話大概加深了他的疑慮，什麼叫做問我也是白問！我住在那兒快三年了，蜚短流長一樣也沒少聽，無論如何我要提防那個傢伙，如果我說他什麼也沒打聽，等於宣告他沒有任何不軌的意圖。

我發覺畢博先生現在十分留心我何時踏進咖啡館，那幫人什麼時候來的？我什麼時候來？我坐在那兒，他們何時才會到？為什麼他們再也不和我講話了？我又為什麼不再和他們聊天？一定出了什麼事，因為每一種公開的聯繫都嘎然而止，他認為一定有蹊蹺，太撲朔迷離以至於事關重大。他的信念如岩石般堅不可摧，非要循著蛛絲馬跡追蹤，期待著一場驚天動地，然後一切水落石出。我極少早上去咖啡館，但有一次我一早就到，他以一貫的方式匆匆跑向我，眼睛睜得好大，說：「糟啦！」「什麼糟了？」「哎，您一定聽說了！都被抓了！他們先闖進一户人家，然後被逮個正著。四個人已經在牢裡了，要坐好幾年呢！天呀，判得可真重！不會有好下場的。他們正在捉拿塞爾，他不見了，這位作家！」最後一句有明顯的嘲弄味道，不是在諷刺我這個經常爬格子的人，就是在嘲笑我堅稱塞爾寫過一本書。他看出來這則消息使我感到震驚，於是以未雨綢繆的口吻為他的報導畫下圓滿的句點：「您看，幸好我事先警告過您，不然您現在可有得煩惱嘍。」

每夜，我想像著我那孔武有力的同行者蹲在狹窄的牢房裡的情形，這才領悟到，何以我談到那位癱了的人時，他張口結舌，乃至忘了此行的目的，没完成任務就轉身離去的原因。他的確没有窮追不捨，問也没問，來不及開口就捲入我設下的故事網罟之中，映照著他的不堪，我們談的是一個相貌酷似他的人，這個人的手腳都不聽使喚，比他坐牢還要悲慘。

這一切來得太快，從那天的夜談到牢房僅有數月之隔，有一雙巨掌的小子在獄裡會重新找到自己，而我對殘障人士的想像有繪聲繪影、日漸高亢的趨勢，非要真的見他一面不可。現在，若是看到有人站在他的車前與他攀談，我不再繞道迴避，從他的身旁走過，打聲招呼，當我第一次聽到他回應我的問候時，那聲音教我又是驚奇又是高興。他講話有若輕輕吹著氣，像從遙遠的地方傳過來似的，他的問候魅力無窮、餘音裊裊，我渴盼再聽一次。隔天我的運氣來了，因為我看到貢珀茨教授坐在那兒，老遠我就認出了他的長鬍子，以及坐著也又高又挺的模樣。我不清楚他是否認識我，他的課堂上，如果我要發言的話，總是夾在一群學生中間，何況我只短暫的拜訪過他一次。

但是，當我走近時，他立刻有了反應，詫異的望著我，為了避免尷尬，我只好站住，向他伸出手。他點了點頭，但没有與我握手，我為自己的笨拙羞紅了臉，我怎麼能在一位癱瘓的人面前和別人握手呢！但他和氣的與我說話，問我的名字，知道我姓什麼叫什麼之後，立刻為介紹我與湯瑪斯・馬瑞克認識。「我這位年輕朋友常看到您打這兒經過」，他說，「他知道您也是大學生，他看人準得很，您何不來看看他呢？您不就住在附近。」

原來馬瑞克在我走過來的當兒已經和盤托出，難怪我會引起他的注意，不亞於我注意他呢，而且他曉得我也住在那裡。貢珀茨教授又解說湯瑪斯・馬瑞克主修哲學，他每週來一次，一次兩小時。他對這個學生滿意極了，恨不得多來幾趟，可惜没那麼多時間，路程實在遠，他得花上一整個下午，但是湯瑪斯・馬瑞克值得他一週來兩趟。聽起來不像在奉承，雖然這話有很大的鼓舞作用，他的表達直接且清楚，與犬儒學派的哲家家如出一轍，殘障人士卻大口喘著氣說：「我什麼都不會，但有朝一日會學會的。」

這以後的發展就很迅速了，時正五月初，殘障人士經常在屋前曬太陽，我去探望他，他母親從屋裡搬來一張椅子，免得我過一會兒就走人。於是我待得很久，第一次就超過一個鐘頭，當我意欲道別時，湯瑪斯說：「您以為我累了，討論嚴肅的話題時，我從來不覺得疲倦。我喜歡和您說話，再待一會兒！」我被他的手嚇著了，以往我路過此地時不曾細看，手指頭痙攣扭曲成一團，完全無法按照自己的意思使用；他的手指捲進了花園圍籬的鐵絲網中，被鐵絲一圈圈纏住了，死死卡住，再也抽不出來。他的母親再度出現時，很小心的把他的手指一根根從網上掰下來，挺難搞的，然後她把湯瑪斯的車子推開，離圍籬遠一點兒，以免手指再卡進去。她一邊掰一邊用她深陷的眼睛打量我，她是個未老先衰的婦人，毋庸開口，她的眼神傳達了她的心聲，要我幫著留意不讓車子滑到圍籬那兒。

坐在車子裡的時候，湯瑪斯老有事情要忙，他母親把藥灌進他嘴裡，一天數次，母親走開後，他又說他痙攣得厲害，不吃藥就無法靜下來做事，看書或講話都不行，那個藥真好，他已服用多年，藥效可以持續幾個鐘頭。沒有人知道他究竟得了什麼病，一個未知的病，他經常在醫院的神經科一待就是很長一段時間，帕彭海（Papperheim）教授親自為他檢查，因為他的病症非常罕見。但顯然他不夠聰明，這奇異的病連個病名都還沒有著落呢。他反覆強調沒有第二人罹患這種病，居然沒有病名，對他而言也是個秘密，所以他不必為這種病感到不好意思。「他們永遠也檢查不出來」，他說，「不可能在這個世紀，也許以後吧，但那跟我一點兒關係也沒有了。」

孩提時代他有站立方面的困難，但四肢尚未變形，沒有特別需要注意的地方。六歲時，手臂及腿開始扭曲萎縮，這以後就一路惡化。他沒有說痙攣何時纏上了他，恐怕他也不很清楚吧，於是我們之間有了默契，那就是我絕不去問他母親任何問題。所有我知道的他的事情，都出自他自己的敘述，因此比由另外一個人說的有意義；他吐氣時要向遠方借力，以至於他說的話自成一種呼吸形態。心裡怎麼想，嘴上就怎麼說，像溫暖的蒸氣一樣散逸開來，當蒸氣封住了他的嘴巴，除了碎石子之外，就再也不會像我們其他人一樣吐出別的東西來。

第一次與他見面他就談到有意撰寫的一本哲學書籍，但沒有透露題目，現在他希望先讀完大學，再攻讀博士學位，這樣以後別人會比較重視他的著作；他也希望完稿出書之際，讀者並非基於同情才去看他的書，而是根據他的理論與文筆來評斷，與每一位作家一樣。他的靠墊上有一冊庫諾・費舍③寫的《哲學故事》（*Geschichte der Philosophie*），他決定要把這套一共十集的書細讀一遍，現在已經看到關於萊布尼茲④那一本了，好厚的一本書，他差不多看了一半。他在書中發現一個印錯的怪字，想讓我看看，他突然伸出舌頭，俐落的往前翻了十頁，就是它，他找到了那個手民之誤，用頭猛地碰我一下，要我自己求證。我有點兒糊塗，不知道該不該把書拿過來，把書從靠墊那兒高高舉行好像不太合宜，我也對書頁心存畏懼，所有的書頁——但凡他閱讀過的——他的舌頭都舔過，浸潤著他的唾液。我猶豫著，他說：「您儘管拿起來看，這是從貢珀茨教授那的藏書，他的哲學藏書在維也納數一數二。」這我亦已聽聞，知道貢珀茨教授把自己的書借給湯瑪斯・馬瑞克研讀，真使我感動。

「我一借就是好久，他都說沒關係，史賓諾沙還放在家裡呢，他說有人愛看、認真看書，書會深感榮幸。」說著他麻俐的吐出舌頭，笑了起來。他曉得他閱讀的方式令我感到震撼，能夠與我分享他奇特的經驗，他也十分開心，在我尚未習慣之前，他喜歡看到我大吃一驚的反應。後來他告訴我，經常有人來拜訪他，但來了一兩次之後，他的特殊本領似乎讓那些人筋疲力竭，再也不上門了。這讓他苦惱極了，因為他還有很多話要說給那些毫無概念的人聽，那些人從此音信杳然，善於識人的他並不太訝意，他有獨門的手法看出人們的性格好惡，從走路觀察起。

如果他走出屋子作日光浴，不想看書而閉目養神的時候，絕對不會睡著，那些從他身邊

---

③ Kuno Fischer，1824～1907，德國哲學家、教育家。

④ Gottfried Wilhelm Leibniz，1646～1716，德國哲學、數學家。

走過，盡可能輕手輕腳，免得吵醒他的人，他只覺得好笑。他研究人的性情的方法之一是：觀察人們走近他時腳步上的改變，走遠時心想他聽不到時再度作的改變。但是，他聽到腳步聲的時間，比人們猜想的都來得早也結束得晚。他能分辨出某些人的腳步，有些是他所痛恨的，有些他希望與之結交，因為他欣賞他們的腳步聲。然而，他羨慕所有的人，他最深切的願望就是有朝一日能自在行走，他比平時略顯羞澀的向我傾訴他的一個夢想，寫一本出類拔萃的哲學書，藉此贏得行走的能力。「書寫完的那一刻，我就可以站起來走路了，書沒寫成之前不行，還得好長一段時間呢。」

他守候著行走自如的人，聆聽腳步聲猶如等待奇蹟，每一個走路的人都應該歌頌這個幸運，用每個人獨一無二、而非泛泛的言語表達出來。戀人們經過他的車子，以為他睡著時所說的那些庸俗瑣碎的話，最難從他心頭卸下，每一次聽到那些「廢話」，他微慍的失望感便重新湧現，聽到那些不痛不癢、天底下最愚蠢的話時，不由得怒火中燒，萬分輕視的說：「應該廢除這傢伙走路的能力才對。」又說：「這樣的人根本沒資格走路。」也許當戀人們走近他時沒有引述史賓諾沙的文句是一種幸運，雖然他很希望有人找他攀談，但他絳尊紆貴聽其腳步聲的人中，想雀屏中選又難度挺高，所以他勉力裝聾作啞——他戰勝自己的不二法門——，如果他在另一個人的面前成功的拒絕某個人，他將感到自豪。一旦某個他不愛聽其腳步聲的人走遠了，他的五官瞬間活了，笑得車子震顫起來，然後他會說：「現在他以為我聾了，他懂什麼！不准這種人會走路！他把我當聾子，我可憐他都來不及呢，而他也同情我。真是個笨蛋！」

他對什麼都非常敏感，最脆弱的一環就是站立與走路這件事，因為他無法體會箇中的滋味。想必他對自己大大的黑眼珠的效能十分有自信，鎖定四肢無法辦到的某些動作上，正說著一句話時，他閉上眼睛，暫時不吭氣，這戲劇性的片刻常教人膽顫心驚，無論你是否習慣了這個遊戲。他極緩慢的抬起眼皮，從肅穆的安寧中睜開眼的剎那，你想忘也忘不了，與東方聖像上的耶穌基督不分高下。慢慢的張開眼睛的過程中他顯得很認真，他在表演，一個宗教儀式的演出。

他的嘴唇不曾吐出「上帝」這兩個字，小時候——他有一個姊姊和哥哥——，他的母親就督促他的手足大聲的祈禱他早日康復。他總是沮喪也憤怒不已，剛開始他們禱告時他會哭，到了後來他就打斷他們，尖叫，罵哥哥姊姊，罵上帝，怒罵到母親噤若寒蟬，終於停止禱告的程度。他絕不認輸。當他告訴我這些往事時，為自己早年對上帝的憤懣辯白：「我們得向他禱告的上帝是什麼玩意兒！祂明明知道！祂自己應該有一些作為！」接著又補充說道：「但是祂就是不做」，從最後一句話可以聽得出來，他尚未完全死心。

第二次去看他時，他不在屋子前，於是我走進去，他母親正在等我，把我引進客廳，他躺在餐桌旁的車子裡，沙發上方的後牆掛著一幅吉奧喬尼⑤的畫：「三位哲人」（Die drei Philosphien），真跡我最近才在藝術歷史博物館欣賞過，這張複製品相當不錯。他也轉而談起這幅畫，我發覺把我請進屋的原因是他想談自己的家人。在客廳裡方便多了，他隨時有佐

⑤ Giorgione，本名為 Giorgio da Castelfranco，1478～1510，義大利文藝復興全盛時期威尼斯畫派畫家。

證的東西，在外面他的敘述比較缺乏公信力。他的父親是畫家，這張吉奧喬尼的複製畫就是他的手筆，落寞的傑作，最好的一幅畫，此外他的畫不值得一看。也許我見過留著藝術家鬍子的他散步，抬頭挺胸，相貌堂堂，無論看什麼都鎮定自如。其實沒什麼特別的，在家裡他只是東晃西晃，沒賺一個子兒，每隔幾年會有人請他描摩某一幅畫，但酬金不如他很久以前畫過的「三位哲人」。

他的母親走開了，她總是讓他與他的客人單獨相處，於是他也可以講一些她的事情。她是鄉下人，在奧地利南部的一個小地方賣牛奶，剛好這位年輕的畫家神氣活現的打從她身邊走過，搶眼的他長髯飄拂、戴一頂寬邊呢帽，盯著她瞧，意亂情迷的她當了他的妻子，並且莫名其妙的以他為榮，但長鬍子的背後空空如也，神氣活現的姿態令她不可自拔，殊不知那是他唯一的絕活兒。

母親必須負起養家活口的責任，因為父親幾無收入。他家有三個孩子，姊姊、哥哥以及最受寵的他，六歲以後他的生活益加無法自理，母親照顧他比打點全家人還要累。母親很難接受他生病的事實，想盡各種辦法尋訪可以治癒他的醫師，推著他的車子走遍各大醫院，不對病魔低頭，一再求診——她腦袋裡只裝著這個想法。但現在情況改變了，八年以來是他湯瑪斯扛起養家的責任。他的哥哥上班當僱員，可以自給自足，姊姊——為了要遠走高飛——結婚了，為此他懊喪不已，她非常漂亮，所到之處皆引人注目，走起路來有若女神——一位前程似景的舞孃兼演員。他與姊姊從小就很親，母親去上班時，由姊姊照顧他，兩人互吐心中的小秘密，她唸書給他聽，他則激發她的壯志，點起熊熊的烈火。如果她未出嫁有多好，但她受不了這個家。登門拜訪的那些年輕仰慕者中，他都認為不夠高尚，在她面前貶損他們，她知道那些男人都不如他聰明。然後出現了一位「畫家公務員」，中學教師，是他最不中意的一個——「乏味但堅強的傢伙」——，死纏爛打，偏偏她就嫁給了他。那個時候他領獎學金，全家人就靠那筆錢過活，他真的靠著讀書餵飽一家子。

他的語氣充滿了諷刺，主要是針對寧可靠丈夫，也不願靠他養的姊姊，如果她留在家的話，他的獎學金養活她綽綽有餘。我不太懂他所謂的「獎學金」是什麼意思，有點兒想問他，旋而覺得不妥，於是我嚥下這個問題。這個問題畢竟不是非問不可，他繼續談著自己，詳盡的解說每一個細節。到他家來過的教授都深信他才華橫溢，預言他將在哲學上大放異采，建議他找一位富有的老婦人贊助。但這位老婦對慈善事業興趣缺缺，想找的個案必須獨一無二，以整體人性觀之，她的貢獻應該無懈可擊才行。貢珀茨教授以及其他的老師讓她明白，湯瑪斯將全力以赴完成學業，成績將傲視同儕。使弱點變成優勢的不二法門就是耐性以及充裕的年金。他離不開母親，如果她事必躬親的話，一整天都在為他忙，如果他想專心研讀，父親也不該受苦。没錯，他的父親一事無成，但想想他其實非常徬徨無助，也就不忍苛責了，他絕非壞人，只是與大多數人一樣命運多舛，以為勞力勝過腦力，寧可到處閒步也不願刻苦讀書。

那位女士來過一次：父親面對自己複製吉奧喬尼的那張畫坐在沙發上等她，她注視著那張畫良久，讚美他精湛的技藝，他很可恥的没告訴她那是仿畫。她說畫太美了，真希望標購下來——她說標購，不是購買，好一位高尚人士——，他父親的態度變得粗魯，說：「這畫是非賣品，是我最好的作品，我不想賣掉它。」她十分詫異，連連道歉。她並不希望與他太熱絡，他當然可以保有自己的上乘之作，以便汲取繼續創作的靈感。躺在房間車子裡的湯瑪斯萌生插話的興致：「您不想看其他的畫嗎？」或者「您還沒去過藝術歷史博物館吧？」若父親十分無禮（他說的），他就得意洋洋。他閉上了嘴巴，女士不太敢正面迎視，但仍然看到了靠墊旁邊那本艱深的哲學書，而他也樂意向她展示他的閱讀功力，刻意為她朗讀了一頁，好讓她曉得別人所言不假。但這位女士太精巧了——或許她怕他的舌頭——有些人怕看他用舌頭翻書——，她僅友善的看著，問他的父親一個月四百先令可否勉強糊口，若太少，請他直說無妨：不，不，夠用了，又問為期多久，讀大學要花好幾年哪。

「他讀大學我就贊助，這個您讓我來操心」，女士說，「假如您認為妥當的話，我們先以十二年為限，這樣令公子就從容多啦，也許他有興趣先寫他的書呢。大家對他都寄予厚望，人人都誇他頭腦好，假使他要繼續著書立說的話，我們還可以再延個四或五年。」

父親差一點要下跪，感謝她對自己的兒子深具信心，然而他只是摩挲著長鬍子，說：「我想我可以代小犬表示同意。」女士虔心謝過了他，彷彿他是她的救命恩人，對無事可忙的父親說：「您一定很忙，我不應該耽擱您太多時間。」然後她友善的對湯瑪斯點點頭，緊緊挨著車子走向門，還表示：「見到您真高興，但我擔心我看不懂您的書哩，我很缺乏哲學細胞。」就這麼離開了。從此，每月的第一天她準時寄來四百先令，八年以來一次也不曾疏漏。

我從來沒聽過這麼動人的故事，湯瑪斯應盡的義務是繼續看書，有錢沒錢他都會看書，別的都不感興趣。別人自然而然認為他早就博士學位到手了，但女士一個字都不提，大概知道其中的困難吧，所謂的困難是譬如說他如何參加考試？母親要用車子把他送到大學去，或者到他家來為他上課的教授因他情況特殊，准許他在家考試？最後，他全部的大學課程都在家中進行，如果陽光普照，則在大主教巷露天上課。

他提起第二位專程搭車來的老師：為他講授國民經濟學，他是勞工部的秘書，貝內迪克特・考特史基⑥，聞人卡爾・考特史基⑦的兒子。湯瑪斯拿自己的兩位重量級的老師消遣，雖然成就斐然，但他們的父親卻更有名氣。海因里西・貢珀茨的父親名叫特奧多爾・貢珀茨，古典語言學家，鉅著《希臘思想家》（*Griechische Denker*）洋洋灑灑好幾卷，甚至被譯成英文發行；曾經擔任舊奧地利上議院的議員，是自由黨中重要的發言人。「我代表所有的黨派」，湯瑪斯說，「我要擁有思想上的自由，無黨也無派。」

他父親對於自己模仿吉奧喬尼的畫已心滿意足，於是他適當的扮演他在這個家庭中的角色，此時完全退居幕後。我到他們家時，不時與他打照面，其實他經常到戶外散步，少年時期對大自然的熱愛至今未變。但每次我來的時候，他不能老是去散步，又絕不可能上餐館之類的地方，我猜，為了不落痛批他毫無用處的兒子的口實，他只好工作去也。在家裡他鎮日坐在沙發上觀賞「三位哲人」，大家習慣看到他的頭顱與三位哲人在一起，他很難與他們分離。天候不佳不得不待在屋子裡，而父親也在家時，要經過客廳裡的這四個頭顱才能走到後面的主臥室，母親在主臥室裡把湯瑪斯塞進車子裡，客人與他獨處一室，可以暢快的與他交

---

⑥ Benedikt Kautsky，1938～1945，德國社會主義理論家暨作家。

⑦ Karl Kautsky，1854～1938，德國哲學家、政治家。

談，好像屋子裡別無他人。

母親事事以他為主，以至於人們很難或鮮少察覺她的存在，她的眼光不是落在他身上，就是落在她為他準備的東西上，譬如把藥灌進他的嘴裡，或者一小口一小口的餵他吃東西。他的胃口很好，她只為他一個人做飯，其他人的食物相形之下遜色許多，但他從不讚美所吃的東西，注定要當哲學家的他，打從心眼裡不重視飲饌。他習於說些貶低的話，聽者無不感到驚愕，你會以為他以你為對象，雖然明知他指斥的是別的東西。眉毛、鼻息以及嘴角之間的配合如同一張陌生的東方面具，有一回他向我坦承，他研究過臉部如何才能作出輕蔑的表情，當我半開玩笑的告訴他，我根據萊布尼茲一封信中所言「尊重所有的人」擠眉弄眼時，他勃然變色，朝靠墊上萊布尼茲那一本書發出呼嚕呼嚕的聲音：「萊布尼茲撒謊！」套句他自己的話，「餵食」時他討厭有人在一旁觀看，如果有人不識相，冗長的用餐時間裡他的臉上淨是不屑的表情，不吃最後那兩三口食物，然後又急又快的對母親說：「拿開！我不要再看到它！」

她從不反駁，也從來不想說服他，他說什麼，她都無言接受，有些時候他的要求簡潔且傲慢，有若下達命令，做這些事情的時候，她凹進去的眼睛像看不到這一切似的，就算瞎了她也能一一照辦，但事實上他有任何風吹草動，或別人的一舉一動，只要與他有關的，都難逃她的法眼。她喜歡的人都是對他有好處的，至於讓他覺得受壓迫或不舒坦的人，她無疑會痛恨人家。客人一旦離去，她就留心他的情緒，如果她察覺那人提昇了兒子的自尊心，於是這就是一位受歡迎的客人。在她兒子面前暢談旅遊或運動的人，她深惡痛絕，有幾個一接觸他的眼光就覺得鬱抑的傢伙，高談闊論自己的生活，談的都是對他而言遙不可及的事，他的心情特別受到刺激。如果他們要為自己的粗心大意找個藉口，居然敢說在與他「談天說地」，提供他最缺乏的東西。他大口吸氣聽他們說話，受到母親鼓勵時會突然發笑。

一位以「做善事」為出發點的大學生每週都來看他，有一回唱作俱佳的敘述他自己如何贏得跨欄賽跑的始末，一個細節也不願遺漏，當湯瑪斯數年之後告訴我這一段的時候，也記得其中的每一個步驟。當這位冠軍走了以後，他沮喪得不得了，簡直不想活了，靠墊旁放了一支體溫計，他用舌頭把它捲進了嘴巴，用進全身力氣咬碎，一口氣吞下水銀。但什麼事也沒發生，他立刻被送到醫院，內臟令人驚訝的完好如初，他像被人捉弄了一番似的，毫髮未傷，好端端活著。

這是他第一次嘗試自殺，往後幾年當中又試了兩次，因為他的手臂與手掌什麼都不能做，每一次都必須行動敏捷，毅力非凡。第二次意圖自殺時，他咬碎了一個玻璃杯，吞下碎片；第三次他吃下一整份報紙。他眼睛泛著憤怒的淚光結束了這段報導，兩次都沒傷到他一根寒毛，「我是唯一一個沒辦法自殺的人。」他對自己某些「獨一無二」的特質頗感自豪，但不是這點。我是否覺得他的身體狀況其實不可能多次企圖自殺？

失足

我與馬瑞克自由自在的談論群眾的問題，他聆聽時和別人不一樣，他——排在弗雷多．

瓦爾丁爾之後——是第二個我可以針對這話題長談的對象。他的態度一點兒也不嘲諷，與有深厚佛學學養的弗雷多不同，每當我和他——尤其是早些年——討論群眾的時候，多少覺得自己像個未開化的人，翻來覆去就是那些話，而他灌輸予我的概念既完整又周延，有些我至今仍難忘記。很特別的是以病徵作為佛陀的出路，一切皆與死亡有關，當時這個概念比群眾更讓我覺得重要。

但我若與湯瑪斯討論起群眾，他的反應則異於別人，剛開始還真令我有些吃驚。他把我不得其解的情況，亦即群眾中引人矚目的個體，往自己身上攬，而且懷疑自己能否成為群眾中的一員。他拜託母親五月一日大遊行那天帶他一起去，她推著他的車子——不怎麼樂意，但他不妥協——走了好遠的路進城，然而當她有意加入遊行的隊伍時，別人把她安排到坐著輪椅來的殘障團體那兒。他提出抗議、大吼大叫，拉開嗓門叫，他想和別人一起遊行，但無人贊成。不成，他不可以和大家一起遊行，整個隊伍會被拖住，不成，所有的殘障人士一塊走，速度一致，也比較好看，他不是唯一的一位，不方便的大有人在，多的是在戰場上失去四肢的人。

但他不是傷兵，他惱火的吼了起來，他是大學生，就讀於哲學系，屬於好勇鬥狠、社會主義的大學生組成的學術團體，走在這個團體之中的大學生思想相近，他要和同學們在一起，否則他才不會對這個活動感興趣。組織遊行的人不肯讓步，說是必須顧及整體秩序，無情的把他編到坐輪椅的傷兵群中，有些可以獨自行走，其他人像他一樣要有人推著。

遊行中他像被欺負了似的，走在隊伍的邊緣，街道上的人很容易就看到他，幸好他們聽不懂他氣喘吁吁到底想說什麼，「我不屬於這裡！我並非戰爭傷殘者！」那是他最不情願做的，他不曾參與過戰爭，從未奪人性命；他說到自己沒有上過戰場的時候，模樣很當真。其他人因為膽小都上戰場去了，而身受重傷就是要懲罰他們的膽怯；許多人甚至興高采烈的上前線，熱情旋及消失。現在這些人都在隊伍中，走在斗大的「永遠不要有戰爭！」字樣的後面。當然不要再發生戰爭，他們絕不可能再上前線了，他們不能打仗了，至少這不是謊言，但其他靠自己的腿走路的人將如同羊兒一樣奔向戰場，然後像五月美麗的口號一樣被淡忘。說到這場五月的遊行時，他充滿了怨恨。與在軍隊裡差不多，所有的殘廢都在一起，自成一隊，他贊成每個遊行的人愛走在那裡，就走在那裡，不反對根據地區劃分隊形，也無所謂以工廠作為區隔，但是依照個人身體的殘疾來分辨的話，誠然可恥，他永遠都不會再參加。

我問他能否想像另一種他愉快的走在群眾之中的情況，畢竟五月大遊行吸引了他，不然他不會纏著母親幫他達成心願。她答應得並不心甘情願，恐怕還在想會不會出什麼事呢。也有其他不需要邁步走的集會，譬如在大廳中舉行的那種，他想不想體驗一下呢？他顯然已經見識過了。光看他提到戰爭時咬牙切齒的模樣，我已明白他是反戰人士，他反戰的情緒高昂，與很多人有志一同。

他一臉狐疑，當他弄明白我的意思，說那是一種平等的感覺，他不曾有過的經歷。我是否看過殘障協會發行的報紙？沒有嗎？下次我來的時候，他會請母親給我一份瞧瞧。這些殘廢——這個詞兒他用得如此頻繁，為的是要表明，他不視自己為其中一員——，殘廢也有自己的集會，那份報紙都會公告。有一次他也去了，去看那些人怎麼回事，集會上沒有人坐在車子裡，都坐在一排排的椅子上，台上坐著一位獨臂人正在試圖維持秩序。母親把他的車停在旁邊，很靠近講台的地方，這樣才聽得到他打斷別人的呼喊，因為他下定決心不讓任何人從旁走過。

這類集會的水準如何我完全無從想像，這些人視自己為某一種工會，舉辦活動時也是如此，總是與爭取某項權益有關，——長吁短嘆遭受的不平待遇真令人受不了。他們實際上欠缺的是一條胳臂或一條腿，有些拖著一條木腿，有些人的腦袋不停搖晃，都醜極了，他在一排排的人之中搜尋有文化素養的臉，沒找到可以與之展開哲學對話的人，他敢打賭這大廳裡的四、五百人之中，沒有一個聽過萊布尼茲這個名字。他們能聽到的資訊不外乎要求提高退休金，退休人員集會，是的，僅止於此。每當有人提出這樣的要求，他就大聲喊叫，他們應該知足，過得再好也不過，這些無恥之徒，架在自己的兩條腿上來參加集會，卻還怨天尤人！他竭盡所能干擾集會的秩序，時不時發出的呼叫，聲音之響亮遠超過我的想像，他並不知道別人是否都聽懂了他的話，至少有一部分聽得很清楚，因為他們對他從不滿變成怒氣沖沖。他有言論自由，他們非原諒他不可！獨臂主席拜託他不要再搗蛋了，別人也要發言呢，但他聽不進去這些胡說八道，益發不知節制，最後，獨臂人請他離開大廳！

「我該怎麼做呢？」他駁斥道，「您能不能告訴我，我應該怎麼做？」獨臂人漲著臉對他說：「您知道如何走進這大廳，想必也找得到走出去的路！」他要說的是他的母親應該把他推出去，很遺憾的是她依言照辦，否則會膽顫心驚。他其實想留在那兒，看看他們能拿他怎麼樣，也許那些能走的人會不知羞的一湧而上，推擠並出手打他這個毫無抵抗能力的人。

我想他們真的會這麼做嗎？花點兒力氣賴著不走，留下來體驗一切，應該值回票價。他天不怕地不怕，要朝那些人的臉上吐口水，罵他們是「流氓！」。但是母親受不了這些的，每次都為了她的寶貝兒子打哆嗦，其實她待他有若襁褓小兒，而他對她也百般依賴，不能沒有她。他想要什麼，她毫無異議的為他一一辦到。

現在，我應該可以告訴他，這就是「群眾經驗」嗎？他一點兒也不覺得與別人平起平坐，大家都認為他的情況悲慘多了，況且這些人除了殘障報紙之外，啥事也不幹的。所以，這些人過得比他糟多了，難怪要為了芝麻綠豆的事撲向他，事後回想起來，他不得不說他們嫉妒得要發狂，大概是看到他往哲學博士的路上邁進的緣故吧。

湯瑪斯對群眾的概念到此為止，我終於明白與他談群眾的話題有多麼不智，怎麼能在他面前大談處於群眾之中的緊密相連與平等呢。他能獲致什麼平等？一天到晚躺在車子裡的他能體驗到什麼緊密相連的感覺，別人擠得進他的車子嗎？他不可逆的痛苦畸型能否轉化為自負自豪，對他來說，這個問題攸關性命，因此他學會了用舌頭翻書，閱讀唯有菁英分子才理解的艱深的書籍，當他誇耀所研讀的東西時，也不過是目前從事的，事實上他希望成為哲學家，寫出撼動人心、風格獨具的著作來，有一天也有人——就像寫有關史賓諾沙、萊布尼茲以及康德一樣——寫出關於他的煌煌鉅著來。這是唯一幾位獲得他認可的人物，他屬於這個圈子，即使他尚待努力，現在他既卑微又羞愧，別人老是給他挫折，以至於他不敢相信有朝一日會躋身這些人物之列。

我的野心遠不及湯瑪斯的這般灼熱，我很欣賞他，雖然我不知道他的野心從何而生，到目前為止他口述、由母親記下來的若干思想片段，包括自傳式的故事，若非我對作者的困窘人生略知一二，並不會有強烈的驚豔之感。他尚未創造出自己的風格來，口述那幾篇的文字十分平淡，味同嚼蠟，反而是他和我一聊數小時之久的內容有趣多了，非比尋常的是，聊天的當兒這股趣味有上漲的趨勢，愈來愈好玩。他很快就感覺到我對他寫的東西評價不高，說那些僅是遊戲之作，幾年前的作品，那時他還沒學會如何思考呢，然後——這涉及自身的故事——哀痛且傷感，他怎麼能讓母親幫他寫下他沉重的感受，她恐怕要病倒了。一位勢均力敵的朋友如我才能夠擔任他的聽寫人，他嚮往成名以及永垂不朽，我擊節稱賞，因此我相信他辦得到。我決定要相信他，疑慮雖消弭，但不曾完全銷聲匿跡。

他與我無話不談，比誰都坦率開放，他所敘述的許多事情我都覺得想當然爾，而我從未產生過類似的想法，經由他我才意識到。我四體不勤，身體於我沒有多大意義，手啊腳的都在那兒供我差遣，我接納我身體的存在。在學校裡那些要運用到四肢的科目，譬如體操，只讓我覺得無聊得要命，又不趕時間，跑什麼勁兒，又不是在逃命，往高處跳做什麼，若大家的先決條件不相當，何必互相較量，——除非這個人與別人一樣強壯或軟弱。體操課永遠是那一套，反反覆覆做著一樣的動作，在同一個充滿鋸木廠及汗臭味的場地上進行，——相形之下健行還有點兒意思，認識新的地方，觀賞新的風景，樣樣新鮮新奇。

顯然我覺得最乏味的工作，在他那廂卻興致高昂，他老是問我跳高時的心情如何，跳遠不容小覷，跳馬背以及百米賽跑亦同。我試著向他描述這些過程，他樂在其中，無法身歷其境的他並不算太遺憾，但他永遠對我的描述不甚滿意，總是沉默良久，泰半要等到下一次才發問，從他問的問題可以看得出來，他希望更進一步知道。有時候我的報導不夠詳實，他便責備我太馬虎。我不在乎他倨傲，在他面前我猶如一個吃撐了的人，與一個捱餓的人暢談食物的種種，企圖說服他那些東西不值得品嚐一樣。他強迫我多注意與自己身體有關的事物，於是我驀然發覺，走路時我會沒來由的想起走路這個動作，最特別的是跌倒時心裡想著跌倒這件事。我一直認為告訴他失敗者的故事重要而且有用，即便他矢口否認，我仍然感受得到，當我有些不好意思的告訴他自己荒唐的行為時，他有多幸運。

在學校裡我的確是位差勁的體操選手，毋須杜撰往事：信手拈來就是一個我不願多想的事件。反映在現在的生活上的，是我經常在散步時踉蹌摔倒，把膝蓋和手掌給磨破了，去看他時我就讓他瞧一下傷口。我不直接導入正題，只是藏起摔傷的那隻手，好像我為此感到慚愧似的。他愛玩這種遊戲，仔細端詳我之後說：「你的手怎麼啦？」「沒事，沒事。」「讓我看看！」我忸怩一番，把手伸過去，觀看他對於我笨手笨腳幸災樂禍的神態，「又來了！你又跌跤了！」他聯想到不站在地上觀星，因此跌進井裡去的諷刺哲學家塞勒斯⑧，「從今天起我就叫你塞勒斯！你要不要進去把血擦乾淨！媽媽在裡面。」流血事小，但這讓他挺高興，連他母親也獲悉我左腳踩到右腳的事，於是我走進去，她堅持為我清理傷口。

如果我在離他的車子幾步遠的地方絆倒，他會歡呼個不停，但也不能經常上演這一幕，否則他要起疑了，我總是提醒自己要摔得貨真價實，然後湯瑪斯期期艾艾的建議我寫一篇〈摔

---

⑧ Thales von Milet，西元前六世紀之希臘哲人與數學家，又為第一位天文學家。

跤的藝術〉的文章，保證是天下第一篇。他沒料到自己十分接近事實，為了提振他的自尊心，我真的變成了摔跤的藝術家，幸好早在我倆認識之前，我就練習過這個技巧了。我們彼此觀望了三年之久才開始交談，我覺得他真了不起，乃至不留心路面，有一次就在他眼前拐了一下，應聲倒地。他張大了眼睛，把一切記在心裡，現在當我有意延續這項傳統時，他會提醒我注意所有的細節。

我想，我為了討好他產生的失足的靈感，會深深烙在他心中，當然他也很重視我倆的對談，因為我也會張羅一些失誤。做到這一點並不容易，拿全世界與我交換，我也不願錯過與他談話的機會，為了要使我倆的對話顯得公平，又兼贏得他的信賴，我必須讓他知道我看那些書、掌握那些知識。偶爾，不能太頻繁，我佯作讀過一本他熟稔的重要學術著作，或者沒有讀過某一位偉大的哲學家的書。這個遊戲並非全然無風險，他倒背如流的篇章我假裝一知半解，必須放棄討論時朗朗上口的論據，一旦我成功的避免引述某一個特定的片段，就會冷靜下來，然後肆無忌憚的出洋相：把笛卡兒說的話冠上史賓諾沙的名字，堅稱自己沒錯，讓湯瑪斯有充分的時間砲聲隆隆，他怒髮衝冠的當兒，我膽怯的盯著他，當我輸了全局的那一剎那，可憐兮兮又慚愧的認栽，湯瑪斯於是意氣風發，轉而安慰我起來。至此，我曉得惡作劇演出完美，他獲得並享受那種優越感，但不因此看不起我，因為在這之前的談話我的表現尚可。若我有辦法在他知識上大獲全勝之後離去的話，快樂得有若飛上雲端，直到今天我回顧起來，心中仍舊雀躍。

湯瑪斯不僅在哲學史上勝我一籌，這是他的主修，他還讓我覺得他並不缺乏某些重要的經驗。關於這個他開始談的時候略微保守，大概不希望嚇著我吧，或許他想先打聽一下可以談多少，因為他認為我十分拘謹。他無助的樣子時時刻刻看在我眼裡，有時候我在場而他要進食或喝水，我就是他力有未逮的目擊證人，他的身體完全沒有自主的能力。當他大小便時，會留神不讓我待在旁邊，若屬突發狀況，他就直截了當把我趕出去，我走開幾步之後，他才叫他母親過來。這以後我不可以返回他身邊，要等到第二天才去看他，拘謹的其實是他，我頗為欣賞。一天他明明白白告訴我，昨日「那個女孩」在他家時，我多吃驚呀。她長得標緻但愚笨，只會做一件事情，一小時之後他就把她送走了。他被她的腳步聲給矇了，一不小心當她是另一個女孩。聽起來彷彿他擁有佳麗三千侍候著，我無言以對，他感受到我的尷尬，就此打住。

他以前沒有與女孩結交過，他說，感謝貢珀茨教授為他找來這位女孩，他很渴望與女性來往，但他通常運氣不好，搞得他無心讀書，一整天碰都不碰書本一下，舌頭因無所事事萎靡不振，而他的姊姊又因為有了仰慕者飽受他攻訐，哭著跑出門。這一天貢珀茨教授沒辦法為他講課，就問他到底發生了什麼事，於是他坦承：他需要一個女人。他必須有一個女人，否則他無法繼續學業，貢珀茨教授愣住了，他碰到難題時就把小指頭伸進耳朵裡，然後應允設法找一個女人來。

他來到卡特那街上一家女孩出沒的咖啡館，獨坐一張圓桌，他從未造訪過這個地方，刻意戴上墨鏡，免人被人認出來，畢竟他是位大學教授，又上了年紀。他披著粗羊毛披肩，平生第一次忘了在餐館裡應該把它先掛起來，高大的身軀直挺挺的坐在那兒。他獨坐才沒多久，就有三個女孩坐到他這一桌，她們對他雖然不抱太大希望，他的樣子像意外闖進這家咖啡館似的，但他不擺高姿態，馬上與她們聊了起來，以他緩慢、拖長音又堅決的語調解釋他此行的目的。他有位年輕朋友，全身癱瘓，他要為他找個女孩；年輕人並非久病體衰、令人望而生畏的那種，患得不是什麼噁心的病，恰恰相反，他的頭髮又濃又密，還有一雙漂亮的眼睛。他敏感非常，任何事情都無法自己來，連吃東西都得有人幫忙，聰穎過人，天分又高，所以大家願意伸出援手。他要找一位青春有活力的女孩，每星期去一趟哈金，下午的時候。費用由他負責，只要商議好價格，每次錢就會放在臥室五斗櫃的上頭，女孩離去前只要探向五斗櫃就拿得到錢了，唯一的條件是一切順利，否則免談。

看樣子每個女孩都想去，當然她們先要確定，那個癱瘓的人並非病得一塌糊塗才行，她們也想知道他姓啥叫啥。她們在咖啡館有位女友也姓馬瑞克。她們懇請貢珀茨教授，除了她們這幾位志願者之外，也看看另外那個女友，她一定最討「湯瑪斯」——她們已經直呼其名了——的歡心。果然每個女孩都嫵媚動人，各具姿色，教授簡直不知道該選誰才好。後來他講給湯瑪斯聽的時候，稱這段歷險為「他的巴黎鑑定」⑨。

然而，那女孩第一次上門來時，他並未與她見面，他的理由是不希望他的灰色的鬍子壞了他的興致。女孩很熱心也十分殷勤，湯瑪斯得償夙願，他高興得像掉了魂，興奮過度的同時忘了提醒女孩酬勞就放在五斗櫃的上面。她很認真看待她的這項新任務，沒有四下搜尋，

---

⑨ Parisurteil 是德國畫家 Max Klinger，1857～1920，繪的一幅裸女圖。

連問都沒問，一口答應他下星期六下午三點再來。她準時依約到達，每週六一定來，湯瑪斯必須提醒她拿上次的錢，她也收了；但自從她與他在一起之後，就再也不收錢了，如果湯瑪斯拜託她收錢，她會說：「不是這樣！沒錢我也來！」整整一個星期過去了，她都不忍心來拿放在五斗櫃上的酬勞。

如此過了半年，每一次他都要提醒她，他悄悄的希望她任由錢擱在那裡，渴望著每次都要翻新提醒她的方式，「有人在櫃子上傾倒皮夾唷」，他說，「請妳撿起來嘛！」或「為什麼有人錢放在我這兒卻不拿走！真是受不了！我是乞丐嗎？」她一來就必須立即展開行動，因為她的時間排得滿滿的。當他星期六的日子翹首她的到來時，不免想起那件蠢事來，就得想些新的說詞，他覺得這事與教授扯上關係真是煩透了，都已經過了好幾個月了，他仍舊未退居幕後。如果他心情不好，希望女孩那一週不要來，他就說：「妳的朋友問候妳，那位教授」或「教授有沒有到咖啡館來看妳？」她很單純，對他言聽計從，因為她不想惹他生氣。他的心腸很硬，一點兒都不放鬆，在他提醒她、而她拿錢之前，她都不敢靠近他。她希望給他一些東西，有一次她帶著一份小禮物來，結果糟透了。「禮物在那裡」，他惡狠狠的說，抽搐著頭指著五斗櫃的方向，「只有教授會送我禮物。」

如果她瞭解他真正的心願的話，接下來就沒有麻煩了，但他的自尊心使他不得安寧，他強迫她，於是原本的感激不盡變奏為惱火。應該就在這個星期，他想到她時突然滿腔怨恨，陽光下，他躺在車子裡，一位婦人從一旁走過，他喜歡她的腳步聲，一想到即將來臨的星期六以及那個女孩，他就怒火中燒。他告訴我快完蛋了，顯然他並不懊悔，認為這是男子氣概，自由價更高，尤其是他往後將有一段沒有女人的日子。他對她很不客氣的說：「妳又忘了！」他等待著，直到那個可恨的東西進了她的皮包為止，然後說：「妳以後不必來了。」沒有任何解釋，當她站在門口，探詢似的張望時，他吼道：「我沒有時間，我得讀書。」她寫了一封信給他，很不高明又錯字連篇，一封情書，雖然我不曾看過，但閉著眼睛都猜得出內容。

他讓我看那封信，我看信時他對我察言觀色，已經有一段時日了，但他仍然保存著這封信，想看的時候就用他一貫簡明的方式對母親說：「拿信過來！」不說想看的是那一封信，但她曉得他的意思。我讀了信，知道了事情的始末，他對待那女孩有多麼不公平，毋庸贅言。他依舊不肯讓步，表示：「把她送還給貢珀茨，通通送回去！」

這期間他學會了與女性的相處之道，每次在聊天時他有意讓人知道他有女人的經驗。在外頭曬太陽時，有女人坐在他的車子旁邊，向他大訴不幸婚姻之苦，他聽著，有時候給一些建議，她們照著做之後，回來謝謝他，因為他的建議發揮了效用。如果那個女人的腳步聲不是他愛聽的那種，他不會與對方閒談，母親得到暗示後，就推著他的車子進去，於是談話中斷，若尚未開始的話更好。

在我倆成為朋友之後，他所期待的奇蹟真的發生了。一位女醫師在上聖菲特街開診所，有一次因他感冒發燒前來診治，她開著一輛小車，抵達後立刻被帶到他的臥室去，所以他根本沒有機會聽她走路。高燒使得他有些渙散，正打著瞌睡，忽然之間她就站在他面前，表明自己醫師的身分，即使身體不適，他仍然很精明，習慣性的緩緩睜開眼睛，像平常一樣放電。女醫師當下愛上了他，他一康復就被邀請坐上她的小車去兜風，只要她有時間而天氣也不錯，她就來接他。

在母親的協助下，她把他從他的車子裡抱出來，再像放行李一樣放到車上去，然後問他想看什麼，問他對什麼有興趣。車程剛開始很短，後來愈來愈長，最後到達了賽門環（Semmering）。被抱到小車上，即將展開兜風之旅時，他會哼著一首自創的歌曲，有幾次我也在場，剛好我想去找他，雖然看見了女醫師的汽車停在屋子前，但我沒有折返，反而走近他，佯作與他打招呼，事實上我想聽他快樂的呼氣聲，世界在他眼前展開了，他幾乎想歡呼。悉心呵護他的女醫師開車時絕不鬆懈，後來成為他的女友，在我認識他的那幾年中兩人未曾分手。

康德縱火

自從我搬到城市邊緣的山丘上以來，薇颯住在費迪南街，我住在哈金，維也納就在這兩個地方的中間，我可以活動的範圍變得十分遼闊。深夜我從薇颯那兒回家時，搭的是不繞路的電車，在終點站徐特村—哈金下車，有兩線平行的電車，通往稠密的住宅區，我喜歡搭路程較長的那一班，途中我若興致來了，就跳下車，在黑暗中穿越大街小巷。這廣大的地區沒有巷弄，壓馬路時似乎連房子也沒看到，唯一確定的是我光顧過一家營業時間很長的咖啡館。

返回維也納的路上我走路的興致不斷提高，對姓名的反感包圍著我，一個都不想聽，很想把這些名字一個個擊垮。自從我在那爭名奪利的鍋爐中待過之後——第一次三個月，第二次六星期之久——，簡直快吐出來了——童年時即飽受驚嚇——像一隻準備要餵飽的鵝，被關在籠子裡，不斷地被迫吃進成堆的姓名，喙子被打開，灌進名號的粥。那些姓名灌進我的嘴裡倒不重要，反正都混合在一口鍋子裡煮成粥，任何一隻鵝吃下去後大概都要窒息了。為了抵制由姓名引發出來的匱乏與壓抑，我把沒有名號的人稱為姓名窮人。

每一個姓名窮人我都想一睹廬山真面目，長時間反覆聽他無止盡的言談。我愈是感到自由，投資的時間愈多，能聽到的消息也就愈多，而我的錯愕也隨之高升，原來語言的錯謬與濫用不僅限於窮人而已，吹噓無度、信口開河的詩人也犯了同樣的毛病。

如果夜深時我走進一家可以好整以暇聽人說廢話咖啡館，我會待得很晚，到清晨四點打烊為止，深入那些進進出出，走了又折返的客人之中。我好玩的閉上眼睛，一副在假寐的樣子，不然就面對著牆壁，然後專心聽講，由此學到聞聲辨人的本事。我看不到有人離開了咖啡館，但我會想念他的聲音，只要又聽到他講話，我就知道他回來了。假如你不在乎反覆說類似的話，如果你能夠全盤接納重複的語言，並且無絲毫的輕視，過不了多久你就會辨識出正方以及反方的節拍；你來我往，聲音面具運動時搬演出一幕又一幕來的戲來，一反堅持己見時大叫某些名字，這些場景特別有趣，換言之就是不可捉摸。這些情節不論能否發揮作用，都會再度出現，也許正確性增加了，以至於影響範圍變狹窄了，也許聽者無法會意，就覺得說話的人很可憐，因此必須裝出惘然無辜的樣子。

我喜歡這種人，即便他們因為並未掌握到言談的力量而令人生恨，他們的遣詞造句很可笑，不斷與字句苦戰。那是一面打碎的鏡子，他們發言時攬鏡自照，鏡中的他所說的話扭曲變形，轉換成臆測中的模樣，他們犧牲自我，努力讓別人瞭解他們時，交相攻訐，但出手不甚高明，以至於侮辱聽起來像讚美，讚美變調為侮辱。在我近距離領教過柏林魅惑人的名譽，體驗其力量且幾乎要窒息之後，我終於明白我可以接納每一種軟弱無能的形式。軟弱無力侵襲著我，我感激涕零，對它的需求永不饜足，它並非公然宣告，那種別人樂意因私利加以切割剖析的軟弱，而是一個個深入肌理、隱而未見，各自分離、無法合併在一起的無能，至少在說話時各自為政，絕不彼此連結。

湯瑪斯吸引我的地方很多，其中尤以他日復一日全力駕馭他的無能最教我欣賞，我認識的人當中屬他最手無縛雞之力，但他說的話我聽得懂，而且所言皆有意義，他吐氣講話十分辛苦，但我在乎的不僅於此，他的聰明才智使他出類拔萃，扭轉了被人同情的角色的處境，景仰者紛紛朝聖，這個才令我佩服不已；他並非超凡入聖，因為他熱愛生命，用他自己的觀點來愛它，尤其是他力不能逮的領域。從小他就不得已過著苦行僧的生活，多年來他努力擴展別人認為理所當然的能力與工作，箇中辛勞不足為外人道矣，現在成果一一出現。

我問他若去聽朗讀，而不只是自己悶頭看書，他獲致的印象會不會更為強烈。以前是這樣啊，是他的回答，他小的時候姊姊常朗讀給他聽：詩、故事、戲劇。他倆的情誼由此開始，變得無法分開，但是他不以此為滿足，因為他想瞭解姊姊不得其門而入的艱深的東西。有沒有可能她機械式的朗讀，卻不知道自己讀出來的句子有何義涵？他的姊姊對他實在太好了，而她表現得真不錯，凡是她讀的作品，逐一為他解說，必須雙方都認為這件事很重要才做得到這一點，他可不希望把姊姊貶低為一隻學舌的鸚鵡。此外，他也覺得有些東西，譬如有些難懂、必須查字典等的文章，尤其需要在安靜的氣氛下仔細思量，才能真正的吸收。基於這兩個理由，他非得學著自己閱讀不可，而我能否從他的讀書方法中設法挑出不妥之處呢？

當然沒有，恰恰相反，我說，他逐步解決所有的困難，另闢蹊徑，看在吾輩眼裡，那是這世界上最自然也不過的事了。

的確如此，但我永遠也不習慣，當他為我朗讀文章（也許只是一句或一整頁），每次我都覺得新鮮極了。他朗讀時我的感覺比尊重還要多，我輕易就唸起書來以及看書時期待發生的效應竟成了一種羞恥，每一個他吐著氣讀出來的句子，聽在我耳裡勝過所有我曾經聆聽過的話。

當我一九三〇年五月開始與湯瑪斯交往時，我著手寫稿已經半年多了，那齣人間喜劇中的八個角色都是瘋子，而且看樣子每個角色都將成為每一本小說中的中心人物。這些角色平行存在，我並不偏愛誰，我一下子喜歡這個，待會兒又傾心另一個，沒有一個角色受到冷落，也不會有誰占上風，每個角色都使用他特定的語言，用獨特的方式思考，我像是分裂為八個人，不曾失卻掌控他們以及我自己的力量。我怯於為他們命名，我說過我以他們主要的特質來稱呼，簡化成用第一個字母來代替。只要他們沒有自己的名字，就不會互相留意，不至於變成渣滓，舉手投足之間很中庸，而且不會妄想超越自己沒看到的東西。從死亡敵人變成「揮霍無度之人」要跨好大一步，再下來變成「讀書人」亦同，但道路通行無阻，不會走錯方向。我從未有過壓迫感，我活力充沛又兼歡欣鼓舞，從那以後我不曾再有過這等熱勁兒，——寂寞的配置以及綜觀八個截然不同、異國風情的版圖的人，每天在路上從這個版圖換到另一個，有的時候在逗留處稍做變化，絕不惡意的駐守，也無意征服那一個，我是一隻不據地稱王，也不躲在安全的鳥籠裡的猛禽。

與湯瑪斯談話，主題大多為哲學或學術方面，他要表述的很多，也喜歡發言，但他也希望知道我研究的東西。我向他談起我根據群眾現象的軌跡加以研究的文化與宗教，現在我每天則花上好幾個鐘頭寫有關文學的稿子。他對文學之類的一無所知，我隱約覺得我塑造的角色會傷到他，或許是他們大步跳躍奔馳的動作讓他絕望，因為他永遠做不到，或許他們的界限會使他想到自己的局限。於是我禁止自己和他談這個話題，實踐起來困難重重，因為我倆的談話尚有一些餘力並未完全發揮：這時節有一本著作闖入我的生活，重要性無與倫比，雅可布・布克哈特⑩的《希臘文化史》（*Griechische Kulturgeschichte*）。希臘人之於湯瑪斯很親切也很熟悉，透過正統學術途徑深入瞭解，他可以向我解說當時有那些較新的理論與布克哈特背道而馳，深思熟慮為他無法比擬、較為深刻的觀點提出論證。我們達成共識，他是上個世紀最偉大的歷史學者，現在應該獲得應有的地位。

我以一部分的真性情參與這場對我來說很重要的談話，這不僅與湯瑪斯不平等的立足點有關——他常出其不意的教我又驚又喜，有些地方他有若我塑造的某一個角色：只要熟稔他不可或缺的條件，他所遭遇的事情就明確且前後一致，絕無例外，你會以為他的行為高度透明、容易理解。他不必出現，卻成為「人間喜劇」的核心，作為真相的證據。但是，他與那

⑩ Jacob Burckhardt，1818~1897，瑞士著名歷史學家。

些角色黑白分明，顯得活潑得多，他不會殺人，他三度認真的嘗試自殺，這些過往在他身上了無痕跡，他無法想像自己會去殺死另一個人。他現在能夠抵禦自行了結的衝動，他知道也同意自己具有免疫力的說法。如果他不是過得糟糕透頂，還能從別人以及我這兒汲取些什麼，增加他的體力並鞏固精神時，他甚至為此感到驕傲。

他比我還沉浸在那些角色當中，事事無法自主的他十分清楚自己的人生，即使身不由己，他仍然莫測高深，猜也猜不透，這正是他最讓我驚喜交加的地方。你以為你認識他，但他難以捉摸，我想這是因為他比誰都強韌，又神秘兮兮得多，沒入那八個角色之中，在我的心裡一起交融。他不識這八個人，他們卻認得他，因為他們沒名沒姓，只好任憑他使喚。

短短幾個月中他對我的計畫不斷形成隱隱的威脅，在不知情的情況下找到潛入每一個角色的入口，使其中一個元氣大傷，搾乾其力量，但他的動機卻是救援，七個角色步上頹圮，倖存的僅有一個。我漫無節制使他們遭殃，然而災難並未全然結束，剩下的——今天它叫做《迷惘》——遺留了下來。

湯瑪斯經常問起他不可能擁有的經驗的種種，有一次我鉅細靡遺的向他描述七月十五日那天的情形，一點兒也不保留，一個細節也不錯過，之前我未嘗這樣重新喚起這段記憶，歷歷在目。經過了三年，這一天仍然鮮活的刻在我心上。他的體認與我的不太相同，他沒有處於驚恐之中，迅疾的動作、頻繁更換的地點，對他產生刺激的效果，「火！」他說，一而再、再而三，「火！火！」我覺得他幾乎欣喜若狂，接著我談到那位站在群眾旁，雙手放在頭上，不斷厲聲叫道：「檔案燒掉了！全部的檔案！」的男人，他笑了起來，前仰後俯的爆笑，笑得太厲害了，他的車子打起轉來並向前滑動。他停不下來，笑變成了一股驅動力，我必須追上去攔住他的車，因而感受到他的笑傳導在車上的強烈的震顫。

就在這個時刻，八個角色中的「讀書人」在我眼前晃動，突然在悲嘆檔案燒掉的那個男人的所在位置上下跳躍，站在司法部的火堆旁，我覺得他像一道閃電，堅持要與他的書本同歸於盡。

「火災」，我咕噥了一聲，「火災」，當湯瑪斯的車子停止打滑，而且他終於止住了笑的時候，他重複說：「火災！一定是火災！」他不知道這個字對我而言已經變成了一個名字，那位搶救書籍的英雄的名字，從現在開始就這麼稱呼他，是所有角色中第一個、也是唯一擁有名字的人，其他的角色自我溶解的當兒，幸而有這個名字才把他救了出來。

原本勢均力敵的角色現在遭到了破壞，我對火災的興趣愈來愈濃，他的外貌如何，我還不清楚，雖然他縱身化入檔案男人的身體，但他絕對不像他。他不是配角，我把他看得很認真，一如他對火嚴肅的態度，命運將要他自行決定步上結局。我想是火使得其餘的角色逐漸枯萎，有的時候我還會坐到他們那邊，試著繼續寫下去，但是，現在再度甦醒過來的火十分逼近，有他在場時，他們獲得某些空無的東西以及紙張。這些死亡威脅不了的是何等人物，我很清楚的免他們一死，他們應該活，以便在我為他們挑選的圓亭內找到彼此。他們必須展開我寄予厚望的談話，我甚至想像他們的交談具有意義，恰與夸夸其談又聽不懂別人在說什麼的「正常」人大異其趣。

自從我與他們展開真正、充滿驚喜的對談之後，雖然我慎重起見為他們找出了方向，對這場談話的想像畢竟也失去了光澤，他們思量著要珍惜另一場對話，而另一場對話的重心放在靈敏度上，我自己的靈敏度尚且不及，他們的交談比我自己能構思的還教我忙碌。史坦村中的圓亭依舊在我心中，那些角色應該在圓亭中找到彼此的角色，不久圓亭也變空了，我覺得它真可笑，四分五裂，我不明白為什麼偏偏賦予它最高榮譽：任何一座類似的圓亭都能達到目的，一不小心就混淆了。

正當這些角色逐漸得意忘形，而我並未強加制止的時刻——我不出言責備，也不打算把他們藏起來，每個人都會在文句中出現一次——，火堆中的讀書人讓我不席不暇暖，到了我走路時都盼著他的程度。我想像他的時間雖然並不長，內容又十分貧乏，但我不只認得他的臉而已，在我看到他的臉之前，這個角色多少有幻影的成分，將其餘七個角色領至打狗棒的所在。我知道他不在哈金，他位於城裡或近郊的家中失火了，我現在經常進城，但願能與他邂逅。

我的期待沒有落空，原來他是一家我時常經過的仙人掌咖啡館的老闆，只是我沒有注意到這號人物。就在從捲心菜市場通往普樹咖啡館的路口，左手邊就是仙人掌咖啡館，唯一一個不十分寬敞的櫥窗裡擺滿了大大小小的仙人掌，一根根刺張牙舞爪。老闆就在櫥窗後面，高而且非常瘦，從通道往裡望，仙人掌刺的後方形成一個尖銳的景象。我駐足櫥窗前，凝視著他的臉孔，他比我高一個頭，沒有看到我，恍惚出神，一如他乾瘦的形體，若非那些帶刺的仙人掌，誰也不會留意到他的存在，那些刺成就了他。

就這樣我發現了火災，再也難脫身，我在體內種下一棵仙人掌，它果敢的發芽抽長，茁壯得無憂無慮。秋天來臨，我埋首工作，每天進展得相當順利，放浪形骸的階段已然成為過去，取而代之的是嚴格的自律精神，我不容許自己隨心所欲，不向誘惑低頭，支撐我的是我稱之為堅不可摧的力量，遊手好閒那一年之中，最教我佩服的是果戈里，他是我景仰的大師，我在他教誨之下獻身虛構的自由，日後我改走其他路線時，也不曾失去杜撰的興致。但是，到了專心致志的這一年，我投身於清澈明朗與密度，琥珀那樣無瑕疵的透明度是我的模範，我對他同樣佩服：斯湯達爾的《紅與黑》。我每天開始寫作之前，總是先讀上個幾頁，然後學他以一本著名的新版法律全書作為這一天的模範。

火災這個名字纏著我好幾個月之久，這個角色所擁有的特質與火炬這個名字互相對立，一開始並不困擾我，但是，當那些特質變得冷硬又不可動搖時，那個名字日漸成為那個角色的負擔。快接近尾聲了，我不希望結束得不是時候，我擔心火會先燒起來，把仍在催生階段的東西都給毀了，於是我為火災改名，稱它為康德。

一年的時間裡我活在它的暴力之中，我以無比的堅毅持續進行我的工作，這是一種嶄新的經驗，我所信守的法治感使我聯想到大自然的紀律，比我對自己的感覺強烈得多，大自然的法則透過特殊的管道注入我體內，雖然我的決定是要與它保持拒離。這些發展的訊息可以在這本書嚴謹的卷首見出端倪。

一九三一年秋天，康德在他的圖書館裡放了一把火，他的藏書全部付之一炬，他的衰亡我感同身受，彷彿自己親身經歷一樣。這本書闡述我自己的觀點與經驗，這份草稿跟著我好幾年了，束之高閣，書名叫做《康德縱火》（*Kant fängt Feuer*）。書名帶給我的痛苦實難消受，當我勉強決定進行修改時，無法完全與火劃清界線。從康德衍生出松脂木，世界為之激動不安，我感受得到那股威脅，主角就用這個名字。但痛苦加劇變成書名《迷惘》，無人識得他的廬山真面目，直至今日我都沒有勇氣與被刺瞎的參孫斷絕關係。

《耳中的火炬》這本書能夠順利翻譯完成，我要衷心感謝我的老師 Thomas Rogowski 的鼎力協助，文字方面舉凡作者卡內提自創的表達方式，書中幾乎涉及半部歐洲文化史的人物、作品和論述，全仗著老師細心解惑，幫我查資料，我才能心閒氣定的遊走於兩種語文之間，不逃避任何疑難雜症。若非老師助陣，卡內提狀似平淡的文字下暗藏的玄機恐怕難窺全貌，許多段落的邏輯和語義的關節也難打通。我每譯一本書，老師必定做我的後盾，這本書尤其讓他費心，謹此致謝。

楊夢茹

耳中的火炬 ／ 伊利亞斯・卡內提(Elias Canetti
)著；楊夢茹譯. -- 初版. -- 臺北市 ：臺
灣商務, 2004[民 93]
面 ； 公分. --（Open；4:22）（卡內提
回憶錄三部曲：2）
譯自：Die Fackel im Ohr
ISBN 957-05-1893-6(平裝)

1. 卡內提(Canetti, Elias, 1905-1994)－
傳記

784.418　　93011436

OPEN系列／讀者回函卡

感謝您對本館的支持，為加強對您的服務，請填妥此卡，免付郵資寄回，可隨時收到本館最新出版訊息，及享受各種優惠。

姓名：________________ 性別：□男 □女

出生日期：____年____月____日

職業：□學生 □公務（含軍警） □家管 □服務 □金融 □製造
□資訊 □大眾傳播 □自由業 □農漁牧 □退休 □其他

學歷：□高中以下（含高中） □大專 □研究所（含以上）

地址：________________

____

電話：（H）________________（O）________________

E-mail: ________________

購買書名：________________

您從何處得知本書？

□書店 □報紙廣告 □報紙專欄 □雜誌廣告 □DM廣告
□傳單 □親友介紹 □電視廣播 □其他

您對本書的意見？（A/滿意 B/尚可 C/需改進）

內容____ 編輯____ 校對____ 翻譯____
封面設計____ 價格____ 其他____

您的建議：

____

____

____

臺灣商務印書館

台北市重慶南路一段三十七號 電話：（02）23116118・23115538
讀者服務專線：0800056196 傳真：（02）23710274
郵撥：0000165-1號 E-mail：cptw@ms12.hinet.net
網址：www.commercialpress.com.tw